U0103463

周振甫

周易譯注

【重校本】

中華書局

□ 責任編輯：劉華　董秀娟
□ 裝幀設計：李婧琳

周易譯注

□
著者
周振甫

□
出版
中華書局（香港）有限公司
香港北角英皇道 499 號北角工業大廈一樓 B
電話：（852）2137 2338　傳真：（852）2713 8202
電子郵件：info@chunghwabook.com.hk
網址：http://www.chunghwabook.com.hk

□
發行
香港聯合書刊物流有限公司
香港新界荃灣德士古道 220-248 號
荃灣工業中心 16 樓
電話：（852）2150 2100　傳真：（852）2407 3062
電子郵件：info@suplogistics.com.hk

□
印刷
美雅印刷製本有限公司
香港觀塘榮業街 6 號 海濱工業大廈 4 樓 A 室

□
版次
2011 年 7 月初版
2023 年 4 月第 2 次印刷

□
規格
特 32 開（153 mm × 210 mm）

□
ISBN：978-988-8104-28-4

▲ 伏羲與女媧。傳說伏羲作八卦。

▲ 周公像。傳說周公是《周易》卦爻辭作者。

▲ 陰陽八卦圖

目錄

下經 189

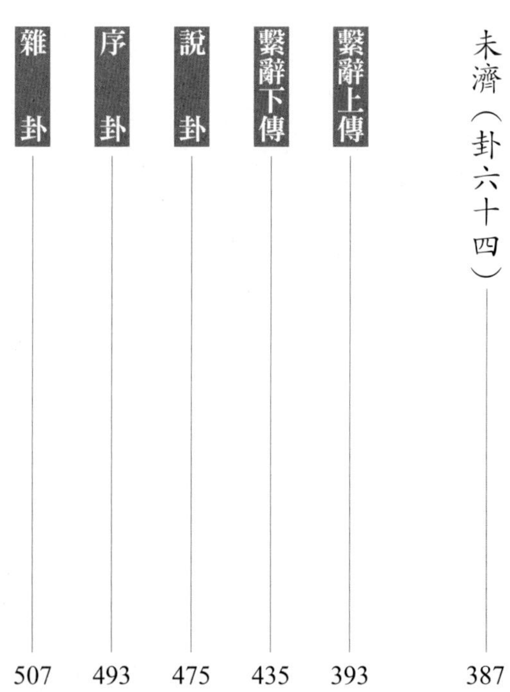

前言

《周易》又稱《易經》，不過《易經》也可指《周易》的卦爻辭，《周易》六十四卦，分為《上經》三十卦，《下經》三十四卦。不包括《易傳》，即《十翼》。因此稱《周易》就可把經和傳都包括進去。再說《周易》的名稱來源較早，《周禮．春官．大卜》裏就稱《周易》，歷來有關《周易》的著作也大都稱《周易》，如魏王弼、晉韓康伯注、唐孔穎達疏的《周易正義》，唐李鼎祚撰集的《周易集解》，宋朱熹撰的《周易本義》，因此書名還是稱《周易》。

周易釋名

《周易》一名，有幾種不同解釋。

先說「周」，有兩種解釋：

（一）《周易正義》孔穎達《論三代易名》引鄭玄《易論》：「《周易》者，言《易》道周普，無所不備也。」姚配中《周易姚氏學》：「周密也，遍也，言《易》道周普，所謂周流六虛者也。《繫辭》云：『《易》與天地準，故能彌綸天地之道。』又云：『知周乎萬物。』又云：『周流六虛。』蓋《易》之為書，始終本末，上下四旁，無所不周，故云周也。」

（二）周為周代說。《周易正義》孔穎達《論三代易名》：「《周易》稱周，取岐陽地名。《毛詩》云：『周原膴膴』是也。又文王作《易》之時，正在羑里，周德未興，猶是殷世也，故題周別於殷，以此文王所演故謂之《周易》。其猶《周書》、《周禮》，題周以別餘代。故《易緯》云『因代以題周』是也。」朱熹《周易本義．周易上經》注：「周，代名也。《易》，書名也。」

按《左傳》昭公二年：「韓宣子來聘，觀書於太史氏，見《易象》與《魯春秋》，曰：『周禮盡在魯矣，乃今知周公之德與周之所以王也。』」可見韓宣子來魯國聘問時，只有《易象》，即只有《易》卜卦爻辭，還沒有「十翼」，他把《易象》與《魯春秋》都稱為《周禮》，這個周當然是代名，所以《周易》之周是代名，孔穎達和朱熹的話是正確的。至於周遍的說法，姚配中引《繫辭》的話是後起之說，在《易象》裏還沒有，不能用來解釋「周」字。

再看《易》字的意義有四說，見黃優仕《周易名義考》：

（一）易由蜥蜴得名說。此說始於許慎。考許氏《說文解字》曰：「易，蜥蜴、蝘蜓、守宮也，象形。」《容齋隨筆》曰：「易者守宮是矣，亦名蜥蜴。身色無恆，日十二變，以易名經，取其變也。」

（二）日月為易說。緯書云：「日月為易，象陰陽也。」《參同契》云：「日月為易，剛柔相當。」

（三）變易說：傳序云：「《易》，變易也，隨時變易，以從道也。其書廣大悉備，將以順性命之理，通幽明之故，盡事物之情，而示開物成務之道也。」孔穎達曰：「《易》者變易之總名，改換之殊稱。自天地開闢，陰陽運行，寒暑迭來，日月更出，孚萌庶類，亭毒羣品，新新相續，莫非資變化之力，換代之功。謂之為易，取變化之義。」

（四）一易三義說。《乾鑿度》云：「易者易也，變易也，不易也。變易者其氣也，不易者其位也。」鄭康成曰：「易一名而含三義：簡易一也，變易二也，不易三也。」

按蜥蜴亦稱壁虎，雄體青綠色，背面有黑色直紋數條，雌色淡褐，體側各有直紋一條，並非「身色無恆，日十二變」。說取牠的變來「以易名經」，完全不確。又「日月為易」說，認為「易」字為「日月」兩字構成。按「易」字並不是日月兩字合成，二說亦屬附會。又變易說亦有問題，似本於《易傳》的說法，《易傳》是後起之說。《左傳》昭公二年韓宣子看見的《易象》還沒有《易傳》，已經稱《易》，可見《易》的取名早於《易傳》。又「一易三義說」，更是後起。三義中簡易的易，讀去聲，與易的讀入聲不合。因此，這四說似乎都不可信。

朱駿聲在《說文通訓定聲》裏提出一種新說：

《周禮·大卜》掌三《易》之法：一曰《連山》，二曰《歸藏》，三曰《周易》。駿謂「三易」之「易」讀若覡，《周易》之「易」讀若陽。夏後首《艮》，故曰《連山》，商人首《坤》，故曰《歸藏》，周人首《乾》，故曰《周易》。周者匌（周遍之周）之借字，易者昜（陽）之誤字也。帀（周匝）六爻皆昜，故曰「匌昜」。

朱駿聲從《周禮》講太卜掌三《易》來講，三《易》就是夏《易》以《艮》卦為首，《艮》是山，所以稱《連山》；商《易》以《坤》卦為首，《坤》是地，地歸藏萬物，所以稱為《歸藏》。周《易》以《乾》卦為首，《乾》卦䷀六爻都是陽爻，周遍六爻都是陽，所以稱為「周陽」，作「周易」是錯的。就三《易》講，他認為「三《易》之易讀若覡。」覡，音檄，指易巫，是掌管龜卜的。照朱駿聲的說法，那末「易」當改作「覡」，指男巫。按《說文》：「覡，能齋宿事神明也，在男曰覡，在女曰巫」，那末覡是男巫。管龜卜的另有太卜，不歸男巫管。朱駿聲的說法也不可信。

近人吳汝綸《易說》:「易者，占卜之名。《祭義》:『易抱龜南面，天子卷冕北面。』是易者占卜之名，因以名其官。《史記．大宛傳》:『天子發書易。』謂發書卜也。又武帝輪臺詔云:『易之，卦得《大過》。』易之，卜之也。說者以簡易、不易、變易說之，皆非。」尚秉和《周易尚氏學．論周易二字本詁》引吳汝綸說。又稱:「愚案:《史記．禮書》云:『能慮勿易。』亦以易為占。簡易、不易、變易，皆《易》之用，非易字本詁，本詁固占卜也。」

照吳汝綸說，易本指龜卜，因稱卜官為易，這是《祭義》中的易字。後來用蓍草占吉凶代龜卜，因稱蓍占為易。《史記．大宛傳》和《禮書》中的易即指蓍占。但龜卜似不稱易，此說還有可疑。如《周禮．春官．大卜》:「大卜掌三兆之法」，這是看灸龜甲的兆紋，是龜卜，稱「三兆」，不稱「三易」。又說他「掌三易之法」，那才稱「三易」。是太卜既掌龜卜，又掌蓍占。當時看重龜卜，所以稱他為「太卜」，不稱「太占」。但他已多用占，所以又稱他為「易」，「易」指他掌「三易」說的。先有「三易」，才稱掌「三易」的官為「易」，那末「三易」的取名又有什麼意義呢?

《禮記．祭義》:「昔者聖人建陰陽天地之情，立以為易。易抱龜南面。」王弼注:「『立以為易』，謂作易。『易抱龜』，易，官名。《周禮》曰大卜。大卜主三兆、三易、三夢之占。」

這是說先有「作易」，後有「易官」，易官即太卜，掌管三兆、三易、三夢之占。再看《周禮·春官·大卜》：「大卜掌三兆之法：一曰玉兆，二曰瓦兆，三曰原兆，其經兆之體皆百有二十，其頌皆千有二百。」這指太卜掌管的龜卜，龜卜炙龜殼看裂紋，有似玉紋，有似瓦器紋，有似原田紋。兆數有百二十，兆辭有千二百，即一兆有十個辭。這部記兆數兆辭的書當稱兆。再看下文：「掌三易之法：一曰連山，二曰歸藏，三曰周易。其經卦皆八，其別皆六十有四。」王弼注：「易者，揲蓍變易之數可占者也。」因為龜卜太繁，有百二十體，千二百頌。改用蓍草就簡化了，把百二十體簡成六十四卦，把千二百的兆辭，簡化為三百八十四爻辭。但蓍占要經過揲蓍變易之數，見《繫辭上傳》，經過這種變易，所以稱易。那末說易的取名本於變易是對的，不過不應用《易傳》來作說明。吳汝綸因為《易傳》是後出，不信變易說，改用易官說。不知先有「作易」說，後有「易官」說。用「易官」說來釋易，仍不能說明命名的用意。朱駿聲也不相信用《易傳》來釋易，因此要把《周易》改成「周陽」，更不合了。

卦爻和卦爻辭

筮占和八卦

《周易》的上經是三十個卦爻辭，下經是三十四個卦爻辭，所以《周易》的經是由六十四個卦爻辭構成的。六十四卦是從八卦演化出來的。八卦的每一卦是由三個爻構成的。爻和卦又是怎樣來的呢？郭沫若《中國古代社會研究》：「八卦的根底我們很鮮明地可以看出是古代生殖器崇拜的孑遺。畫一以象男根，分而為二（--）以象女陰，所以由此而演出男女、父母、陰陽、剛柔、天地的觀念。」

跟郭沫若的說法不同的，是汪寧生《八卦起源》。他調查西南少數民族的占卜法，有與《周易》相似，並不牽涉到生殖器崇拜。他說：

與古代筮法最相似的還要算四川凉山彝族的占卜方法，名叫「雷夫孜」。「畢摩」（彝族巫師）取細竹或草稈一束，握於左手，右手隨便分去一部分，看左手所餘之數是奇是偶。如此共行三次，即可得三個數字。根據這三個數是奇是偶及先後排列，判斷「打冤家」、出行、婚喪等事。

由於數分二種而卜必三次，故有八種可能的排列組合情況，何者為吉，何者為凶，是因事而異的。

偶偶偶——不分勝負（中平）。

奇奇奇——非勝即敗，勝則大勝，敗則大敗（中平）。

偶奇奇——戰鬥不大順利（下）。

奇偶偶——戰必敗，損失大（下下）。

偶奇偶——戰鬥無大不利（中平）。

奇偶奇——戰必勝，擄獲必多（上）。

偶偶奇——戰鬥有勝利希望（上）。

奇奇偶——戰鬥與否，無甚影響（平）。

古代的筮法很明顯屬於「數卜法」的一種。所謂重卦，就是六十四卦，所謂畫卦，應只有八卦。重卦的筮法，即用蓍草四十九根一分為二，每各除去四的倍數，視其餘數是九、七，是六、八，決定是陽爻還是陰爻，共卜六次，每卦包括六爻。畫卦的筮法，必然和彝族「雷夫孜」法一樣，是只卜三次，每卦包括三爻。排列起來，就和「雷夫孜」法一樣，只能有八種可能排列情況，即只有八種卦象。每次所得的奇數或偶數究竟如何來表示呢?最簡單的也是最自然的辦法,當然就是用一畫代表奇數,用二畫代表偶數。我想,這就是陽爻(⚊)和陰爻(⚋)的由來,這就是八卦的由來(奇奇奇是乾卦☰,偶偶偶是坤卦☷等等)。

總之,八卦原不過是古代巫師舉行筮法時所用的一種表數符號。它既不是文字,又與男女生殖器無關,當然更不由龜卜的兆紋所演化。像《周易》所代表那樣複雜的筮法是很晚的東西。

這裏指出八卦中的陽爻和陰爻,不過表示占筮時所得的奇數和偶數,和生殖器無關。每卦三爻,表示占筮三次,得到三個奇偶數。分為奇偶,又要占筮三次,就可得到八種不同的符號,即成為八卦。

八卦又怎麼代表天、地、山、澤、雷、風、水、火八種事物呢?龐樸《八卦卦象與中國遠古萬物本原說》:

我們如果設想,在八卦之前,有一種觀念,有一種思想資料,認為世界的本原是氣、水、火、土。八卦出現以後,繼承了這種資料,並適應於八卦的「八」

數，把它擴展為八種，有無可能呢？

為證明這一論點，先來過細檢查一下天、地、山、澤、雷、風、水、火。這八種東西中，火與雷本是相通的。《左傳．僖公十五年》記晉獻公筮嫁伯姬於秦，遇《歸妹》☳之《睽》☲，《歸妹》的上卦震變為《睽》卦的上卦離。史蘇占之曰：「震之離，亦離之震，為雷為火。」就是說，從卦名來說，震是震（震指雷），離是離（離指火），二者互異；但從它們所象徵的東西即卦象來看，「震之離，亦離之震」，並無多少不同，「為雷為火」，基本一樣。

再看地與山。《左傳．莊公二十二年》記陳侯使周史筮公子完生命運，遇《觀》☴之《否》☰，《觀》的上巽下坤，變為《否》的上乾下坤。占曰：「坤，土也；巽，風也；乾，天也。風為天於土上，山也。……」這兩個卦裏都沒有山象，但占辭裏冒出一個山來。……其實，坤是土，也是山。占辭的「山也」，原是指《否》的下卦坤而言，……所以，在《左傳》「易」說中，地與山也是相通的，它透露了卦象的一些淵源。剩下的四種東西中，水與澤，雖無文獻上的根據，但說它們相通，想來並無大礙。天與風，可否認為都是氣的變形呢？「大塊噫氣，其名為風」(《莊子．齊物論》)，……風本是氣，總能說得過去。至於天，後來有氣之輕清者為天的說法。……因此，八卦所象徵的八種元素，歸併起來只是四種：氣、水、火、土。

這四種元素，在古希臘哲學和古印度哲學裏，都曾被當做世界的本位，看來並非偶然。因為它們是人類得以生存的基本條件，當人們思考自然界的時候，可說是不假思索地、也無法超脫地以自己為標準，想像整個世界的存在也離不開它們，於是便認定它們為萬物之產生、構成，最後又復歸而去的東西，即認為它們是世界的本原。

筮法和陽九陰六

由奇偶兩數的占卜三次，就形成八卦。奇偶數轉為陰陽，占卜三次轉為六次，這就有了六十四卦。六十四卦每卦六爻，共三百八十四爻，爻分陰陽，陰爻⚋稱六，陽爻⚊稱九，這又是怎麼來的？這可以跟上文談到凉山彝族的「雷夫孜」，聯繫到筮法來看，筮法見於《易．繫辭傳上》，所謂「四營而成《易》，十有八變而成卦」。即三變成一爻，十八變成六爻，六爻即成一卦。

高亨《周易古經今注．周易筮法新考》，先講三變成一爻。

一變 以四十九策演之如下：

一演 將四十九策任意分為兩部分，即「分而為二以象兩（天地）」。

二演 從一部分中取出一策放在中間，即「掛一以象三（天、地、人）」。

三演 將掛餘之策，每四策為一組數之，即「揲之以四以象四時」。

四演 數至最後，或餘一策，或餘二策，或餘三策，或餘四策，取而夾之指間，即「歸奇於扐以象閏」。

五演 取另一部分，每四策為一組數之，即「再揲之以四」。

六演 數至最後，或餘一策，或餘二策，或餘三策，或餘四策，取而夾之指間，即再「歸奇於扐」。

七演 取指間所夾之策而掛之，所謂「再扐而後掛」。

右一演畢，其結果有兩種：一，餘四十四策。二，餘四十策。

二變 以一變所餘之策，再照一變作七演。二變畢，其結果有三種：一，餘四十策。二，餘三十六策。三，餘三十二策。

三變 以二變所餘之策演之如一變，右三變畢，其結果有四種：一，餘三十六策，九揲之數，是為九，為老陽，是為可變之陽爻。二，餘三十二策，八揲之數，是為八，是為少陰，是為不變之陰爻。三，餘二十八策，七揲之數，是為七，是為少陽，是為不變之陽爻。四，餘二十四策，六揲之數，是為六，是為老陰，是為可變之陰爻。

這樣經過三變得出一爻，經過十八變得出六爻，成一卦。再說經過三變，它的結果有四種，即老陽為九，少陽為七，老陰為六，少陰為八，這即是四營。但一卦六爻，分陰爻為六，陽爻為九，卻沒有七、八，這是為什麼？按《周易正義·乾》「初九」《正義》：「但七為少陽，八為少陰，質而不變，為爻之本體；九為老陽，六為老陰，文而從變，故為爻之別名。」七八是屬於不變的陽爻、陰爻，九六是屬於可變的陽爻陰爻。在占蓍時，先求得六爻成一卦，再要從這一卦中求得變爻，如《左傳·莊公二十二年》，周史著陳敬仲遇《觀》䷓之《否》䷋，即先求得《觀》卦，再從《觀》卦中求出變爻來，用《否》跟《觀》比，只有倒數第四爻不同，即倒數第四爻從陽爻變成陰爻，即看《觀》卦的六四爻辭來定吉凶。在占蓍時要看變爻，所以只稱九六了。

一卦有六爻，陽爻稱九，陰爻稱六。講到這六爻的次第時，是倒數的。如《乾》卦䷀，初九是倒數第一個陽爻，九二是倒數第二個陽爻。為什麼要倒數，而不從上到下順數呢？《說卦》說：「數往者順，知來者逆，是故《易》逆數也。」因為數過去的事都是順着時間數的，從遠到近，像說夏、商、周，是順着時間數下來的。《易》是講未來的事，是從近推到遠，如從今年推到明年後年，是逆推上去的，是「知來者逆」，所以《易》的六爻是倒數上去的。

卦爻和卦爻辭產生的時代

《易．繫辭傳下》說：

古者包犧氏之王天下也，仰則觀象於天，俯則觀法於地，觀鳥獸之文與地之宜，近取諸身，遠取諸物，於是始作八卦，以通神明之德，以類萬物之情。作結繩而為網罟，以佃以漁，蓋取諸《離》。

這裏說的包犧，即伏羲，說八卦是伏羲創作的。這裏又說伏羲按照《離》卦的形象作網，來捕捉鳥獸和魚。這個《離》不是八卦中的離，是六十四卦中的《離》卦。因為八卦中的離是象火，根據火的形象不能創作出網來，只有根據六十四卦中的《離》卦才能創作出網來（見《繫辭傳下》注）。這說明這裏認為六十四卦也是伏羲創作的。

李鏡池《周易的作者問題》裏說：

> 傳統的說法，《周易》的作者是：「人更三聖，世歷三古」（《漢書·藝文志》），就是伏羲畫八卦，文王「重《易》六爻，作上下篇」（即作六十四卦和卦爻辭），和孔子作「《彖》《象》《繫辭》《文言》《序卦》之屬十篇」的《易傳》。伏羲作八卦之說，是根據《繫辭傳》，但《繫辭傳》沒有肯定文王演《易》，只說：「《易》之興也，其當殷之末世，周之盛德耶？當文王與紂之事耶？」「《易》之興也，其於中古乎？作《易》者其有憂患乎？」……肯定文王作《易》，孔子作《易傳》的是司馬遷。《史記》的《周本紀》、《日者列傳》和《報任少卿書》都說文王演《易》。《孔子世家》說：「孔子晚而喜《易》，序《彖》《繫》《象》《說卦》《文言》。」自從這位權威的史學家這麼一說，遂成定論，二千年來，懷疑的很少。

至於《周易》的作者，是比較難於確定的問題。關於作者，我們以為《繫辭傳》所說的比司馬遷的肯定較為合理。所謂「殷之末世，周之盛德」，「作《易》者其有憂患乎？」只就它的時代背景說，至於作者姓名則不能確指。這是根據卦爻辭得出來的論斷。而所謂伏羲，也並非實指其人，伏羲和上古的一些帝王如有巢、燧人、神農等，不過是學者們對於人類社會的起源和發展擬想的人物，他們的名字只代表時代。所謂伏羲作八卦，只意味着八卦的來源很古遠而已。……顧頡剛先生根據卦爻辭所載故事，如「箕子之明夷」，「康侯用錫馬蕃庶」等，證明是出於文王之後，文王不可能見到這些事跡，也就有力地反證了這個傳統説法的錯誤。

關於作者問題，我們的看法是：《易經》卦爻辭是編纂成的，有編者，姓名失傳，可能是周王室的一位太卜或筮人，即《周禮·春官·宗伯》所説「掌三《易》」的人。編纂時間約在西周中後期。

易傳的象數説①

《周易》卦爻辭後面附有《彖傳》、《象傳》，就是《易傳》的兩種，各分上下，合成四篇。

---

① 易傳的象數説，本於高亨《周易大傳今注·易傳象數説釋例》，加以改寫，稍有改動。如原著把《艮》卦的「剛柔敵應」歸入「剛柔相應」，這裏改歸「剛柔相敵」。原著的「剛柔相勝」，這裏作「剛柔相敵相勝」，原著的「剛柔得中」，「剛柔居尊位或居上位或居下位」，這裏省作「剛柔得中與得尊」，稍加省略。

這四篇用象數來解釋卦爻辭。象指卦象和卦位，即八卦和六十四卦所象的事物及其位置關係。也指爻象，即六十四卦中陰爻陽爻所象之事物。數指陰陽數及爻數，如奇數為陽，偶數為陰，又每卦六爻的位次表明事物的位置關係。

《周禮．春官．大卜》，稱「三易」：「其經卦皆八，其別卦皆六十有四。」經卦指八卦，別卦即重之為六十四卦。八卦分陰陽兩類：乾（☰）、震（☳）、坎（☵）、艮（☶）為陽卦，因為這四卦是用三畫及五畫組成，三與五都是奇數，奇數是陽，故稱陽卦。坤（☷）、巽（☴）、離（☲）、兌（☱）是陰卦，因為這四卦用六畫及四畫組成，六與四是偶數，偶為陰，所以這四卦是陰卦。《易傳》又以陽為剛，陰為柔，《彖傳》因此以陽卦象剛性之物，以陰卦象柔性之物。乾為天，坤為地，震為雷，巽為風，坎為水，離為火，艮為山，兌為澤，這是八卦的基本卦象。八卦除了基本卦象外，還有引申卦象，見於《說卦》，不再列舉了。《象傳》解釋卦辭時，也用引申卦象。像《乾》卦的《象傳》：「天行健，君子以自強不息。」「天」指乾象，「健」也指乾象，「君子」也指乾象。以「乾為天」是基本卦象，以「乾」為「健」為「君子」是引申卦象。

再說卦位，八卦相重為六十四卦，即兩經卦合為一別卦，共有六位。

（一）異卦相重是上下之位。如《蒙》（䷃），坎下艮上，水下山上。「《象》曰：『山下出泉，《蒙》』」。「山下出泉」，即從山上水下的位來的。

（二）異卦相重是內外之位。如《明夷》（䷣），離下坤上，火內地外。「《彖》曰：『內文明而外柔順。』」火是內文明，地是外柔順。

（三）異卦相重是前後之位。如《需》（䷄），乾下坎上，健下險上。「《彖》曰：『《需》，須下，險在前也，剛健而不陷。』」即險前健後。

（四）異卦相重是平列之位。如《屯》（䷂），震下坎上，雷下水上。「《彖》曰：『雷雨之動滿盈』」，雷雨並稱，乃平列關係。

（五）同卦相重是重複之位。如《巽》（䷸），巽上巽下。「《彖》曰：『重巽以申命。』」巽為教命，重複申命。

（六）同卦相重而不分其位。如《乾》（䷀），乾上乾下，《彖傳》只釋《乾》為天。

再看爻象與爻數。爻分⚊陽爻，⚋陰爻，陽爻象陽性，陰爻象陰性。如《說卦》：「《震》（☳）一索而得男，故謂之長男。《巽》（☴）一索而得女，故謂之長女。」「一索」指一數，《震》卦倒數第一是⚊陽爻，故以⚊象長男。《巽》卦倒數第一是⚋陰爻，故以⚋象長女。這就是爻象。

再說爻數或爻位，每卦六爻，從倒數上去，倒數第一爻稱「初」，倒數第二、三、四、五爻稱二、三、四、五，最上一爻稱上。六爻中，「上」與「五」象天，以「五」為天位。「初」與「二」象地，「二」為地位。「三」與「四」象人，「三」為人位。六爻由上下兩卦合成，每卦各分上位、中位、下位。位子相同的兩爻稱同位。六爻以「初」「三」「五」為奇數，「奇」為陽，故為陽爻。以「二」「四」「六」為偶數，偶為陰，故為陰爻。

六爻以陽爻為剛，陰爻為柔，剛柔之間構成種種關係。

（一）**剛柔相應**　如《比》（䷇），「不寧方來。」《彖》曰：「上下應也。」倒數第五爻為陽爻，為剛，上下五爻皆為陰爻，為柔。卦辭說：「不安寧的方國（侯國）來了。」《易傳》說：「上下應也。」上指九五的陽爻，為天子。下指不安寧的侯國，應天子的號召來了。這就是剛柔相應。如《小畜》（䷈）：《彖》曰：「柔得位而上下應之。」六四是陰爻，是柔。四是偶數，是陰位，陰爻居陰位，所以稱得位。上下五爻都是陽爻，為剛。由於陰爻得位，所以上下五爻都和它相應，即剛柔相應。又《恆》（䷟），《彖》曰：「剛柔皆應。」這卦的下卦三爻與上卦三爻陰陽相反，如初六與九四，九二與六五，九三與上六皆一陰一陽相對，即同位的一陰配一陽，一陽配一陰，剛柔相應。

（二）剛柔相敵與相勝　如《艮》（䷳），《彖》曰：「上下敵應，不相與也。」《艮》卦的上三爻與下三爻陰陽相同，即相敵對而不是相呼應，所以稱「上下敵應」，即上下相應的爻是相敵對的，陽爻對陽爻，陰爻對陰爻，不是相助的。如《夬》（䷪），《彖》曰：「剛決柔也。」上爻是陰爻，下五爻都是陽爻，陽爻勢強，能勝過陰爻，是剛勝柔。如《剝》（䷖），《彖》曰：「柔變剛也。」上爻是陽爻，下五爻都是陰爻。陰爻勢盛，能勝過陽爻，是柔勝剛。

（三）剛柔位當與位不當　如《既濟》（䷾），《彖》曰：「剛柔正而位當也。」這卦倒數的初、三、五是奇數，是陽位，都是陽爻，是陽爻得陽位。這卦倒數的二、四、六都是偶數，是陰位，都是陰爻，是陰爻得陰位，所以說「剛柔正而位當」，所以是成功。又《未濟》（䷿），《彖》曰：「雖不當位，剛柔應也。」這卦倒數的初、三、五是偶數，是陰位，都是陰爻，是陰爻不當位。這卦倒數的二、四、六是奇數，是陽位，都是陽爻，是陽爻不當位，所以未濟，未成功。但這卦的上卦三爻與下卦三爻一陽一陰相對，即剛柔相應，所以還是「亨」的。

（四）剛柔得中與得尊　一卦分上下兩卦，下卦的中為二，上卦中的中為五。得下卦之中為得中，得上卦之中為得中又得尊，因它又為尊位。有雙剛得中，如《乾》（䷀），九二，《文言》曰：「龍，德而正中者也。」九二是陽爻，居中位，稱有中正之德，是好的。但九二：「見龍在田。」因為九二是陽爻居陰位，是不當位，好比賢人在田野不得位。《乾》卦九五：「飛龍在天。」《文言》：「飛龍在天，乃位乎天德。」九五是陽爻居陽位，又得中。九五又是尊位，比君位，所以稱「位乎天德」。有一剛得中得尊。如《漸》(䷴)，《彖》曰：「其位，剛得中也。」這卦的九五是陽爻，得位得中得尊，這個陽爻以剛得中位，又居君位，所以《彖》又說：「可以正邦也」。因居君位，「可以正邦」。有一柔得中，如《同人》(䷌)，《彖》曰：「柔得位得中。」這卦的六二以陰爻居陰位，又得中位，所以稱「柔得位得中」。但「六二：同人于宗，吝」。因為是柔，雖得中，還是吝，有困難。有雙柔得中，如《小過》(䷽)，《彖》曰：「柔得中，是以小事吉也。剛失位而不中，是以不可大事也。」六二是陰爻，得陰位，得中，所以是「柔得中」，辦小事吉。六五也是陰爻，陰爻居陽位，不得位，使陽爻失位失中也失尊位，所以不可辦大事，陰爻居尊位，還是不能辦大事。又剛柔得位得中，如《觀》(䷓)，《彖》曰：「中正以觀天下。」這卦六二是陰爻，居陰位，得中。九五是陽爻，居陽位得中，得尊位，所以「中正以觀天下」。剛柔都得位得中，是好的。這樣看來，在卦爻辭中，陰爻和陽爻是否得位、得中、得尊，是有各種關係的。這裏也反映出當時尊君和重男輕女的時代局限。

易傳產生的時代

李鏡池《周易的作者問題》裏說：

> 《易傳》七種十篇（《彖上》《彖下》《象上》《象下》《文言》《繫辭上傳》《繫辭下傳》《說卦》《序卦》《雜卦》）作者不是一個人，姓名不可考，從內容思想看，可以推定出於儒家後學之手。寫作時期，約在戰國後期到漢初。

《易傳》既不是一個人所作，寫作的時代亦有先後，可以分別作些探討。

《彖傳》《象傳》之作者

王開府《周易經傳著作問題初探》說：

> 《彖》《象傳》，今古文家皆以為孔子所作。……然《彖》《象》之作，孔子未曾言，孔門弟子未曾言，即《繫辭》亦未曾言。
>
> 《彖傳》於《革》云：「湯武革命，順乎天而應乎人。」湯武革命之說起於戰國，見於《孟子》，則《彖傳》非孔子所作，直是孟子以後之人所為。

《象傳》於《艮》云：「君子以思不出其位。」《論語》亦云：「曾子曰：『君子思不出其位。』」若《象傳》為孔子作，則孔門弟子輯《論語》時，何以誤孔子之言為曾子之言。《論語》信不誤，則《象傳》非孔子所作，直是曾子以後之人所為。

《彖傳》《象傳》二者之不同，亦有數端：

1．所含思想之不同。

《彖傳》有儒家思想：

聖人以神道設教而天下服矣。（《觀．彖》）

父父子子、兄兄弟弟、夫夫婦婦而家道正，正家而天下定矣。（《家人．彖》）

然亦受道家影響：

大哉乾元，萬物資始，乃統天。（《乾．彖》）

至哉坤元，萬物資生，乃順承天。（《坤．彖》）

而《象傳》則全為儒家思想：

君子以果行育德。

君子以慎言語，節飲食。

2．思想表達方式之不同。

《象傳》重在釋卦義卦辭，偶見議論。《象傳》則每卦之下，以「君子以」「先王以」之形式，系統化以出議論，所言不出倫理與政治。

3．釋經之義不同。

《臨．彖》曰：「剛中而應，大亨以正，天之道也。」

《象》曰：「『咸臨吉，无不利』，未順命也。」

《坎．彖》曰：「『維心亨』，乃以剛中也。」

《象》曰：「『求小得』，未出中也。」

4．《象傳》釋爻，多望文生訓，敷衍字句。

爻辭：「初六：師出以律，否臧凶。」（《師》）

《象傳》：「『師出以律』，失律凶也。」

爻辭：「初六：……終來有它，吉。」（《比》）

《象傳》：「比之初六：有它吉也。」

由上觀之，《彖》《象》之作者，顯非一人。

《彖》《象》《文言》《繫辭傳》產生的時代

張岱年《論易大傳的著作年代與哲學思想》中的《易大傳著作年代新考》說：

《禮記．樂記》有這樣一段話：「天尊地卑，君臣定矣。……」這和《繫辭上》首段大體相同。《繫辭上》說：「天尊地卑，乾坤定矣。……」《繫辭》在這裏是講天地和萬物的秩序與變化，寫得比較自然。《樂記》此段從天地講到禮樂，講得比較牽強，看來是《樂記》引用《繫辭》的文句而稍加改變。《隋書．音樂志》引沈約說：「《樂記》取《公孫尼子》。」《公孫尼子》是戰國時代作品。《繫辭》必在《公孫尼子》之前，是沒有疑問的。

宋玉《小言賦》：「且一陰一陽，道之所貴；小往大來，剝復之類也。是故卑高相配而天地位，三光並照則小大備。」這顯然是引述《繫辭上》「一陰一陽之謂道」和「卑高以陳，貴賤位矣」的語意。宋玉賦引過《繫辭》的文句，足以證明《繫辭》的年代不可能晚於戰國。

《荀子．大略篇》說：「《易》之《咸》，見夫婦。……」《大略篇》不是一篇系統的論文，而是一篇資料摘錄，……這條開端三字是「《易》之《咸》」，這就足以表明，這條正是引述《周易》中《彖傳》的文句而加以發揮的。

根據以上的論證，可以斷定：《繫辭》和《彖傳》基本上是戰國時代的作品，但究竟是戰國時代哪個時期的作品呢？這還須作進一步考察。

第一，《繫辭上》說：「天尊地卑，乾坤定矣；卑高以陳，貴賤位矣」，肯定了天地的尊卑高下的關係。而《莊子．天下篇》所載惠施《歷物》之意十事，第三條是「天與地卑，山與澤平」，指出天地的高下關係是相對的。從思想演變來看．惠子的「天與地卑」正是《繫辭上》「天尊地卑」的反命題，所以，應該肯定，《繫辭》的基本部分在惠子以前就有了。

第二，《繫辭上》又說：「《易》有太極，是生兩儀。」以太極為最高的實體。而《莊子．大宗師》篇說：「夫道……在太極之先而不為高……。」把道凌駕於太極之上。這是對於「易有太極」的反命題。所以，《繫辭》的這部分文字應在《莊子．大宗師》篇之前。

老子最先提出了「道」的範疇，……「字之曰道，強為之名曰大。」這個「大」字應讀為太。……《易大傳》的太極，當是受老子影響而略變其說。《易大傳》的年代應在老子之後、莊子之前。

如上所說，我們可以斷定，《繫辭》的基本部分是戰國中期的作品，著作年代在老子以後，惠子、莊子以前。《彖傳》應在荀子以前。關於《文言》和《象傳》，沒有直接材料。《文言》與《繫辭》相類，《彖傳》與《象傳》相類，應當是戰國中後期的作品。從《彖傳》的內容看，可能較《象傳》晚些。

《說卦》《序卦》《雜卦》產生的時代

張岱年《易大傳著作年代新考》中又稱：

王充《論衡・正說》篇說：「孝宣皇帝之時，河內女子發老屋，得逸《易》《禮》《尚書》各一篇，奏之。宣帝示博士，然後《易》《禮》《尚書》各益一篇。」《隋書・經籍志》說：「及秦焚書，《周易》獨以卜筮得存，唯失《說卦》三篇，後河內女子得之。」這又認為《說卦》《序卦》《雜卦》都是宣帝時發現的。但是，《淮南子》已引過《序卦》，司馬遷已提到《說卦》，近年馬王堆出土帛書《周易》，有《繫辭》，那《繫辭》中包括通行本《說卦》的一段。這都可證《隋書・經籍志》之說是不可憑信的。王充所說增益「一篇」，是正確的。這一篇當是《雜卦》。

周易的思想

卦爻和卦爻辭的思想

上文指出氣、水、火、土這四大元素，在古希臘哲學和古印度哲學裏，都曾被當作世界的本原。八卦或就是氣、水、火、土的演化。不論八卦是不是氣、水、火、土的演化，總之用八卦來指八種事物。這八種事物，又分成四組，如天與地、雷與風，水與火、山與澤。這四組中有對立的，如天與地，水與火。有相關的，如雷與風，山與澤。再加上八卦卦和爻因畫數的奇偶分為陽奇陰偶的種種變化。任繼愈主編《中國哲學史》，在《易經和洪範的思想》裏，把《易經》的哲學思想分為三個方面：

（一）觀物取象的觀念

《易經》從人們生活經常接觸的自然界中選取了八種東西作為說明世界上其他更多東西的根源。……這八種自然物中，天地又是總根源，天地為父母，產生雷、火、風、澤、水、山六個子女。這是一種十分樸素的萬物生成的唯物主義觀念。

《易經》認為自然界也與人和動物一樣，由兩性（陰陽）產生……。《易經》從複雜的自然現象和社會現象中抽象出陰（--）陽（—）兩個基本範疇，它對後來的哲學、科學的發展有深遠的影響。陽代表積極、進取、剛強、陽性等特性和具有這些特性的事物。陰代表消極、退守、柔弱、陰性這些特性和具有這些特性的事物。世界就是在兩種對抗性的物質勢力（陰陽）運動推移之下孳生着、發展着。

（二）萬物交感的觀念

萬物在陰陽兩勢力的推動、矛盾中產生變化，變化的過程是通過交感。這一觀念的形成，也可能是從男女交感產生子女的普遍現象概括出來的。

《易經》所謂「吉」的一些卦，一般是上下兩卦具有交感的性質的；所謂「凶」的一些卦，一般是上下兩卦不具有交感性質的。《易經》占卜問吉凶禍福，本身就是迷信，但是《易經》對於吉凶的解釋，卻包含了當時人們對世界一般事物最原始的哲學見解。《易經》善於從交感的觀點觀察萬物的動靜變化，並認為凡有動象、有交感之象的卦是吉的，有前途的，因為它符合了事物發展的原則。

如《泰》（䷊）卦的象是地在上，天在下，實際上是天在上，地在下，天氣屬陽，地氣屬陰。陰氣上升，陽氣下降，就象徵着天和地的交感變化。与此相反，如《否》（䷋）卦的象，是天在上地在下，天本來就在上，地本來就在下，這種情況不會引起上下交感易位的變化。不交感，沒有變動，事物就沒有發展前途，所以《否》卦就不如《泰》卦吉。《泰》卦和《否》卦是一個對立面，一吉一凶。吉和凶的根據是變和不變，交感和不交感。它通過宗教迷信的形式，反映出了極其樸素的辯證法觀點。

（三）發展變化的觀念

變化發展的觀念也是貫串在《易經》中的一個基本思想。《易經》的作者認為世界上沒有東西不在變化，變化着的事物有它發展的階段。《易經》對每卦的每一爻都作出一般原則的說明。他們認為事物剛開始時，變化的跡象還不顯著，繼續發展下去，變化就深刻化、劇烈化，發展到最後階段，超過了它最適宜發展的階段，它就帶來了相反的結果。事物本來是有前途的，過了它的極限，它反而沒有前途了。……《易經》《泰》卦九三爻辭說：「无平不陂，无往不復。」這一物極必反的原則，因為它包含着辯證法的真理，春秋戰國時期得到更廣泛的傳播，也得到更多人的相信。

易傳的思想

張岱年《論易大傳的著作年代與哲學思想》，其中論到《易傳》的思想，分本體論、辯證法、人生理想與政治理想，摘要如下。

《易大傳》的本體論學說

《易大傳》是《周易》上下經的解說，但它的解說卻不一定合乎《周易》古經的原意。《易大傳》在解說古經時提出了若干關於宇宙人生的創造性見解，就思想的深度而論，可以說達到了先秦哲學的最高水平。

《易大傳》中的宇宙哲學是唯物論還是唯心論？今試就三個方面加以考察。

（甲）太極、乾元、坤元的意義

《繫辭上》說：「是故易有太極」，……太極即是天地未分的原始統一體。《繫辭上》以太極為天地的根源，這是一種樸素的唯物論觀點。

《彖上》提出「乾元」「坤元」的學說。……乾元可解為陽氣之始，坤元可解為陰氣之始（《九家易》說：「元者氣之始也。」這是漢儒舊說）。《彖上》以乾元、坤元即陽氣、陰氣為萬物「資始」「資生」的根源，這也是唯物論的觀點。……《易大傳》中的萬物起源論是一種簡單樸素的唯物論。

（乙）易，道，神，天

《繫辭》中的易字有三種不同的意義：一指自然變化，一指易卦或易象，即《周易》上下經一書，另一意義即簡易之易。第一項是最重要的。《繫辭》肯定自然世界是一個運動變化的過程，這有深刻的意義。……另一方面又肯定運動變化的客觀實在性。……乃是一種重要的唯物論觀點。

「道」也是《繫辭》中的一個重要範疇。……「一陰一陽之謂道」，道的內容是一陰一陽，有陰有陽才有所謂道；陰陽未分的統一體「太極」應比道更為根本。所以，在《易大傳》的理論體系中，最高範疇應該是「易」，是「太極」，其次才是道。這樣的理論體系應屬於唯物論。

《易大傳》中的神字有不同的意義：一是指萬物的微妙變化，即「陰陽不測之謂神」。二是指人的智慧、德行的最高境界，如說：「神而明之，存乎其人」

（《繫辭上》）。……三是指易卦預知未來的奇妙作用，如說：「唯神也，故不疾而速，不行而至。」這三項意義中，第一項意義是根本的。

在《易大傳》中，天字屢見。多數的天字指自然之天，少數的天字表示有意志的天。……這既表現了唯物論的傾向，又保留了古代原始宗教天降禍福的思想。

（丙）「易與天地準」的世界圖式論思想

《繫辭》中對於《易經》的說明，主要有兩點：第一，肯定《易經》的卦象是仿效、摹寫天地萬物的實際情況的；第二，強調《易經》的卦爻體系包羅萬象，包括了天地萬物的一切道理而無所遺漏。這第一點是從樸素的唯物主義反映論出發的；第二點就是認為《易經》的卦爻體系是天地萬物運動變化不可違離的圖式，可以說是一種世界圖式論，因而也就完全陷入於唯心論之中。

《易大傳》中的辯證法思想

《易大傳》的最重要的貢獻是提出了一些比較精湛的辯證觀點。《易大傳》的辯證思想在先秦哲學中可以說是最豐富最深刻的，對於後來辯證思想的發展有巨大的影響。

《易大傳》辯證思想的最簡要的命題是：「剛柔相推而生變化」，「一陰一陽之謂道」，「日新之謂盛德，生生之謂易」（《繫辭上》）。這些命題肯定了變化的普遍性永恆性，肯定了對立面的相互轉化是最根本的規律，並深刻地說明了變化的根源就在於對立面的相互作用。

「一陰一陽之謂道」可以說是中國哲學史中關於對立統一原理的最早表述。

《易大傳》運用對立轉化的觀點說明了一些實際問題，《繫辭下》說：「危者安其位者也，亡者保其存者也，亂者有其治者也。是故君子安而不忘危，存而不忘亡，治而不忘亂，是以身安而國家可保也。」安危、存亡、治亂，都是相互轉化的，必須提高警惕，才能保持其安、其存、其治。

《易大傳》更提出關於「健順險阻」的深刻思想。《繫辭下》說：「夫乾，天下之至健也，德行恆易以知險；夫坤，天下之至順也，德行恆簡以知阻」，……

這就是說，必須知險而能克服其險，然後為至健。必須知阻而能克服其阻，然後為至順。這些都是深刻的辯證思想。

《易大傳》闡明了對立的轉化，但不能貫徹到底，而認為尊卑上下的對立是不可能轉化的。這充分反映了地主階級的階級偏見。但《易大傳》中的辯證思想還是比較豐富的。

為什麼《易大傳》能有豐富而深刻的辯證思想呢？……《易大傳》強調憂患，這正是當時社會矛盾激化的反映。因為見到憂患，所以要求改變當時的現狀，於是重視變化，重視對立的轉化，於是闡發了關於變化日新與對立統一的精湛學說。《易大傳》中的辯證思想是中國古代哲學中的寶貴遺產。

《易大傳》中的人生理想與政治觀點

《易大傳》的人生理想論也有特色。《易大傳》宣揚剛健有為的人生觀，以天人協調為最高理想，把擴充知識（「精義」），改造物質生活（「利用安身」）與提高品德（「崇德」）三個方面結合起來。

《易大傳》認為，天的本性是健，人應該效法天的健。……健是剛強不屈的意思。人應該自強不息，永遠努力前進。……《易大傳》以為，處事接物，必須知柔知剛。《易大傳》的剛健學說是老子守柔學說的反響，是對於老子守柔學說的糾正。

《易大傳》提出「裁成天地之道，輔相天地之宜」的命題。……意思是對自然加以適當的調整，使自然更符合人類的要求。……《文言》說：「先天而天弗違，後天而奉天時」，……這裏所謂先天指引導自然，所謂後天指適應自然。在自然變化尚未發生之前先加以引導、開發，在自然變化既發生之後又注意適應。這也就是裁成輔相之意。這裁成輔相論可以說是一種天人協調論，一方面要適應自然，一方面又要加以引導開發，使人類與自然界相互協調起來。所謂裁成輔相，實際上主要是指農業生產及禮樂刑政的措施而言。這種學說在一定程度上肯定了人的主觀能動性，但主要是肯定「大人」「君子」的主動作用，並沒有認識到人民羣眾的力量。

這種輔相論也可以說是對於老子思想的改造。老子曾說「以輔萬物之自然而不敢為」。《易大傳》的態度是輔萬物之自然而有所為。

《易大傳》的政治思想有兩點值得注意：一是強調上下分別而主張「損上益下」，二是重視「變通」，讚揚「湯武革命」。……實際上，所謂「損上益下」不過是在上者將對在下者的剝削壓迫略加節制而已。《節》卦《彖》說：「節以制度，不傷財，不害民。」不傷財，不害民，就是損上益下了，這實際上還是為統治階級的長久利益設想的。

《易大傳》肯定湯武革命，順乎天時，合乎人心。……這所謂革命雖然有別於我們今天所謂革命，但《易大傳》重視變革，還是很明顯的。這是進步的政治思想。

《易大傳》對於後來哲學思想發展的影響是非常巨大的。以後的唯物主義思想家與唯心主義思想家都從《易大傳》中吸取營養。應該肯定，《易大傳》對於中國哲學思想的發展確實有其不可磨滅的貢獻。

其他周易研究

《周易》研究的範圍很廣，除了上引各家的研究外，還有其他不少的《周易》研究，這裏只就錢鍾書的《管錐編》中論《周易正義》的部分，就其中有關理解《周易》的研究，不屬於上引的部分，酌量談一些。

實象假象　「象曰：天行健」；《正義》：「或有實象，或有假象。實象者，若地上有水、地中生木升也：皆非虛言，故言實也。假象者，若天在山中、風自火出；如此之類，實無此象，假而為義，故謂之假也。」按《繫辭上》：「聖人有以見天下之賾，而擬諸形容，象其物宜，故謂之象。」是「象」也者，大似維果所謂以想像體示概念。……理賾義玄，說理陳義者取譬於近，假象於實，以為研幾探微之津逮，釋氏所謂權宜方便也。古今說理，比比皆然。甚或張皇幽緲，云義理之博大創闢者，每生於新喻妙譬，至以譬喻為致知之具、窮理之階，其喧賓奪主耶？抑移的就矢也？《易》之有象，取譬明理也，「所以喻道，而非道也（語本《淮南子．說山訓》）。求道之能喻而理之能明，初不拘泥於某象，變其象也可；及道之既喻而理之既明，亦不戀着於象，捨象也可。」（11—12頁）

這段論「象」的話，對於研究《易象》很重要。按照這段話說，《易》的象，不論是實有的實象，或實無此象的假象，都是「以想像體示概念」，是一種概念的想像，是用來表達「理賾義玄」的「取譬」。研究《易》的象，主要在理解它所表達的概念，它所表達的理與義。拋開了它所表達的理與義去解釋象，就不免買櫝還珠了。像《乾》卦爻辭中的「龍」，應該研究「龍」是比喻什麼。象數派認為是比陽氣。這是抓住象的要求的。陽氣又是比什麼，象數派認為是比人事。「亢龍」比什麼，義理派認為比「過於上而不能下」，比君主的脫離臣民，所以有悔。這樣研究象，才符合象的要求，不是脫離象所表達的理義，把「龍」說成是「龍星」。

再看這段講的實象，如「地上有水」，這是指《比》卦（䷇），坤下坎上，即水下地上，「《象》曰：地上有水，《比》。先王以建萬國，親諸侯。」這個「地上有水」，比喻大地上有人民，在周代要分封諸侯來統治，「比」指親近，所以要親近諸侯。李鏡池《周易通義》：「作者幻想一個上下左右互相親善和睦的政治環境」，這樣解釋，符合《比》卦「地上有水」的象的含義。再像「天在山中」，指《大畜》（䷙），乾下艮上，天下山上。「《象》曰：天在山中，《大畜》。君子以多識前言往行，以畜其德。」「天在山中」的象，以天比君，山比賢人。以天的光明照耀山中，比君能尚賢，賢人能積學蓄德以待用，這是「天在山中」的含義。《周易通義》說：「本卦與《小畜》卦都屬農業專卦，但比《小畜》內容上多了飼養牲畜一項。」這樣說，就忽略了「天在山中」這個象的含義了。可見這裏講的實象假象的含義對研究《易》象是有幫助的。

相反相成 「噬、嗑，亨」：《注》：「噬、嚙也，嗑、合也。凡物之不親，由有間也；物之不齊，由有過也；有間與過，嚙而合之，所以通也。」按此以噬嗑為相反相成之象。故《象》曰：「頤中有物曰噬嗑，噬嗑而亨；剛柔分動而明，雷電合而章。」蓋謂分而合，合而通：上齒之動也就下，下齒之動也向上，分出而反者也，齒決則合歸而通矣。比擬親切，所謂「近取諸身」也。（22頁）

《睽》，「《彖》曰：火動而上，澤動而下，二女同居，其志不同行。……天地睽而其事同也，男女睽而其志通也，萬物睽而其事類也。睽之時義大矣哉！」《正義》：「水火二物，共成烹飪，理宜相濟；今火在上而炎上，澤居下而潤下，無相成之道，所以為乖。……歷就天地、男女、萬物，廣明睽義，體乖而用合也。」按此亦明反而相成，有間而能相通之旨。（26頁）

這裏講《易》卦中含有相反相成的意思。如《噬嗑》卦指咬嚼，「《彖》曰：頤中有物曰噬嗑。」一面頰中有食物要咬嚼。咬時，上齒向下，下齒向上，上下相反，成為咬嚼，即相反相成，才是「噬嗑而亨」，亨是通，咬嚼成功。再看《睽》卦（䷥），兌下離上，即澤下火上，澤中有水，即水下火上，所以是乖違。只有火在下，水在上，象烹飪，才是水火既濟，水火相反而相成，水下火上就是乖違而不相成了。「二女同居，其志不同行。」二女都是女性，性同而不是相反，所以不相成。又說：「天地睽而其事同也，男女睽而其志通也，萬物睽而其事類也。」天上地下是相反的，所以能夠化生萬物，是相成的。男女是異性，相反的，所以能結為夫婦，是相成的。萬物如動物雌雄相反，植物雄蕊雌蕊相反，所以能夠結合相成。《噬嗑》卦有相反相成之義，《睽》卦有不相反則不相成，相反則相成之義。再看《周易通義》：「噬嗑：和現代漢語『吃喝』音義相近。全卦講飲食及跟飲食有關的事。」又：「睽：……卦中作名詞，指旅人。因為旅人與家人乖離，旅行在外，不能與家人相見。從內容標題。」不考慮卦名的取義，有相反相成之義，沒有體會這兩個卦名的用意。

反象以徵　《革》卦：「《象》曰：革，水火相息」；《注》：「變之所生，生於不合者也。息者，生變之謂也」；《正義》：「燥濕殊性，不可共處。若其共處，必相侵剋。既相侵剋，其變乃生。」按王弼、孔穎達說「息」字，兼「生變」與「侵剋」兩義。……《說文解字》：「革，更也。……鞏，以韋束也。《易》曰：『鞏用黃牛之革』」；段玉裁注：「王弼曰：『鞏，固也』；按此與卦名之『革』相反而相成。」殊得窈眇。蓋以牛革象事物之牢固不易變更，以見積重難返，習俗難移，革故鼎新，其事殊艱也。夫以「難變」之物，為「變改之名」，象之與意，大似鑿枘。此固屢見不鮮者，姑命之曰「反象以徵」。（28—29頁）

這裏講《革》卦。《象》說：「《革》，水火相息。」這裏指出「息」有侵剋、變革兩義，因物受水或火的侵剋，才發生變化。《革》卦是講變革的。但「初九：鞏用黃牛之革。」用黃牛皮帶捆牢，就很牢固，與變革之義相反，來比喻變革之難，這叫「反象以徵」，用相反的形象來徵驗改變的困難。根據這樣理解來讀《革》卦，卦辭說：「《革》巳日乃孚。」在祭祀日向神報告改革的成就，人民乃相信。「九三：……革言三就，有孚。」改革的話，講到多次成就，才有信任。說明改革只有取得成功，才能使人民相信，指出改革的不易。可是《周易通義》把卦辭「《革》：巳日乃孚」解作「到了祭祀那天才去捉俘虜來作人牲」，這就跟改革無關了。一個「孚」字，解作「捉俘虜來作人牲」，恐也沒有這樣的含義。釋「鞏用黃牛之革」，謂「古代車戰，戰馬的胸帶束得牢固必須用黃牛皮的皮革。本爻可與九三爻聯看。」即認為馬胸帶束得不牢固，與爻辭的說「鞏」不合。再釋「九三」爻的「革言三就有孚」，用聞一多說，「言借為靳」，「三就：三重」，「馬胸帶綁了三匝」。這樣，把「革」指改變，初九的「反象以徵」全沒有了。參觀《革》卦後的說明，可見「反象以徵」對理解《易》卦是有幫助的。

《管錐編》中對《易》義的闡發很多，不能盡述，就引這三點吧。

周易譯注

最後談一下《周易》的譯注。譯注是通俗性的工作，不同於專門研究。對有關《周易》的知識，需要作些介紹的，只從對《周易》有研究的著作中引來。對這些研究，有不同意見的，稍作說明，就其中較確切的加以肯定。《周易》分《易經》和《易傳》兩部分，《易經》指卦爻辭，產生的時代早，約在西周初期。文辭簡潔，不好懂。要弄懂它，就得靠注釋。對《周易》卦爻辭的注釋，有《易傳》，即《彖傳》《象傳》《文言》和《繫辭傳》的一部分，這是《周易》內部對卦爻辭的解釋。《周易》以外的解釋，粗略說來，似可分為四種：（一）象數說。象數說的注，著名的有唐李鼎祚的《周易集解》，清孫星衍的《周易集解》。這兩部書保留了不少古注，內容有相同的，也有不同的。這些古注，偏重於按象數解《易》，當然也有按義理來解的，只是偏重在象數罷了。又清陳夢雷的《周易淺述》，也有按象數來講的，講得比較淺顯，跟今譯的要求接近，所以在對每卦的說明裏，多引用《淺述》。如《乾》卦「九三：君子終日乾乾，夕惕若厲」。《周易集解》：「虞翻曰：『謂陽息至三，二變成離，離為日，坤為夕。』」

這是說，九二的陽爻生長到九三，九二變成離（☲），「離為日」，所以說「君子終日」，「坤為夕」，所以說「夕惕若厲」。按從九二到九三，都是陽爻，沒有陰爻。離是兩陽爻夾一陰爻，從九二發展到九三，怎麼變成離呢？又《乾》卦是六個陽爻，《坤》卦（☷）是六個陰爻，怎麼又來個「坤為夕」呢？這個《坤》從哪裏來的呢？按李道平《周易集解纂疏》：「息，長也。陽長至三，為《泰》（䷊）；二失位，變正成離（☲）。」這是說，虞翻用「消息」「之正」來講《易》。「息」指長，長指初九進到九二、九三，即《乾》卦的下卦從初九到九三是陽爻（☰），是乾下。「消」指變，即《乾》卦從九四、九五、上九的陽爻變成陰爻（☷），即坤上，成為《泰》卦（䷊），所以《乾》卦的上卦成坤了（☷）。又講「之正」，認為《乾》卦的「九二」是陽爻居陰位（二是偶數，是陰位），不正，要變為陰爻，所以成離（☲）。按《乾》卦，九二以陽爻居陰位，不正，是對的，但沒有變為陰爻。《易》講消息是對的，但《乾》的上卦不能變成坤。虞翻用「消息」來使《乾》的上卦變成坤，用「之正」來使《乾》的九二變成六二，即陽爻變為陰爻，與《乾》卦的爻辭不合，故不取。再看《周易淺述》：「九，陽爻。三，陽位，在下卦之上，重剛而不中，乃危地也。六爻取象三才，則三為人位，故不取於龍，而稱君子。處危地而以學問自修，君子之事，非可言龍也。三下乾終而上乾繼，故其體性剛健，有乾乾自惕之象。」這樣講比較好懂。九三是倒數第三爻，即下卦的上爻，又是連接三個陽爻，所以是三重剛而不在下卦的中位，所以是危地。六爻分為天地人，初爻、二爻是地，三爻、四爻是人，五爻、六爻是天，所以九三屬於人位。人處危地而乾乾自強不息，加上警惕，雖危无咎。《淺述》的話好懂。只是他說九三是人位，所以「不取象於龍而稱君子」，這是不對的。因為九四也是人位，為什麼說「或躍在淵」，即龍在淵跳出來呢？但他講象數而好懂，所以在每卦的說明裏多用《淺述》說。（二）義理說。著名的有魏王弼、晉韓康伯注、唐孔穎達疏的《周易正義》，宋朱熹的《周易本義》。（三）訓詁，如清王念孫說，見於王引之的《經義述聞》，有俞樾的《羣經平議》。（四）近人研究新說，有聞一多的《周易義證類纂》，李鏡池的《周易通義》，可稱古史說，用史的眼光解《易》；高亨的《周易古經今注》、《周易大傳今注》，有新說。這四種中，主要是象數說、義理說和古史說三種，今譯就參考這三種書。

就這些書說，對卦爻辭的解釋也有分歧。對於分歧的解釋，只能認為哪種說法用來解釋原文比較符合，就採用哪種說法，不管是象數說或義理說，是新說或舊說。比方《周易》開頭的第一句話：「《乾》：元亨，利貞。」有三種解釋：（一）《周易集解》：子夏傳曰：「元，始也。亨，通也。利，和也。貞，正也。」《文言》曰：「元者，善之長也。亨者，嘉之會也。

利者，義之和也。貞者，事之幹也。」這兩説都解為四德。（二）《彖傳》：「大哉乾元，萬物資始」，這是釋「元」為始。「乃統天，雲行雨施，品物流形。大明終始，六位時成。」這是釋「亨」為通，即萬物化生，六爻隨時而成，都講得通順。「乾道變化，各正性命，保合大和，乃利貞。」這是釋「利貞」，指天道生長萬物，各正性命而得太和為「利貞」。即把元、亨、利貞釋為三德，不作為四德。（三）李鏡池《周易通義》：「元亨約同於大吉。」「利貞，利於貞問。」即占問有利。不是四德或三德。結合卦爻辭來看，貞是講占問，不是講德性，（三）説是符合實際的，即採用新説。

《乾》卦接下去的爻辭，有「初九：潛龍勿用」；「九二：見龍在田」；「九三：君子終日乾乾」；「九四：或躍在淵」；「九五：飛龍在天」；「上九：亢龍有悔」。這些爻辭中的「龍」，有二説：（一）聞一多《周易義證類纂》認為是指天上的「龍星」。李鏡池《周易通義》採用了此義，並引了聞一多引《説文》：「龍，春分而登天，秋分而潛淵。」（二）《周易集解》：「馬融曰：『物莫大於龍，故借龍以喻天之陽氣也。初九，建子之月（陰曆十一月），陽氣始動於黃泉，既未萌芽，猶是潛伏，故曰潛龍也。』」聞一多、李鏡池説「龍」是天上的「龍星」，是新説。但天上的龍星是在天上，怎麼會潛伏到地下去呢？又怎麼出現在田野裏呢？又怎麼從淵中躍出來呢？是講不通的。再看《說文》：「龍，鱗蟲之長，能幽能明，能細能巨，能短能長。春分而登天，秋分而潛淵。」《說文》不是講天上的龍星。摘引其中兩句，用來講天上的龍星，也不合。用龍來比陽氣，這是象。用「初九」來指陰曆十一月，這是數。這是象數說，符合原文，就用象數說，不用新說。

又，從「初九」到「上九」都講「龍」，獨有「九三」講「君子」，不講龍，為什麼？聞一多、李鏡池沒有講，從王弼到朱熹也沒有講。《周易集解》：「干寶曰：『爻以氣表，繇以龍興。嫌其不關人事，故著君子焉。陽在九三，正月之時，自《泰》來也。陽氣始出地上而接動物，人為靈，故以人事成天地之功者，在於此爻焉。故君子以之憂深思遠，朝夕匪懈。』」這裏干寶指出，爻辭用龍來表陽氣，要是都講龍，好像跟人事無關，所以插入「君子」，講明講龍也關人事，這是一。又指出「九三」是陰曆正月，陽氣已出地上，君子正朝夕非懈來成天地之功，所以突出君子。這樣，干實的象數說，在說明「君子」上勝過新說，也勝過義理說。再聯繫「君子終日乾乾」的「乾乾，有二說：（一）李鏡池《周易通義》：「乾乾：聞一多謂當讀為悁悁，悁，憂貌。」（二）上引干實說，解「終日乾乾」為「朝夕匪懈」。《周易正義》釋「終日乾乾」為「終竟此日，健健自強，勉力不有止息」。釋乾乾為自強不息。按（一）說改字作釋，沒有旁證，聯繫原文也不合，不可取。（二）說符合原文，可用。這裏用象數義理說，不用新說。

又「上九」曰「亢龍」又有二說：（一）李鏡池《周易通義》：「亢龍：聞一多解為直龍。亢有直義。龍欲曲，不欲直。」「直則凶。」（二）朱熹《周易本義》：「上者最上一爻之名。亢者過於上而不解下之意也。陽極於上，動必有悔，故其象占如此。」（二）說與「上九」結合，符合原意，亦與「有悔」合。（一）說不與「上九」結合，又稱「直則凶」，與「有悔」不合，在卦爻辭中，「悔」與「凶」不同。即採義理說不採新說。

這樣來理解卦爻辭，還有不好理解的。如《豐》卦：「六二：豐其蔀，日中見斗。」《周易通義》：「大房子用草或草織小蓆蓋房頂，白天能見到北斗星。」按大房子有門窗院子，用草蓆蓋房頂，房外在日中還是很明亮的，怎麼能看見北斗星呢？《周易集解》：「虞翻曰：『日蔽雲中稱蔀。』」指雲把太陽蔽住了。假如雲只遮住太陽，天空還是亮的，又怎麼能看見北斗星呢？假如雲把整個天空都遮住了，那也看不到北斗星。《周易大傳今注》：「《釋文》，『見斗，當作見主。』主乃古燭字。院中搭大蓆棚，室中黑暗，日中之時燃燭以取明。」又「九四：豐其蔀，日中見斗。」同上：「大其院中之蓆棚，以蔽夏日，日中之時，忽逢日食，見斗星。」

同樣的話，見於同一個《豐》卦，何以作兩種解釋？在「日中見斗」裏，沒有日蝕的記載，何以知為日蝕？《周易正義》：「『豐其蔀』者，（六）二以陰（爻）居陰（位），又處於內，幽暗無所覩見，所豐在於覆蔽，故曰『豐其蔀』也。蔀者覆曖障光明之物也。『日中見斗』者，（六）二居離卦之中，如日正中，則至極盛者也。處日中盛明之時，而斗星顯見，是（六）二之至暗，使斗星見明者也。處光大之世，而為極暗之行，譬日中而斗星見，故曰『日中見斗』也。」這是說，「日中見斗」，不是實象，是假象，並非真有其事，只是比方，一個人處在極光明的時代，內心極為陰暗。用了實象假象之說，還可以說得通。譯注就取這個說法。但這個說法是否對，卻無法判斷。譯注中類似這樣的地方還有。因此譯注一定還有錯誤和不恰當的，還請專家和讀者指正。

上經

乾（卦一）

䷀（乾下乾上）

《乾》：元亨，利貞。①

初九：潛龍，勿用。②

九二：見龍在田，利見大人。③

九三：君子終日乾乾，夕惕若。厲，无咎。④

九四：或躍在淵，无咎。

九五：飛龍在天，⑤利見大人。

上九：亢龍，有悔。⑥

用九：見羣龍无首，吉。⑦

【譯文】

《乾》卦：大通順，占問有利。

倒數第一陽爻：象龍潛伏着，不可有所作為。

倒數第二陽爻：龍出現在田野裏，見貴人有利。

倒數第三陽爻：貴人整天自強不息，晚上警惕着。（情況）嚴重，沒有害。

倒數第四陽爻：龍或者躍進深淵，沒有害。

倒數第五陽爻：龍飛在天上，見貴人有利。

最上陽爻：處在極高處的龍，有悔恨。

用陽爻：看見許多龍，沒有龍王，是吉利的。

【注】

①《乾》：乾，卦名，指天，用三個陽爻☰組成。重卦䷀，由六個陽爻組成。「元亨，利貞」是《乾》卦的卦辭。元亨是大通順。利貞是占問的事有利，貞是占問。

②初九：乾卦䷀有六畫，稱六爻。一為陽爻，稱九。初九：指倒數第一爻為陽爻。以上九二、九三指倒數第二、第三陽爻。上九：指最上陽爻。潛龍：李鼎祚《周易集解》（以下只稱《周易集解》）：「馬融曰：『物莫大於龍，故借龍以喻天之陽氣也。初九建子之月（陰曆十一月），陽氣始動於黃泉（地下），既未萌芽，猶是潛

伏，故曰潛龍也。』」

③見：同現。大人：指貴族。

④君子：指貴族。乾乾：自強不息貌。惕若：警惕着。厲：危險。无咎：無害。

⑤九五：《周易集解》：「干寶曰：『五在天位，故曰飛龍。』」

⑥亢龍：朱熹《周易本義》：「亢者，過於上而不能下之意也。陽極於上，動必有悔。」比喻處在高危的地位。

⑦用九：占筮時先求出兩個卦來，如「《乾》䷀之《同人》䷌」，即求出《乾》卦和《同人》卦，把這兩個卦比一下，只有倒數第二爻不同，即《乾》卦的陽爻一變成《同人》卦的陰爻--。這樣即可找乾卦的九二爻辭來定吉凶。要是碰到「《乾》䷀之《坤》䷁」，《乾》卦的陽爻對着《坤》卦的陰爻。兩卦的六爻完全不同，無法找到哪一爻，這時就看乾卦的用九來定吉凶。同例，要是《坤》卦䷁碰上《乾》卦䷀，《坤》卦的陰爻--稱六，那也找不到爻辭，也來個「用六」，據《坤》卦的用六來定吉凶。這種六爻都變的現象在別的卦裏是沒有的，所以只有《乾》《坤》兩卦各多了一個「用九」「用六」的爻辭。

《彖》曰：[8]大哉乾元，萬物資始，乃統天。[9]雲行雨施，品物流形。[10]大明終

始，六位時成。時乘六龍以御天。[11]乾道變化，各正性命。保合大和，乃利貞。[12]首出庶物，萬國咸寧。[13]

【譯文】

《彖傳》說：盛大啊天的元氣，萬物靠着它有了開始，是屬於天。雲的流動，雨的下降，各類物品變動形成。太陽成終成始（在運行），上下四方的方位於是形成。按時駕着六條龍拉的車子運行在天空中。天道的變化，（使萬物）各自端正它的性命。保持住沖和之氣，是有利於正道的。（天）開始生出眾物，（使）萬國都安寧。

【注】

⑧《彖》（tuàn）：解釋卦辭的話，稱《彖傳》。《彖傳》解釋卦辭「元亨利貞」，分元、亨、利貞來釋，與原來卦爻辭的含義不同。

⑨乾元：天的元氣，認為元氣化生萬物，都屬於天。《周易集解》引《九家易》：「元者，氣之始也。」這是釋「元」。

⑩雨施：猶雨降。品物：品類之物，指萬物。流形：變動成形。

⑪「大明」三句：《周易集解》：「侯果曰：『大明，日也。六位，天地四時也，六爻效

彼而作也。大明以晝夜為終始，六位以相揭為時成。言乾乘六氣而陶冶變化，運四時而統御天地，故曰時乘六龍以御天也。』大明指日，日出，天在上，地在下，四時的寒暑變化也因日照而成，故稱「六位時成」。天乘六氣，指乾元，即天乘着六位之氣來化生萬物。以上釋「亨」，「亨」為通。

⑫乾道：天道。天道變化，即「大明終始，六位時成」。各正性命：萬物各得性命之正。性指屬性，命指壽命。保合：保持住。大和：太和，指沖和之氣，即四時之氣諧調，無疾風暴雨旱澇災害。這是講「利貞」，以「貞」為正，有利於貞，即「各正性命」的意思。

⑬《周易集解》引劉瓛曰：「陽氣為萬物之所始。故曰『首出庶物』。立君而天下皆寧，故曰『萬物咸寧』也。」

《象》曰：天行健，[14]君子以自強不息。「潛龍勿用」，陽在下也。「見龍在田」，德施普也。[15]「終日乾乾」，反復道也。「或躍在淵」，進无咎也。「飛龍在天」，大人造也。[16]「亢龍有悔」，盈不可久也。「用九」，天德不可為首也。[17]

【譯文】

《象傳》說：天道剛健，君子以（天為法），所以自強不息。（看到初九）「潛龍勿用」，因陽爻在一卦的下位，（所以隱居不出）。（看到九二）「見龍在田」，（喻大人在民間），恩德普遍推行。（看到九三：君子）「終日乾乾」，反反復復都合於正道。（看到九四）「或躍在淵」，（喻有人像龍跳進深淵），前進沒有害處。（看到九五）「飛龍在天」，喻大人（居君位）有所作為。（看到上九）「亢龍有悔」，（喻居極高之位）驕傲自滿不能長久。（看到）「用九」，（見羣龍无首，德齊力均，合於）天德，沒有個做首領的。

【注】

⑭《象》：《象》傳，對卦爻辭的解釋。天行：天道。這兩句講卦辭的意義。

⑮ 普：普遍。

⑯《周易集解》：「荀爽曰：『大人造法，見居天位，聖人作而萬物覩，是其義也。』」

⑰《周易集解》。引宋衷曰：「羣龍純陽，則天德也。」乾卦六爻都是陽爻，所以稱純陽為天德。

《文言》曰：「元」者，善之長也；「亨」者，嘉之會也；「利」者，義之和也；「貞」者，事之幹也。[18]君子體仁足以長人，嘉會足以合禮，利物足以和義，貞固足以幹事。[19]君子行此四德者，故曰「乾：元、亨、利、貞。」

【譯文】

《文言》說：「元」是善的首位，「亨」是美的集合，「利」是義的應和，「貞」是百事的主幹。君子實行仁夠做人的首長，集合美夠合於禮，對人物有利夠跟義相應和，堅持正道夠主幹各事。君子實行這仁、禮、義、正四種德行，所以說：「乾卦，元、亨、利、貞。」

【注】

⑱《文言》：對《易經》乾卦和坤卦的卦爻辭的解釋，把乾坤卦爻辭給與理論的意義，與乾坤卦爻辭原為占問吉凶不同。因此把「元、亨、利、貞」分開來釋。嘉：美。和：相應。貞：正。

⑲體仁：實行仁。利物：對人物有利。貞固：正而堅，堅持正道。

初九曰「潛龍勿用」，何謂也？子曰：「龍，德而隱者也。不易乎世，[20]不成名，遯世无悶，不見是而无悶。樂則行之，憂則違之，確乎其不可拔，[21]潛龍也。」

九二曰「見龍在田，利見大人」，何謂也？子曰：「龍，德而正中者也。[22]庸言之信，庸行之謹，閑邪存其誠，善世而不伐，德博而化。[23]《易》曰：『見龍在田，利見大人』，君德也。」

九三曰「君子終日乾乾，夕惕若，厲，无咎」，何謂也？子曰：「君子進德修業，忠信所以進德也。修辭立其誠，所以居業也。[24]知至至之，可與言幾也。知終終之，可與存義也。[25]是故居上位而不驕，在下位而不憂，故乾乾因其時而惕，雖危无咎矣。」

九四曰「或躍在淵，无咎」，何謂也？子曰：「上下无常，非為邪也。進退无恆，非離羣也。君子進德修業，欲及時也，故无咎。」

九五曰「飛龍在天，利見大人」，何謂也？子曰：「同聲相應，同氣相求。水流濕，火就燥，雲從龍，風從虎，聖人作而萬物覩。本乎天者親上，本乎地者親下，則各從其類也。」

上九曰「亢龍有悔」，何謂也？子曰：「貴而无位，高而无民，賢人在下位而无輔，是以動而有悔也。」

【譯文】

初九說「潛龍勿用」，說什麼？夫子說：「潛龍，比喻有德而隱居的君子。不為世俗所轉移，不求成名，避世隱居而沒有苦悶，（世人）看不見他的正確而沒有苦悶。對高興的事就去做，對可憂的事就避開，堅定而不可改變，是潛龍，（是隱居的君子）。」

九二說「見龍在田，利在大人」，說什麼？夫子說：「龍現，比喻有德而行正中之道（的大人）。常言的信，常行的謹慎，防止邪僻，保存他的真誠，使世俗變好卻不自誇，德澤廣大而感化人。《易》說：『見龍在田，利見大人』，是有人君之德。」

九三說「君子終日乾乾，夕惕若，厲，无咎」，說什麼？夫子說：「君子提高品德，治理事業。講忠信所以提高品德，修飾言辭確立在誠實上，所以處理事業。知道（進德的程度）而達到它，可以跟他講誠偽微茫的辨別。知道（修業的）結果，終於達到它，可以保存合宜。因此處在上位而不驕傲，處在下位而不憂鬱，所以不停地前進，隨時警惕，雖處境危險也無害了。」

九四說「或躍在淵，无咎」，說什麼？夫子說：「（像龍）或上或下，沒有一定，不是為了邪僻。或進或退，沒有一定，不是離開羣眾。好比君子進德修業，要及時（有所作為），所以無害。」

九五說「飛龍在天，利見大人」，說什麼？夫子說：「聲同的互相應和，氣同的互相求取。水流向低濕處，火趨向乾燥處。雲跟從龍，風跟從虎。聖人制作而萬人仰望。確立在天上的（如日月星辰）親附上天，確立在地上的（如鳥獸草木）親附下地，是各從它的類別。」

上九說「亢龍有悔」，說什麼？夫子說：「尊貴而沒有地位，（君位在九五，所以上九无位）。高而沒有民，（民在下，所以上九无民）。賢人在下位而他沒有輔佐，（賢人指九三之君子，在九三，所以上九无賢），因此動而有悔。」

【注】

⑳ 易：轉移。

㉑確：堅正。拔：轉移。

㉒正中：正確，中指不偏。

㉓庸言、庸行：常言、常行，不易之謂庸，指正確。閑：防制。善世：使世俗變好。伐：自誇。化：感化。

㉔居業：陳夢雷《周易淺述》：「居者守而勿失，如屋之既修，居之乃為我有也。」

㉕知至至之：進德之事。理無加於忠信，故曰至。至之，則進而不已也。誠偽微茫之判曰幾。知終終之：居業之事。萬事究竟歸於一誠，故為終。終之則居而不失也。事物有裁制之宜為義。

「潛龍勿用」，下也。㉖「見龍在田」，時舍也。「終日乾乾」，行事也。「或躍在淵」，自試也。「飛龍在天」，上治也。「亢龍有悔」，窮之災也。㉗乾元「用九」，天下治也。

【譯文】

（初九）「潛龍勿用」，指處在下位。（九二）「見龍在田」，指暫時住在（民間）。（九三）「終日乾乾」，指（勤勉地）辦事。（九四）「或躍在淵」，（比喻活動於下層），自試（他的才能）。（九五）「飛龍在天」，（比喻）在上位治國。（上九）「亢龍有悔」，（比喻高到）極點造成災禍。乾元「用九」（羣龍无首，沒有天子，只有酋長），天下太平。

【注】

㉖ 這是從人事方面來解釋乾卦的爻辭。

㉗ 窮：指窮高，高到極點。

「潛龍勿用」，陽氣潛藏。㉘「見龍在田」，天下文明。㉙「終日乾乾」，與時偕行。㉚「或躍在淵」，乾道乃革。㉛「飛龍在天」，乃位乎天德。㉜「亢龍有悔」，與時偕極。㉝乾元「用九」，乃見天則。㉞

【譯文】

（初九）「潛龍勿用」，指陽氣潛藏（在地下）。（九二）「見龍在田」，指天下富文采而光明。（九三）「終日乾乾」，指跟着時節一起前進。（九四）「或躍在淵」，指天道乃變。（九五）「飛龍在天」，是處在天德的位子，（指登上君位）。（上九）「亢龍有悔」，（陽氣）跟着時節一起達到極點。乾元「用九」，乃看到天道運行的規律。

【注】

㉘ 這是從天道來解釋乾卦的六爻。初九：指陰曆十一月，陽氣藏在地中。

㉙ 九二：指陽氣出於地面，當陰曆正二月，大地花草萌生，故大地有文采而光明。天下，指大地。

㉚ 九三：當陰曆三四月，草木繁茂，故稱君子與時並進而不息。

㉛ 九四：當陰曆五六月，天氣轉熱，故稱天道乃變。

㉜ 九五：指陰曆七八月，穀物成熟。故稱天德成就。又九五是君位，指登上君位。

㉝ 上九：指陰曆九十月，陽氣由盛而衰，草木亦由盛而衰，故說「與時偕極」。

㉞ 尚秉和《周易尚氏學》：「（上九）陽氣將盡矣，故曰『與時偕極』。陽極反陰，陰極反陽，乃天道之自然，故曰『乾元用九，乃見天則』。」指陽氣盡後，乾元即天的元氣，用九的陽爻，即陽氣又生，是天的法則。

《乾》「元」者，始而亨者也。[35]「利貞」者，性情也。[36]乾始能以美利利天下，不言所利，大矣哉！[37]大哉乾乎！剛健中正，純粹精也。六爻發揮，旁通情也。「時乘六龍」，以「御天」也。「雲行雨施」，天下平也。[38]君子以成德為行，日可見之行也。「潛」之為言也，隱而未見，行而未成，是以君子「弗用」也。

君子學以聚之，問以辯之，寬以居之，仁以行之。《易》曰「見龍在田，利見大人」，君德也。

九三重剛而不中，[39]上不在天，下不在田，故乾乾因其時而惕，雖危无咎矣。

九四重剛而不中，上不在天，下不在田，中不在人，[40]故「或」之。「或」之者，疑之也，故「无咎」。

夫「大人」者與天地合其德，與日月合其明，與四時合其序，與鬼神合其吉凶，先天而天弗違，後天而奉天時。天且弗違，而況於人乎？況於鬼神乎？

「亢」之為言也，知進而不知退，知存而不知亡，知得而不知喪。其唯聖人乎！[41]知進退存亡而不失其正者，其唯聖人乎！

【譯文】

《乾》卦的稱「元」（元氣），開始（化生萬物）而得通順。「利貞」，天的化生能有利於萬物性情之正。天開始能用美利來使天下得利，不說得利之物，大啊！大啊天，又剛健，又中正，純粹而精美。乾卦六爻發揮作用，廣通於天道、人道的情狀。乾德像按時乘着六龍駕的車子巡行天上。像雲流動，雨下降，天下和平。

君子以成就德業為行動，每天可以看見他的行動。（初九）說的「潛」，隱伏而沒有看見，行動而沒有成就，因此君子不「用」它。

君子用學習來積累知識，用問來辨明是非，用寬容來存心，用仁心來行事。《易》（九二）說：「見龍在田，利見大人」，是君主的德行。

九三處在兩重剛位，但在六爻內不在中間，向上不像九五的在天位，向下不像九二的在田野，（九三處在人位），所以「奮勉地」隨時「警惕」，處境雖危而「無害」了。

九四處在三重剛位，在六爻內不在中間，向上不像九五的在天位，向下不像九二的在田野，向中不像九三的在人位，所以說「或」。說「或」表示疑而未定，所以「無害」。

（九五）「大人」的德與天地好生之德相合，他的明察與日月的普照相合，他的恩威與四時的順序相合，他的賞罰與鬼神福善禍惡相合，他走在天象之前而天不違反他，他走在天象之後依天時行事。天象尚且不違反他，何況人呢？何況鬼神呢？

（上九）的講「亢」，只知進而不知退，只知存而不知亡，只知得到而不知喪失，他是愚人吧。知道進退存亡而不失掉他的正確的，他是聖人吧。

【注】

㉟ 這裏再釋《乾》卦卦辭，釋「元」為始，釋「亨」為通，即元亨是天始生萬物而通順。

㊱ 釋《乾》卦的「利貞」，認為天的化生萬物，有利於使萬物得性情之正。《周易集解》：「干寶曰：『以施化利萬物之性，以純一正萬物之情。』」

㊲ 陳夢雷《周易淺述》：「《坤》利牝馬，他卦利建侯、涉川，皆有所指。《乾》始無所不利，非可指名，故言利，不言所利也。」

㊳ 同上：「六龍即六爻。……言乘龍者，將以御天也。六爻不外一時，聖人以時乘此六龍，將以御天下也。雲行雨施，就聖人言之，政教如雲之行，德澤如雨之施，天下自無不平也。」

㊴ 同上：「不中。非二五也，不在天，非上中。不在田，非下之中。」上卦之中指九五：是在天位；下卦之中是九二，是在田，即在民間。

㊵ 「中不在人」：同上：「（九）三（九）四皆人位，而（九）四居人之上而近君（九五君位），故曰『不在人』。」所以不在民間了。

㊶ 高亨《周易大傳今注》：「上『聖人』二字，《釋文》云：『王肅本作愚人。』按王肅本是也。愚人、聖人相對為文。愚人承亢者而言，聖人承不亢者而言。今依王肅本釋之。『唯』猶是也（王引之《經傳釋詞》有此例）。」

【說明】

《乾》卦分經和傳兩部分：經指卦辭及爻辭，是供占筮吉凶用的。卦辭「元亨，利貞」，即占到這卦，是大通順，占問有利。乾卦☰共有六爻，有六條爻辭，還有一條「用九」爻辭，即七條。乾卦的六條陽爻一，指陽氣，所以爻辭用龍來比陽氣。冬至一陽生，陽氣跟節令有關，所以這六爻爻辭講的陽氣也和節令有關。《乾》卦中的卦辭和爻辭有各種不同解釋，何去何從，已見《前言．周易的譯注》，不再重說。還有一些不同解釋，在這裏補述一下。如《乾》卦的乾字，有三說：（一）《周易．說卦》：「乾，天也。」（二）李鼎祚《周易集解》：「案《說卦》：『乾，健也』。言天之體以健為用，運行不息，應化無窮，故聖人則之，欲使人法天之用，不法天之體，故名乾，不名天也。」（三）李鏡池《周易通義》：「乾，聞一多認為本當為斡（wò沃）」，「乾、斡都指北斗星。北斗星是天的樞紐，象徵天體。」這三說彼此相關，以「乾」為天，指體說；以「乾」為健，指用說；以「乾」為「斡」，為北斗星，指天的樞紐說。看來在八卦中即以「乾」為天，所以還是以「乾」為天，最為通行。

又「用九：見羣龍无首。吉。」聞一多說：「羣讀為卷。……卷龍如環無端，莫辨首尾，故曰『无首』，言不見首耳。」《周易通義》採用聞說。按改「羣」為「卷」，不免改字解經。爻辭說「无首」，解作「不見首」，「无」與「不見」也不同。高亨《周易大傳今注》：「六爻象羣龍並出，各秉剛健之天德。此乃比喻諸侯並立，德齊力均，不可能有帝王為之首領；但以其各秉天德，故吉。」同樣是新說，一不合原文，一對原文極為貼切，因此採取後一說。

《乾》卦《文言》裏有「子曰」，對《乾》卦的爻辭作了不少解釋。這些解釋，都是假託孔子的話，不是孔子說的。如「九二：見龍在田，利見大人。」何謂也？子曰：「龍德而正中者也。……善世而不伐，德博而化。《易》曰：見龍在田，利見大人，君德也。」按「見龍在田」，指君子在野，不在朝，不掌權。按《論語·先進》篇「子路、曾皙、冉有、公西華侍坐」章，孔子要他們各言其志。曾皙不講做官從政，說：「『莫（暮）春者，春服既成，冠者五六人，童子六七人。浴乎沂，風乎舞雩（求雨壇），詠而歸。』夫子喟然歎曰：『吾與點也！』」孔子是贊同曾皙的。說明孔子在野時只想做些教學工作，並不認為可以「善世而不伐，德博而化」，有「君德」。《孟子·盡心上》裏說：「古之人得志澤加於民，不得志修身見於世。窮則獨善其身，達則兼善天下。」也是孔子在野時「吾與點也」的意思。所以《文言》裏講在野已經「善世而不伐，德博而化」，有「君德」，顯然不是孔子的思想。所以《文言》不是孔子的著作，「子曰」是假託孔子說的。

按《乾》卦《文言》裏有極進步的思想，似應點出。即「先天而天弗違，後天而奉天時」，「知進退存亡而不失其正者，其唯聖人乎！」這話是反對道家《老子》「天下神器不可為也，為者敗之，執者失之」的「无為」，主張「先天而天不違」，是要有所作為的。這種作為，有的是「先天」，有的是「後天」。「先天」是自然現象或社會現象中的變化還沒有顯露時，或剛露出一點苗頭時，就抓住它，好的苗頭就加以倡導，壞的苗頭就加以制止。這種作為是合於客觀規律的，所以「先天而天弗違」。有的現象已經顯露出來，好的加以倡導，壞的加以制止，也是合乎客觀規律的，所以「後天而奉天時」。《文言》裏又說：「亢之為言也，知進而不知退，知存而不知亡，知得而不知喪」，它要知進退、存亡、得喪，在進、存、得的時候，還要知退、亡、喪，提高警惕，這裏有樸素的辯證觀點。尤其是「先天而天弗違，後天而奉天時」，是有所作為的。這種作為，不論「先天」或「後天」，都能掌握客觀規律，按照客觀規律辦事。所以又說：「天且弗違，而況於人乎，況於鬼神乎。」不違反客觀規律辦事，自然辦得成功，對人民生活有好處，人民樂從，所以說「而況於人乎」。說「況於鬼神乎」，這話不在於迷信鬼神，在於「與鬼神合其吉凶」，即「況於吉凶乎」，即這樣的作為，是符合趨吉避凶的。要是領導者的作為，違反客觀規律，違反人民的意願，那就是凶；現在按照客觀規律辦事，得到人民的擁護，把事情辦好，自然是吉。《文言》裏提出這樣的要求，不正是《易傳》中的先進思想嗎？

坤（卦二）

䷁（坤下坤上）

《坤》：元亨。利牝馬之貞。[1]君子有攸往，先迷，後得主。[2]利西南得朋；東北喪朋。[3]安貞吉。

《彖》曰：至哉坤「元」，[4]萬物資生，乃順承天。坤厚載物，德合无疆。含弘光大，[5]品物咸「亨」。「牝馬」地類，行地无疆，柔順「利貞」。「君子」攸行，「先迷」失道，「後」順「得」常。「西南得朋」，乃與類行。「東北喪朋」，乃終有慶。「安貞」之「吉」，應地无疆。

《象》曰：地勢坤。[6]君子以厚德載物。

【譯文】

《坤》卦：大通順。占問雌馬有利。君子有所往，起先迷路，後來得到房主人（的接待）。有利於到西南方去，得賺錢；到東北去，會失財。占問安居，吉。

《彖傳》說：至善啊《坤》卦的元始，萬物靠它生長，是順受天道來的。地廣厚能載萬物，坤德合於乾德的無疆。含容廣大，各種物類都得到暢達。雌馬跟地都屬於陰性，在地上行走是無限的，性情柔順，有真正的美德。君子有所遠行，開始迷惑失路，後來順利得到正路。向西南去得到朋友，是跟同類的人一起走。向東北去失掉朋友，卻是終於有吉慶。安於正道得吉慶，適應地的廣大無邊。

《象傳》說：地勢是順（着天的）。君子（效法地），用深厚的德澤來容納人物。

【注】

① 利牝馬之貞：占問用雌馬有利。《周易集解》：「干寶曰：行天者莫若龍，行地者莫若馬，故乾以龍繇，坤以馬象也。坤，陰類，故稱『利牝馬之貞』矣。」坤卦是六個陰爻，指陰氣，故用馬來比。因為是陰，故稱雌馬。

② 攸：所。主：房主人。

③ 朋：卦爻辭的朋，指朋貝。貨幣起先用貝，貝十枚為一朋。《易傳》以朋為友，

與卦爻辭不同。西南得朋，東北喪朋：李鏡池《周易通義》：「周人西南多友邦」，「所以周人到西南各國去能賺錢，而在東北卻有個強敵鬼方」，「到強敵處做生意，往往被人搶劫，所以會喪朋。」

④《周易集解》：「九家易曰：『坤者純陰，配乾生物，亦善之始，地之象也。故又歎言至美。』」釋「至」為「至美」，釋「元」為「善之始」。

⑤光大：高亨《周易大傳今注》：「光借為廣。廣大謂地體廣闊。」

⑥坤：《說卦》：「坤，順也。」

初六：履霜，堅冰至。

《象》曰：「履霜堅冰」，⑦陰始凝也。馴致其道，⑧至「堅冰」也。

六二：直、方、大，不習，无不利。⑨

《象》曰：六二之動，「直」以「方」也。⑩「不習无不利」，地道光也。⑪

六三：含章，可貞，⑫或從王事，无成有終。⑬

《象》曰：「含章，可貞」，以時發也。「或從王事」，知光大也。⑭

六四：括囊，无咎无譽。⑮

《象》曰：「括囊无咎」，慎不害也。

六五：黃裳，元吉。

《象》曰：「黃裳元吉」，文在中也。⑯

上六：龍戰于野，其血玄黃。⑰

《象》曰：「龍戰于野」，其道窮也。

用六：利永貞。⑱

《象》曰：「用六永貞」，以大終也。

【譯文】

倒數第一陰爻：踩着霜，堅冰將要到來。

《象傳》說：「踩着霜」，陰氣開始凝結。順着推求它的自然規律，會到達「堅冰」的。

倒數第二陰爻：（順着天道是）直，（地道是）方、大，不熟習它，沒有不利。

《象傳》說：六二的變動，「直」且「方」。「不習无不利」，地道廣大。

倒數第三陰爻：（大地）含蘊着文采，占問是好的。有人從事王事，沒有成法，但有結果。

《象傳》說：「含章可貞」，按時候發動。「或從王事」，才智廣大。

倒數第四陰爻：紮好口袋，沒有害處，也沒有好處。

《象傳》說：「括囊无咎」，謹慎而沒有害處。

倒數第五陰爻：（穿着）黃色的衣裳，大吉。

《象傳》說：「黃裳元吉」，（外加罩衫）文采在內。

上面的陰爻：兩龍在野地相鬥，它的血玄黃色。（含有不吉利意）。

《象傳》說：「龍戰於野」，它的道窮困。

用陰爻：占問永遠吉利。

《象傳》說：「用六永貞」，（由陰變陽），以小變大來做終結。

【注】

⑦「履霜堅冰」，朱熹《周易本義》：「按《魏志》（《三國志·魏書·文帝紀》許芝引）作『初六履霜』，今當從之。」即《象傳》裏只作「履霜」，「堅冰」兩字當刪去。

⑧馴致：猶順推。道：指自然之道。

⑨直、方、大：坤是講地的道，初六《象》曰「順致其道」，即順着天道，是直的；

古人稱「天圓地方」，故稱地是方的，地又是大的。占到這爻，都是有利的。

⑩ 以：猶「且」。

⑪ 光：借為廣，指廣大。

⑫ 含章：含有文章，指有文采。可貞：占問認為可以，即吉。

⑬ 无成有終：尚秉和《周易尚氏學》：「陰順陽，故無敢成，成，法也，式也，言不敢作法也。」「代乾作事，故曰有終。」

⑭ 知：同智。

⑮ 紮住口袋，不會有漏，所以无咎，但也不能再裝東西進去，所以也无譽。

⑯ 黃裳：是尊貴有彩色的衣裳，要外加罩衣。

⑰ 龍戰：指陰陽交戰。玄黃：天玄地黃，含有天地的色意，指上下交戰。

⑱ 用六：見《乾》卦注⑦用九注。用六，指坤卦☷的陰爻轉為乾卦☰的陽爻，所以占問永遠有利。

《文言》曰：《坤》至柔而動也剛，至靜而德方，後得主而有常，含萬物而化光。[19]坤道其順乎，[20]承天而時行。積善之家必有餘慶，積不善之家必有餘殃。臣弒其君，子弒其父，非一朝一夕之故，其所由來者漸矣，由辯之不早辯也。

《易》曰：「履霜，堅冰至」，蓋言順也。「直」其正也，「方」其義也。君子敬以直內，義以方外，敬義立而德不孤。[21]「直、方、大，不習无不利」，則不疑其所行也。

陰雖有美，「含」之以從王事，弗敢成也。[22]地道也，妻道也，臣道也，地道「无成」而代「有終」也。

天地變化，草木蕃。天地閉，賢人隱。[23]《易》曰：「括囊，无咎无譽」，蓋言謹也。

君子「黃」中通理，正位居體，[24]美在其中而暢於四支，發於事業，美之至也。

陰疑於陽必「戰」，為其兼於无陽也，故稱「龍」焉。猶未離其類也，故稱「血」焉。夫「玄黃」者，天地之雜也。天玄而地黃。[25]

【譯文】

《文言》說：《坤》卦（六爻皆陰）所以極陰柔，它的變動（生出陽爻來）所以有剛，（《坤》指地），所以極靜而坤德是方正的，（由坤變動後產生陽爻，陰是主），後來得主而有常道，地含藏萬物而化育廣大。坤道是順吧，承奉天道而按時行動。積善的人家一定有多餘的吉慶，積不善的人家，一定有多餘的災殃。臣子殺掉他的君主，兒子殺掉他的父親，不是一朝一夕的緣故，造成它的原因逐漸來了，沒有早點辨別它。

《易．坤》卦（初九）說：「履霜，堅冰至」，大概是說順着時令來的。

（六二說，地順着天道是直的）「直」是正確的，「方」是合宜的。君子主敬用來使內心正直，處事合宜用來使對外方正，主敬和合宜確立了道德就不孤獨。「正直、方正、廣大，對於不熟悉的事情，處理起來无不利」，那是不懷疑他所做的。

（六三陰爻）。陰雖有好處，含畜着來從事王者的事，不敢制定法式。坤是地道、妻道、臣道。地道沒有制定法式而代天道有結果。

天地變化，草木繁盛。天地閉塞，賢人隱居。《易．坤》卦（六四）「括囊，无咎无譽」，大概是說要謹慎。

（六五「黃裳」外加罩衣），君子黃裳在中間，指中心通於道理。端正所處的地位而守禮，美在內心，暢發於四肢，表現於事業，是極好的。

（上六）陰和陽勢鈞力敵一定鬥爭，為了陰要兼併陽，所以稱龍。但還沒有離開它的陰類，所以稱血。「玄黃」是天地相混雜，天色玄而地色黃。

【注】

⑲《坤》☷，六爻皆陰，故至柔。《坤》☷變動為《屯》☳，有了兩個陽爻，陽為剛。坤是地，所以稱至靜。古人稱天圓地方，故稱「德方」。坤變動而生陽，陽為主，故後得主。常為常道，即規律。光借為廣，廣大。

⑳坤道順天道，故稱順。

㉑坤道順天，所以直而不曲，喻正直。古稱天圓地方，地大，喻方正寬大。《周易集解》：「君子惟主敬，則其內自直。」「惟守義，則其外自方。」「敬義既立，事君則忠，事親則悅，交友則順，所謂不孤。至此，不期大而自大。」

㉒含：容順，坤道順着天道。「成」指制定法式，見上注。

㉓天地變化：《周易集解》：「天地交感，則變化萬物，雖草木亦蕃，若重陰閉塞，雖賢人亦隱。」

㉔《周易尚氏學》：「地色黃，黃中色，五中位，故曰黃中。《玉篇》：『理，文也。』坤為文，故曰理。『黃中通理』者，言由中發外，有文理可見也。『正位居體』，即體居正位。坤為體為事業，言有黃中之德者，身必闓、事業必成也。」

㉕陰疑於陽：疑通擬。《周易本義》：「疑謂鈞敵而無小大之差也。」為其兼於無陽

也，故稱龍：「兼」一般作「嗛」，今從《周易集解》，指坤以陰兼陽位，故稱龍。乾稱龍，坤亦稱龍，故二龍交戰，未離其類，指坤未離陰類，故稱血。《周易本義》：「血，陰也。玄黃：天地之正色也，亦陰陽皆傷也。」

【說明】

坤卦指地，與乾卦指天相對；坤卦是陰爻，與乾卦是陽爻相對；乾是剛健，與坤的陰柔相對。所以用龍來喻乾指陽氣，用雌馬來喻坤指陰氣。就卦爻辭看，坤指地，所以占出外經商，有先迷路後得主，有賺錢和失利。坤指陰氣，所以有「履霜」的「陰始凝」。坤指地，所以有「直、方、大」。大地是美的，所以「含章」。地道又是承天道而行的，所以「无成，有終」，所以「黃中通理」。地有收成，所以跟「括囊」有關。地道與天道相抗，所以成為「龍戰于野」。卦爻辭的占吉凶，都是從地道所具有的各種特點來的。卦爻辭的編者在編卦爻辭時也有他的思想意義，如「利西南得朋，東北喪朋」，這裏就有分清友和敵的含意，去友邦可得利，去敵國會失利。如「履霜，堅冰至」，這裏就有自然界的變化在內。「或從王事，无成有終」，這裏就有地道承天道而行，有所秉承的意思。「龍戰于野」，這裏有陰陽相爭，兩敗俱傷的意思。這樣，到《易傳》裏思想上就有進一步發揮了。

《易傳》的解釋有與卦爻辭不同的，如卦辭的「西南得朋，東北喪朋」，指經商的得利失利。《彖傳》說：「西南得朋，乃與類行」，「朋」不指朋貝，成了同類的友朋了。再像卦辭「元亨」指大通順，《彖傳》稱「元」為「萬物資生，乃順承天」，即順承天道來資生萬物為「元」。又稱「含弘光大，品物咸亨」，即天地的含弘光大使萬物都得到生長為「亨」。這既與卦辭不同，又在理論上作了發揮。再像爻辭說：「履霜，堅冰至」，指自然界的變化。《文言》裏說：「臣弒其君，子弒其父，非一朝一夕之故，其所由來者漸矣。」這就從自然界的變化推到社會上的變化了。《彖傳》又說：「坤道其順乎，承天而時行。積善之家必有餘慶，積不善之家必有餘殃。」這裏發揮坤道的承天而時行，又用了《老子》七十七章「天之道損有餘而補不足」的思想。即積善有慶、積不善有殃合於天道的「損有餘而補不足」。

對《坤》卦的爻辭有不同解釋，如「六二」：（一）李鏡池《周易通義》作：「直，方，大：不習，无不利。」「直、方、大：這是對大地的一種粗淺的認識，認為大地是平直、四方、遼闊的。由於商人到處去，有時走得很遠，因而得出了對大地『直、方、大』的結論。有了這種初步認識，行旅就會有一定的方向和經驗，所以，雖然是不熟悉的地方也可以去，不會有什麼問題。」這樣講，跟卦辭有矛盾。卦辭說：「東北喪朋。」到東北去了就失了財，可見到不熟悉的地方去不是沒有問題。（二）高亨《周易大傳今注》作：「直方，大不習，无不利。」「大字疑是衍文。直讀為《詩．宛丘》『值其路羽』之值，持也。方，並船也。習，熟練也。爻辭言：人操方舟渡河，因方舟不易傾覆，雖不熟練於操舟之術，亦无不利。」（三）聞一多《周易義證類纂》：「案『大』蓋即下文『不』之誤衍。『方』謂方國。古『直』『省』同字，『直方』疑即『省方』。……『省方』猶後世之巡狩，其事勞民耗財，不宜常行，故曰『不習，无不利。』」（四）《周易集解》：「九家易曰：『謂陽下動，應之則直而行，布陽氣於四方也。』」這是說「大」指天的陽氣；「直」指地應陽氣而動；「方」指佈陽氣於四方。（五）同上：「干寶曰：『陰出地上，佐陽成物，臣道也，妻道也，……』臣貴其直，妻貴其方，地體其大，故曰『直、方、大』。……道成於我，而用之彼，……故曰『不習无不利』。」這裏已有五種解釋。按這裏在講《坤》卦的「六二」爻辭，能夠不改字作解就不必改字，因此改「直」為「值」或「省」，先不考慮。（一）說以「直、方、大」指地的靜態，按爻辭不光指靜，也指動。故「《象》曰：『六二之動，直以方也。』」即上引（四）的九家易說。看來（四）的九家易說，既指陽氣之大，又指地氣的「應之直而行，布陽氣於四方」，這是指陰陽二氣化生萬物，所以不用熟習，无不利，這是出於自然，至於（五）的干寶說，牽涉到臣道、妻道，還不能說「不習无不利」。因此這裏取（四）說。

又「六三或從王事，无成，有終」。（一）《周易通義》：「王事：指戰爭。無成：不會成功，有終：要使之終止。……作者根據周人的農業生產的經驗，得出『不利為寇，利禦寇』（《蒙》上九）的結論，反對侵略，主張防禦。因此本爻也主張要終止這種戰爭。」（二）《周易大傳今注》：「或從王事，不能成功，但亦有好結果。」（三）《周易集解》：「干寶曰：『苟利社稷，專之則可』，故曰或從王命，遷都誅親（指周平王遷都、周襄王誅親），疑於專命，故亦或之，失後順之節，故曰『無成』；終於濟國安民，故曰『有終』。」（四）尚秉和《周易尚氏學》：「陰順陽，故無敢『成』。成，法也，式也，言不敢作法也。陰始《姤》（䷫，《姤》卦初六是陰爻，其他五爻都是陽爻，故稱『陰始《姤》』），代《乾》終事（到《坤》䷁，六爻皆陰），故曰『有終』。」這裏的四說，（一）說把「有終」說成要「終止這種戰爭」，說得太高了，當時人怎會就有要終止侵略戰爭的想法呢？（二）說「不能成功，但有好結果」，意義不明。這個好結果是不是指成功呢？（三）說認為「有終」是成功。但是專命，所以「無成」，既是成功，專命也是成功，不能說「無成」。（四）說以「無成」指不能立法，「有終」指成功，最為圓滿，故從（四）說。

再說《坤》卦《文言》的講法，似有勝過《象傳》處。《象傳》講《坤》是「乃順承天」，「柔順利貞」，只講柔順。《文言》說：「《坤》，至柔而動也剛，至靜而德方。」不是一味柔順的，在動的時候是剛的；不是一味靜的，在德行上是方正的。這樣講，就可以補《象傳》的不足。又說：「直其正也，方其義也，君子敬以直內，義以方外，敬義立而德不孤。」這裏對「直方」作了進一步的說明，聯繫道德來講，不限於講地的直方了。這也可跟「《坤》至柔而動也剛，至靜而德方」聯繫。

屯（卦三）

䷂

（震下坎上）

《屯》：元亨，利貞。勿用有攸往。[①]利建侯。

《彖》曰：《屯》，剛柔始交而難生。[②]動乎險中，大亨貞。[③]雷雨之動滿盈，天造草昧。[④]宜「建侯」而不寧。[⑤]

《象》曰：雲雷，屯。君子以經綸。[⑥]

【譯文】

《屯》卦：大通順，占問有利。不用有所往，（出門不利）。利於建國封侯。

《彖傳》說：《屯》卦，陽剛陰柔開始交結而產生困難。（《屯》卦下震上坎，下雷上水，下動上險）。動於險中，占問大通順。雷雨的動充滿天下，天用（雷雨）來創造草木茂密。宜於建國封侯而不得安寧。

《象傳》說：雲雷困難，（指未下雨，狀時世艱難）。君子（處艱難時）用來治理世事。

【注】

①《屯》卦，雷下水上，動下險上，動作在危險處，所以有艱難意。攸：所。

②《屯》卦䷂，陰爻和陽爻結合，陽剛和陰柔交結，所以產生困難。

③《周易集解》：「震為動，上有坎，是『動乎險中』也。動則物通而得正，故曰『動乎險中，大亨貞也。』」屯卦是雷下水上，動下險上，故稱動乎險中。又有雷雨之象，能生長萬物，故占問稱大通順。

④草昧：指草木茂密。

⑤不寧：侯國新建，安不忘危，不寧即不忘危之意。

⑥陳夢雷《周易淺述》：「坎不言水而言雲者，在雷之上，鬱而未通，雨而未成也。」所以是艱難，比有世難，待君子來治理。經綸：治絲，比治理。

初九：磐桓。利居貞。⑦利建侯。

《象》曰：雖「磐桓」，志行正也。以貴下賤，大得民也。

六二：屯如邅如，乘馬班如。[⑧]匪寇，婚媾。[⑨]女子貞不字，十年乃字。[⑩]

《象》曰：六二之難，乘剛也。[⑪]「十年乃字」，反常也。

六三：即鹿无虞，惟入于林中，君子幾不如舍[⑫]，往吝。

《象》曰：「即鹿无虞」，以從禽也。「君子舍」之，「往吝」窮也。

六四：乘馬班如，求婚媾。往吉，无不利。

《象》曰：「求」而「往」，明也。

九五：屯其膏，小貞吉，大貞凶。

《象》曰：「屯其膏」，施未光也。

上六：乘馬班如，泣血漣如。[⑬]

《象》曰：「泣血漣如」，何可長也。

【譯文】

倒數第一陽爻：徘徊（難進）。占問安居有利，建國封侯有利。

《象傳》說：雖「徘徊」，立志和行為端正。（初九：陽爻處陰爻下），以貴處在賤下，大得民心。

倒數第二陰爻：遲回地（難進），騎着馬回旋。不是來搶劫，是來就婚。占問女子不孕，十年才孕。

《象傳》說：六二的困難，陰爻凌駕於陽爻之上。「十年才孕」，是違反正常的。

倒數第三陰爻：逐鹿沒有虞人（幫着驅逐），（鹿）衹跑入林中，君子見機，不如放棄，去追捕不利。

《象傳》說：「即鹿无虞」，因為追鹿。君子放棄它，「往吝」是窮困的。

倒數第四陰爻：騎馬回旋，求婚姻，去是吉的，沒有不利。

《象傳》說：求婚而去，明瞭情況的。

倒數第五陽爻：儲存肥肉。問小事吉，問大事凶。

《象傳》說：「儲存肥肉」，佈施沒有廣大。

最上陰爻：騎馬回旋，（去搶親，被搶的女子）哭得血淚交流。

《象傳》說：「泣血漣如」，怎麼可以長久呢？

【注】

⑦ 磐桓：同盤桓，徘徊不進，故占問安居有利。

⑧屯如邅（zhān 沾）如：狀難進。班如：狀回旋不進。

⑨匪：同非。婚媾：李鏡池《周易通義》：「這種婚姻是原始社會中的對偶婚。恩格斯説：『對偶婚制是與野蠻時代相適應的。』『隨着對偶婚的發生，便開始出現搶劫和購買婦女的現象』……而劫奪婚則一羣男子去搶劫女性。兩者之間很容易引起誤會。故有『匪寇，婚媾』之説明。……對偶婚是一種族外婚，族外婚在當時相當困難，故入《屯》卦。」

⑩字：懷孕。

⑪乘剛：初九是陽爻，六二是陰爻，陰在陽上，故稱「乘剛」。

⑫即鹿：就鹿，追鹿。虞：虞人，掌管山林鳥獸的官，為貴族打獵時趕鳥獸。幾：知機。

⑬漣如：狀血淚不止地流。《周易通義》：「寫的是和對偶婚同時的劫奪婚。」「女子被劫，她不願意，大哭大喊，哭得非常悲慘。」

【説明】

《屯》卦的意義是困難，《周易淺述》：「《屯》卦，震下坎上。震☳一陽動於二陰之下，故其德為動，其象為雷。坎☵一陽陷於二陰之間，故其德為陷為險，其象為雲為雨為水。」「其卦以震遇坎，乾坤始交而遇坎陷，故其名為屯也。」屯指難，所以占筮有各種難，「勿用有攸往」，是出門難；「匪寇．婚媾」，是婚姻難；「十年不字」，是懷孕難；「即鹿无虞」，是打獵難。但也講到有利的事，如「利建侯」，為什麼？《周易淺述》：「草昧之時，震動出險，立君為正。」草昧之時是難，「立君得正」，難時也可有利。又稱「初九陽居陰下（君居民下）」，「是以賢下人，得民而可君，故利於建侯。」《彖傳》對此又作了發揮：「雷雨之動滿盈，天造草昧，宜建侯而不寧。」《周易淺述》：「雜亂晦冥之際，宜立君以統治之。然君初立，治理猶疏，日夜不遑寧處，乃可成撥動反正之功。」既稱「宜建侯」，又稱「不寧」，這是《彖傳》在理論上作了發揮。

蒙（卦四）

䷃（坎下艮上）

《蒙》①：亨。匪我求童蒙②，童蒙求我。初筮告，再三瀆，瀆則不告。利貞。

《彖》曰：《蒙》，山下有險，險而止，《蒙》。《蒙》「亨」，以亨行時中也。「匪我求童蒙，童蒙求我」，志應也。「初筮告」，以剛中也。「再三瀆，瀆則不告」，瀆蒙也。蒙以養正，聖功也。

《象》曰：山下出泉，《蒙》。君子以果行育德。

【譯文】

《蒙》卦：通順。不是我求蒙昧的童子，蒙昧的童子求我。初次占筮告訴（吉凶，不信），再三占筮瀆犯（神靈），（神靈）不再告訴。占問有利。

《彖傳》說：《蒙》卦，（水下山上），山下有險，遇險而停止，稱《蒙》，

（是不明情況）。《蒙》卦通順，因通順是由於（遇險而止），行動及時而中正。「匪我求童蒙，童蒙求我」，兩方的志趣相合。「初筮告」，因問剛健中正之事。「再三瀆，瀆則不告」，瀆犯神靈是蒙昧的。蒙昧的用培養來使有正確認識，是聖人的功效。

《象傳》說：山下出泉水，是《蒙》卦。君子用果敢的行為來培養人的品德。

【注】

①《蒙》：指蒙昧，不明事理。但蒙昧的人可以教育啟發，所以還是通順的。

②童蒙：蒙昧的童子。

初六：發蒙③，利用刑人，用說桎梏④，以往吝⑤。

《象》曰：「利用刑人」，以正法也。

九二：包蒙，吉⑥。納婦，吉。子克家。

《象》曰：「子克家」，剛柔接也。⑦

六三：勿用取女，見金夫，不有躬。无攸利。⑧

《象》曰：「勿用取女」，行不順也。

六四：困蒙，吝。⑨

《象》曰：「困蒙」之「吝」，獨遠實也。⑩

六五：童蒙，吉。⑪

《象》曰：「童蒙」之「吉」，順以巽也。⑫

上九：擊蒙⑬，不利為寇，利禦寇。

《象》曰：「利」用「禦寇」，上下順也。

【譯文】

倒數第一陰爻：啟發蒙昧，利用受刑的人，脫掉他們的枷鎖，用在出外，不利。

《象傳》說：「利用刑人」，用來端正法律。

倒數第二陽爻：包容蒙昧，吉。娶婦，吉。子能夠成家。

《象傳》說：「子克家」，（子娶婦成家，子為剛，婦為柔），是剛柔相接。

倒數第三陰爻：不用去搶女，看見武夫，要喪命，無所利。

《象傳》說：「勿用取女」，做事不順當。

倒數第四陰爻：困於蒙昧，不利。

《象傳》說：「困蒙」之「吝」，獨獨遠離於實際。

倒數第五陰爻：蒙昧的童子（處於好的地位可教導），吉利。

《象傳》說：「童蒙之吉」，柔順而服從。

最上陽爻：攻擊蒙昧，作為侵略是不利的，作為抵抗侵略是有利的。

《象傳》說：作為「禦寇」是有「利」的，是上下順從。

【注】

③ 發蒙：啟發蒙昧的人，指因蒙昧而犯罪的刑人。

④ 說：同脱。《周易淺述》：「拘束太苦，則失敷教在寬之義」，故脱桎梏。

⑤ 以往：用作出外。刑人脱了枷鎖，讓他出外，怕他逃跑，所以說「吝」。

⑥ 包蒙：《周易淺述》：「九二以陽剛統治羣陰，當發蒙之任。然性不齊，不可一概取必，唯剛而得中，故能有所包容而吉也。」

⑦ 剛柔接：九二是陽剛，初六是陰柔，是剛柔相接。

⑧《周易通義》：「取女：搶奪女子。《説文》：『取，捕取也。』金夫：武夫。古代在

鐵被發現之前，用銅製武器最利，故金訓武。不有躬：喪命。」攸：所。

⑨ 困蒙：《周易淺述》：「六四」「在二陰之間，為困於蒙之象。」

⑩ 同上：「陽實陰虛，唯剛明有實德者能發蒙，四獨遠之。」

⑪ 童蒙，吉：同上：所謂「童蒙求我，有可亨之道者，故吉」。

⑫ 順以巽：同上：「舍己從人，順也。降志下求，巽也。」

⑬ 擊蒙：攻擊愚昧之人或昏亂之國。

【說明】

《蒙》卦的蒙指蒙昧。《蒙》卦☶坎下艮上，即水下山上。《周易淺述》：「水必行之物，遇山而止，莫知所之，亦蒙之象。《蒙》次於《屯》，蓋屯者物之始生。物生必蒙，蒙在物之稚。」是蒙既指蒙昧不明，又指童蒙幼稚。因此《蒙》卦卦辭稱「童蒙」。爻辭稱蒙昧無知觸犯刑律為「刑人」。對刑人要「發蒙」。對蒙昧的人，要包容教導，故稱「包蒙」。蒙昧無知而去搶女則有害。困於蒙昧，則不利。攻擊蒙昧無知之人或國，不利於侵犯，利於抵禦侵犯。這裏也顯出卦爻辭編者的思想，即對童蒙加以教導是吉的，困於蒙昧是不利的。「擊蒙」，為寇是不利的，禦寇是利的，即反對侵略，讚美反侵略。

《易傳》對卦爻辭再加發揮，如稱「蒙以養正，聖功也。」即培養童蒙使得正道，推為「聖功」，對啟蒙教育大為推重。又稱「君子以果行育德」，也是對啟蒙教育的推重。

需（卦五）

☵☰（乾下坎上）

《需》：有孚，光亨①。貞吉，利涉大川。

《彖》曰：《需》，須也。險在前也，剛健而不陷，其義不困窮矣。《需》，「有孚，光亨，貞吉」，位乎天位②，以正中也。「利涉大川」，往有功也。

《象》曰：雲上于天，《需》③。君子以飲食宴樂。

【譯文】

《需》卦：有收穫，大通順，占問吉。渡大河有利。

《彖傳》說：《需》卦，是有等待義。（水在天上），表示險在前面。（乾指剛健），剛健而不陷（於險，以待時機），它的意義是不窮困了。《需》卦，「有孚，光亨，占吉」，（乾是天），處在天的位子，（即王位），因為有正中之德。

「利涉大川」，出外有功效。

《象傳》說：雲在天上，是《需》卦，（等待降雨）。君子用飲食安樂（來等待時機）。

【注】

①《需》：《需》卦有等待意。有孚：有俘獲，指有收穫。光亨：大通順。

②位：上一位字作處在。

③雲上于天：坎上乾下，坎指雲。雲在天上，表示將下雨，指朝廷將有德澤下降於民，所以只要等待。

初九：需于郊，利用恆④，无咎。

《象》曰：「需于郊」，不犯難行也。「利用恆无咎」，未失常也。⑤

九二：需于沙，小有言⑥，終吉。

《象》曰：「需于沙」，衍在中也⑦。雖「小有言」，以「吉」「終」也。

九三：需于泥，致寇至。

《象》曰：「需于泥」，災在外也。自我「致寇」，敬慎不敗也。

六四：需于血，出自穴。⑧

《象》曰：「需于血」，順以聽也。⑨

九五：需于酒食，貞吉。

《象》曰：「酒食貞吉」，以中正也。

上六：入于穴，有不速之客三人來⑩，敬之終吉。

《象》曰：「不速之客來，敬之終吉」，雖不當位⑪，未大失也。

【譯文】

倒數第一陽爻：停留在郊野，有利於久處，無害。

《象傳》說：「需于郊」，不觸犯難以行動的地區。「利用恆无咎」，沒有失去正常。

倒數第二陽爻：停留在沙地，有小的譴責，結果是吉的。

《象傳》說：「需于沙」，內心寬舒。雖有小的譴責，結果還是吉的。

倒數第三陽爻：停留在泥濘裏，招致寇盜到來。

《象傳》說：「需于泥」，災禍在外面。從我招致寇盜，由於敬慎防禦，不會失敗。

倒數第四陰爻：停留在血泊裏，從洞穴裏出來。

《象傳》說：「需于血」，順從來聽命令。

倒數第五陽爻：停留在飲食裏，占問是吉的。

《象傳》說：「酒食貞吉」，因為有中正的德行。

最上陰爻：進入洞穴，有不請之客三人來，敬重他們終歸吉的。

《象傳》說：「不速之客來，敬之終吉。」（上六）雖不在（九五）的尊位，還沒有大的失誤。

【注】

④需于郊，利用恒：停留在郊野平曠處，久處有利無害。

⑤未失常：沒有失去正常之道。

⑥言：指責難。

⑦《周易淺述》：「衍，寬也。以寬居中，不急於進。」

⑧需于血，出自穴：停留在血泊之地，由穴窟中逃出。

⑨順以聽：六四是陰爻，九五是陽爻，陰處陽下，順從陽剛而聽命。

⑩ 穴：古人穴居，故入穴。不速之客：不請自來的客人。

⑪ 不當位：九五是尊位，上六不值九五的尊位。

【説明】

《需》卦䷄，乾下坎上，停留等待意。《周易淺述》：「乾健坎險，以剛遇險，而不遽進以陷於險，需之義也。」《需》卦卦辭，認為有獲，大亨。以剛遇險，等待時機再行動，不陷於險所以是有獲，大亨。再看爻辭，即如「九三：需于泥，致寇至」，陷在險地，但因能敬慎從事，不會失敗。再像「六四：需于血，出自穴」，進入更險的血泊之地，也能從穴中脱出。説明卦爻辭的編者，能看到險在前面不陷，處於險地而能脱出。

《易傳》對此又作了發揮。如《象傳》説：「雲上于天」，雲在天上，等待下雨，這在於等待。《象傳》説：「自我致寇，敬慎不敗也。」指出陷在險境，靠敬慎能得不敗。《象傳》説：「需于血，順以聽也。」指出陷在險地，有時需要順從以聽命，才能脱離險境。《需》既是乾下坎上，所謂順從，即指順從天道説的。

訟（卦六）

䷅（坎下乾上）

《訟》：有孚，窒，惕，[1]中吉，終凶。利見大人。不利涉大川。

《彖》曰：《訟》，上剛下險，險而健，訟。《訟》：「有孚，窒，惕，中吉」，剛來而得中也[2]。「終凶」，訟不可成也。「利見大人」，尚中正也。「不利涉大川」，入于淵也。

《象》曰：天與水違行，《訟》。君子以作事謀始。

【譯文】

《訟》卦：有俘虜，（加以）閉塞，警惕着，中間是吉的，終於凶（被逃跑了）。看到大人有利。渡過大河不利。

《彖傳》說：《訟》卦，（上乾下坎，）上剛下險，險而又健，引起爭訟。

《訟》卦：「有孚，窒，惕，中吉」，剛健來而行動中正。「終凶」，爭訟是不可能成功的。「利見大人」，崇尚中正之道。「不利涉大川」，（渡大河時與人爭吵），會掉入深水中的。

《象傳》說：（天上水下），天與水相背而行，成《訟》卦。君子因此做事考慮好開頭（避免爭訟）。

【注】

① 孚：同俘，俘虜。窒：《周易集解》：「窒，塞止也。」

② 得中：得到中正之道。

初六：不永所事，小有言③，終吉。

《象》曰：「不永所事」，訟不可長也。雖「小有言」，其辯明也。

九二：不克訟，歸而逋其邑人三百戶④，无眚。

《象》曰：「不克訟」，「歸逋」竄也。自下訟上，患至掇也。⑤

六三：食舊德⑥，貞厲，終吉。或從王事，无成。

《象》曰：「食舊德」，從上「吉」也。

九四：不克訟，復既命渝[7]。安貞吉。

《象》曰：「復即命渝」，「安貞」不失也。

九五：訟元吉。

《象》曰：「訟元吉」，以中正也。

上九：或錫之鞶帶[8]，終朝三褫之[9]。

《象》曰：以訟受服，亦不足敬也。

【譯文】

倒數第一陰爻：不做完所做的事，受到小的譴責，但結果是吉的。《象傳》說：「不永所事」，爭訟是不可長久的。雖然「小有言」，它的是非辨別已經明白。

倒數第二陽爻：（貴族）沒有勝訟，歸來時，他采邑內的三百戶奴隸逃跑了，無災禍。

《象傳》說：「不克訟」，「歸逋（其邑人）」是逃跑。下級控訴上級，患害的到來是自取的。

倒數第三陰爻：靠祖業過活，占問危險，結果是吉的。有人從事戰爭，沒有成功。

《象傳》說：「食舊德」，順從上位是「吉」的。

倒數第四陽爻：(貴族)沒有勝訴，回來就命令改變(爭訟)。安於占問，是吉。

《象傳》說：「復即命渝」，「安貞」是不會有失誤。

倒數第五陽爻：爭訟大吉。

《象傳》說：「訟元吉」，因合於正道。

最上陽爻：有人賜給他大帶，一天裏三次賜與三次奪去。

《象傳》說：因為爭訟受到服飾的賞賜，也是不值得敬重的。

【注】

③ 言：譴責。

④ 逋：逃走。

⑤ 掇：拾取。

⑥ 舊德：祖業。

⑦ 渝：變。
⑧ 鞶帶：大的皮帶，古代官員命服的一種。
⑨ 終朝：一天。褫（chǐ 尺）：奪去。

【說明】

《訟》卦☰☵，坎下乾上，水下天上。《周易淺述》：「天水違行，乾剛在上以制下，坎險在下以伺上。又為內險外健，己險彼健，皆訟之象。」訟指控訴，指鬥爭，「乾剛」「坎險」的上下相爭，正指鬥爭。「有孚，窒」，俘虜被閉塞，「惕，中吉」，主人警惕，是吉的；「終凶」，終於逃跑，是凶的，這就是俘虜與主人的鬥爭。「不克訟」，不能勝訴，這是指訴訟。「或從王事，无成」，「從王事」當指戰爭，「无成」指沒有取勝，這也是指鬥爭。「或錫之鞶帶，終朝三褫之」，指貴族內部的鬥爭。

《象傳》結合卦象的上乾下坎，作了解釋：「上剛下險」，構成爭訟。對「有孚，窒，惕，中吉」，也作了解釋，「剛來而得中也」，中即中正，得中正之道，俘虜沒有逃跑，所以吉。對「終凶」說成「訟不可成也」，即俘虜終於逃跑，說明鬥爭還會爆發的。此外像「訟元吉」，《象傳》說明「以中正也」，因原告是正確的，所以訴訟大吉。再像「不克訟，復即命渝，安貞吉」，敗訴了，怎麼「安貞吉」呢？因為敗訴後改變態度，服從判決，《象傳》所謂「不失」，不再錯失，所以吉了。《象傳》在這裏只是作些說明。

師（卦七）

☷☵（坎下坤上）

《師》：貞丈人吉[①]，无咎。

《彖》曰：「師」，眾也。「貞」，正也。能以眾正，可以王[②]矣。剛中而應，行險而順，以此毒天下[③]，而民從之，「吉」又何咎矣。

《象》曰：地中有水[④]，《師》。君子以容民畜眾。

【譯文】

《師》卦：占問（任命）總指揮是吉的，無害。

《彖傳》說：「師」，羣眾的意思。「貞」，正確的意思。能夠使羣眾歸正，可以王天下了。剛健中正而上下相應，行於險地而順利，這樣來治理天下，人民都聽從他，是吉，又有什麼害處呢？

《象傳》說：地中有水，是《師》卦。君子因此來容納人民畜養羣眾。

【注】

①丈人：指總指揮。

②王：王天下，使天下人歸心，擁他為王。

③《師》卦䷆，坎下坤上，坎險坤順，故稱「行險而順」；下卦中間一陽爻是剛的，跟它上下的陰爻相應，故稱「剛中而應」。毒：《釋文》引馬云：「毒，治也。」俞樾曰：「毒讀為督，治也。」

④地中有水：《師》卦坎下坤上，即水下地上，故稱「地中有水」。

初六：師出以律，否臧凶。⑤

《象》曰：「師出以律，」失律「凶」也。

九二：在師中吉，无咎，王三錫命。⑥

《象》曰：「在師中吉」，承天寵也。「王三錫命」，懷萬邦也。⑦

六三：師或輿尸，凶。

《象》曰：「師或輿尸」，大无功也。
六四：師左次，无咎。⑧
《象》曰：「左次无咎」，未失常也。⑨
六五：田有禽。利執言，无咎。長子帥師，弟子輿尸⑩，貞凶。
《象》曰：「長子帥師」，以中行也⑪。「弟子輿尸」，使不當也。
上六：大君有命，開國承家⑫，小人勿用。
《象》曰：「大君有命」，以正功也。「小人勿用」，必亂邦也。

【譯文】

倒數第一陰爻：行軍靠紀律，紀律不好，凶。
《象傳》說：「師出以律」，失去紀律是「凶」。
倒數第二陽爻：身在軍中，吉，無害。王三次嘉獎。
《象傳》說：「在師中吉」，承受天的寵愛。「王三錫命」，(賞一人)以招來萬國。
倒數第三陰爻：軍隊有人載屍歸，凶。

《象傳》說：「師或輿尸」，極無戰功。

倒數第四陰爻：軍隊駐紮左方，無害。

《象傳》說：「左次无咎」，沒有失去行軍的正道。

倒數第五陰爻：打獵得禽獸，執行（上級）的話有利，無害。長子統率軍隊出征，次子戰死，載屍歸，占問是凶。

《象傳》說：「長子帥師」，以正道行事。「弟子輿尸」，使用人不得當。

最上陰爻：天子有命令，封侯國，封大夫。小民不用封爵。

《象傳》說：「大君有命」，用來端正賞功。「小人勿用」，用了一定要亂國。

【注】

⑤ 否（pǐ 痞）臧：不善。

⑥ 錫：賜。

⑦ 懷：招來。

⑧ 次：駐紮。

⑨ 常：正常，正道。

⑩ 弟子：次子。

⑪ 中行：指正確。

⑫ 開國：指封侯國。承家：受邑，指封大夫，有采邑。

【說明】

《師》卦，《周易集解》引何晏曰：「師者軍旅之名，故《周禮》云『二千五百人為師』也。」《師》的爻辭已經提出了作戰規律，「師出以律，否臧凶」，即規律性的話。《師》卦坎下坤上，以坤為順，以坎為險，坎中為陽爻稱剛，故《彖傳》稱「剛中而應，行險而順」，用來解釋《師》卦。《象傳》又從坎下坤上，說明地中有水，推出容民畜眾。這樣《易傳》就從卦象推出軍隊的作戰是行險，要軍帥「剛中而應」，應跟「容民畜眾」有關，要有民眾支持。要「行險而順」，「師出以律」，是合律；「師左次」，「未失常」，是合於地利；「以中行」，是合於正道，這些就是順。這樣才能取勝。戰勝攻取，才能得到封賞，「開國承家」。否則「失律」戰敗，「師或輿尸」，就凶。這樣，《易傳》對軍旅之事的之所以勝或敗，作了理論上的發揮。

比（卦八）

☷☵（坤下坎上）

《比》：吉。原筮元，永貞无咎[①]。不寧方來，後夫凶。[②]

《彖》曰：《比》，「吉」也；《比》，輔也，下順從也。「原筮元，永貞无咎」，以剛中也[③]。「不寧方來」，上下應也。「後夫凶」，其道窮也。

《象》曰：地上有水，《比》。先王以建萬國，親諸侯。

【譯文】

《比》卦：吉。再筮大通順。占問長期無害。不願臣服的侯國來，遲到的人凶。

《彖傳》說：《比》卦，「吉」；《比》卦，是輔佐，在下的順從在上的。「原筮元，永貞无咎」，因為剛健中正。「不寧方來」，上國和下國相應和。「後夫凶」，他的行動碰壁。

《象傳》說：（坤下坎上），地上有水，是《比》卦。先王因此來建置萬國，親近諸侯。

【注】

①原筮：再占。《廣雅．釋言》：「原，再也。」古代占筮，有占多次的。元：當作「元亨」。《左傳．昭公七年》十二月，「遇《屯》之《比》，以示史朝。史朝曰：『元亨，又何疑焉？』」是作「元亨」。

②不寧方：不安寧的邦國，即不願臣服的侯國。後夫：後到的人，《國語．魯語》：「昔禹致羣臣於會稽之山，防風氏後至，禹殺而戮之。」

③剛中：剛健中正，指正確。

初六：有孚，比之无咎。有孚盈缶④，終來有它，吉⑤。

《象》曰：《比》之初六，「有它吉」也。

六二：比之自內，貞吉。

《象》曰：「比之自內」，不自失也。

六三：比之匪人。⑥

《象》曰：「比之匪人」，不亦傷乎？

六四：外比之，貞吉。

《象》曰：「外比」於賢，以從上也。

九五：顯比，王用三驅，失前禽⑦，邑人不誡⑧，吉。

《象》曰：「顯比」之「吉」，位正中也。舍逆取順⑨，「失前禽」也。「邑人不誡」，上使中也。

上六：比之无首，凶。

《象》曰：「比之无首」，无所終也。

【譯文】

倒數第一陰爻：得到俘虜，親近他無害。得寶充滿瓦器，最後有別的變故，也吉。

《象傳》說：《比》之初六，有別的變故也是吉的。

倒數第二陰爻：親近他從內部做起，占問是吉的。

《象傳》說：「比之自內」，自己沒有失誤。

倒數第三陰爻：阿私不好的人，「凶」。

《象傳》說：「比之匪人」，不也受害嗎？

倒數第四陰爻：跟外部親近，占問是吉的。

《象傳》說：「外比」於賢人，用來服從上級。

倒數第五陽爻：親附光明，王用三面合圍去打獵，在前面的禽獸逃脫了。邑中的百姓不驚駭，吉。

《象傳》說：「顯比」的「吉」，站在正確的地位上。放縱不順我的，取得順我的，「失前禽」。「邑人不誡」，王使用正確之道。

最上陰爻：阿私他丟腦袋，凶。

《象傳》說：「比之无首」，沒有好結果。

【注】

④上有孚，指得到俘虜，指人；下有孚，指得到財物，指物，都指有收穫。缶：瓦器。

⑤有它：有變故，當指可用財物解免，故吉。

⑥比：這個比指阿私，如結黨營私。《釋文》引王肅本，「匪人」下有「凶」字，是。

⑦顯：指光明，正確。王用三驅：王出外打獵，用人從左右後三面趕禽獸，供王射獵，放開前面，讓禽獸逃脱，所以往前面逃的禽獸逃脱了。

⑧誡：借為駭，驚駭。

⑨舍逆取順：放開逆我的，取得順我的，即放開向前而逃跑的。這裏的意思是放開逆我而去的人或國，得到順我而來的人或國。

【說明】

《比》卦䷇坤下坎上，《周易集解》引《子夏傳》說：「地得水而柔，水得土而流，《比》之象也。」這是講「比」好的一面，即親近、團結、輔佐等，所以《象傳》說：「比，輔也，下順從也。」《象傳》說：「地上有水，比。」《周易集解》引何晏曰：「水性潤下，今在地上，更相浸潤，比之義也。」這是指親附，也從好的一面說。所以「比之自內」，「外比之」，內部親附團結，對外親附，都從好的一面說。這種親附要「舍逆取順」，放開逆我而去的，取得順我而來的；但比又有壞的一面，「比之匪人」，親附壞人，結黨營私，會受傷害，是看得較全面的。

小畜（卦九）

☴☰（乾下巽上）

《小畜》：亨。密雲不雨，自我西郊。

《彖》曰：《小畜》，柔得位而上下應之①，曰《小畜》。健而巽，剛中而志行②，乃「亨」。「密雲不雨」，尚往也③。「自我西郊」，施未行也④。

《象》曰：風行天上⑤，《小畜》。君子以懿文德⑥。

【譯文】

《小畜》卦：通順。雲濃不下雨，從我的西郊來。

《彖傳》說：《小畜》卦，（陰爻為柔），柔得位而上下的陽爻跟它呼應，叫《小畜》。陽爻健而陰爻謙巽，陽爻剛而居中象君子的志行，是「亨」。「密雲不雨」，雲向上去。「自我西郊」，雨未降下。

《象傳》說：（乾下巽上，天下風上），風在天上吹，是《小畜》卦。君子用來讚美德化在上。

【注】

①《小畜》卦䷈：乾下巽上，倒數第四爻陰爻⚋，上下都是陽爻，和陰爻相應和。

②陰爻上下都是陽爻，陽爻是健，陰爻是巽，即謙遜。陽爻是剛，居上下兩卦之中，即上下卦之中都是陽爻。志行：即剛健中正之志得行。

③尚往：上往。向上去，指風在天上吹。

④施未行：施指「雨施」，即雨未降下。

⑤風行天上：乾下巽上，即天下風上，故稱。

⑥懿：讚美。文德：德育教化。風行天上，喻德教沒有達到民間。

初九：復自道，何其咎[7]，吉。

《象》曰：「復自道」，其義「吉」也。

九二：牽復[8]，吉。

《象》曰：「牽復」在中⑨，亦不自失也。
九三：輿說輻。夫妻反目。⑩
《象》曰：「夫妻反目」，不能正室也。⑪
六四：有孚，血去，惕出无咎。⑫
《象》曰：「有孚惕出」，上合志也。⑬
九五：有孚攣如，富以其鄰。⑭
《象》曰：「有孚攣如」，不獨富也。
上九：既雨既處，尚德載。婦貞厲⑮。月幾望，君子征凶⑯。
《象》曰：「既雨既處」，「德」積「載」也。「君子征凶」，有所疑也。

【譯文】

倒數第一陽爻：回到自己的道路，有什麼害處？是吉的。
《象傳》說：「復自道」，它的意義是吉的。
倒數第二陽爻：與初九牽連回到自己的道路，是吉的。
《象傳》說：牽連「復自道」，處在下卦之中，也是自己沒有錯失。

倒數第三陽爻：車輪中的直條脱落了，（車子壞了）。夫妻失和。

《象傳》說：「夫妻反目」，不能使家庭合於正道。

倒數第四陰爻：得俘虜，憂患去了，出以警惕，無害。

《象傳》說：「有孚惕出」，向上是合於志願的。

倒數第五陽爻：得俘虜，捆綁着，（出征有得），富連及到鄰居。

《象傳》說：「有俘攣如」，不是一家獨富。

最上陽爻：既下雨既雨止，還得到車子來運載。婦人占問有危險。過了陰曆月半，君子出外凶。

《象傳》說：「既雨既處」，得到車子運載積物。「君子出外凶」，有所疑惑。

【注】

⑦ 復自道：《周易淺釋》：「下卦乾體純陽，本在上之物，故自下升上，曰『復自道』，言由其故道也。」指陽爻要回到自己上升的路。其：助詞。

⑧ 牽復：九二的陽爻，與初九的陽爻相連，故牽連「復自道」。

⑨ 在中：九二的陽爻，居下卦之中。

⑩ 輿說輻：說，同脱。輻：車輪中的直條，連結車轂和車輞，車輻脱落，指車壞了。夫妻反目，九三是陽爻，上面的六四是陰爻。陽指夫，陰指妻，妻在夫上，

造成失和。

⑪ 正室：古代以妻從夫為正，故稱妻在夫上為不正。

⑫ 血：《釋文》：「血，馬云『當作恤』，憂也。」惕出：出以警惕。

⑬ 上：指六四上面的陽爻，陰爻與上陽爻合志，所以无咎。

⑭ 攣如：捆綁着。以：及。此指向外掠奪，得到俘虜和財物。

⑮ 處：止。尚德載：《周易尚氏學》：「德者雨澤也。『尚德載』，言雨澤下降，乾施坤受，地得載其澤也。巽為婦，柔之為道不利遠，高處在上，非婦德所宜，故如貞得此爻者，厲也。」厲，危。

⑯ 幾：通既。既望：陰曆十六日。《周易集解》：「月幾望，上變陽消之坎為疑。故君子征，有所疑矣。」上九指最上的陽爻，最上要有所變，所以出征凶。

【說明】

《小畜》卦☴乾下巽上。《周易淺說》：「乾在上之物，乃居巽下，為巽所畜，故為畜也。然以陰畜陽，能繫而不能固，以柔順柔其剛健，非能力止之也，所畜者小之義也。又卦唯六四一陰得位，上下五陽說（悅）之，皆為所畜，陰小陽大，以小畜大之義也，故為小畜。」卦辭稱「密雲不雨」，《象傳》作「風行天上」，雨比恩澤，恩澤未下；風比德教，德教在上未及下，故皆為小畜之象。「上九：既雨既處」，則雨既下降，但又以「柔得位而上下應之」，即陰爻得位，五個陽爻應之，所以還是小畜。

履（卦十）

䷉（兌下乾上）

〔《履》〕：履虎尾，不咥人①。亨。

《彖》曰：《履》，柔履剛也②。說而應乎乾③，是以「履虎尾，不咥人。」「亨」，剛中正，履帝位而不疚，光明也④。

《象》曰：上天下澤⑤，《履》。君子以辯上下，定民志。

【譯文】

《履》卦：踩着老虎尾巴，老虎不咬人。通順。

《彖傳》說：《履》卦，以陰爻的柔踩在陽爻的剛上。（兌下乾上），兑是悦而上應乾，因此象「履虎尾，不咥人」。「亨」，（指九五爻），是陽剛居中而正，踐在帝位而不內疚，是光明的。

《象傳》說：（兑下乾上），上天下澤，是《履》卦。君子用來分辨上下，確定人民的志願。

【注】

①《履》：這個《履》，是卦名，因涉及下文的「履」字脱去，故補。履：踩。咥（dié迭）：咬。

②柔履剛：孔穎達《周易正義》：「六三陰爻在九二陽爻之上，故云『柔履剛』也。」

③説而應乎乾：「説」同悦。《履》卦兑下乾上，同上：「兑自和説（悦），應乎乾剛，以説應剛，無所見害。」

④剛中正，履帝位而不疚，光明也：同上：「謂九五也。以剛處中，得其正位，居九五之尊，是剛中正，履帝位也。」「不有内疚，由德之光明故也。」

⑤上天下澤：《履》卦兑下乾上，即澤下天上，即借來分別上下尊卑。

初九：素履往，无咎。

《象》曰：「素履」之「往」，獨行願也。

九二：履道坦坦，幽人貞吉。⑥

《象》曰：「幽人貞吉」，中不自亂也。

六三：眇能視，跛能履⑦，履虎尾，咥人，凶。武人為于大君。⑧

《象》曰：「眇能視」，不足以有明也。「跛能履」，不足以與行也⑨。「咥人」之「凶」，位不當也⑩。「武人為于大君」，志剛也。

九四：履虎尾，愬愬，終吉。⑪

《象》曰：「愬愬終吉」，志行也。

九五：夬履，貞厲。⑫

《象》曰：「夬履貞厲」，位正當也。⑬

上九：視履考祥，其旋元吉。⑭

《象》曰：「元吉」在上，大有慶也。

【譯文】

倒數第一陽爻：穿着樸素的鞋子出去，(喻以純潔的行為辦事)，無害。

《象傳》說：「素履」之「往」，獨行他的志願。

倒數第二陽爻：走的大路平坦，隱居的人占問是吉的。

《象傳》說：「幽人貞吉」，心中不自亂。

倒數第三陰爻：一隻眼瞎的能看，跛腳的能走路。踩老虎尾巴，老虎咬人，凶。武人做了大君。

《象傳》說：「眇能視」，不夠稱為明察。「跛能履」，不夠稱為能走。「咥人」之「凶」，地位與能力不相稱。「武人為于大君」，意志剛愎自用。

倒數第四陽爻：踩着老虎尾巴，很害怕，終於吉。

《象傳》說：「愬愬終吉」，志願得以實現。

倒數第五陽爻：鞋破裂，占問有危險。

《象傳》說：「夬履貞厲」，（以剛居尊位），位子正，才能相稱，（所用者不當）。

最上陽爻：行為審慎，考慮周到，加上周旋完滿，大吉。

《象傳》說：「元吉」在上，大有吉慶。

【注】

⑥ 履道坦坦，幽人貞吉：孔穎達《周易正義》：「履道坦坦者，坦坦，平易之貌。九二以陽處陰，履於謙退。己能謙退，故履道坦坦者，易無險難也。幽人貞吉者，

既無險難，故在幽隱之人，守正得吉。

⑦眇（miǎo 秒）：一目瞎。履：行走。

⑧大君：國君。

⑨與：猶有。

⑩位不當：地位與才能不相稱。

⑪愬愬（sù 訴）：恐懼貌。

⑫夬（guài 怪）：破裂。厲：危。鞋破裂，有傷足跌交的危害。

⑬位正當：《周易淺述》：「以剛居五，正當尊位，傷於所恃故也。」九五以陽爻居尊位，所以位正，才相當，但鞋破裂，傷於所用之物。

⑭視：審察。祥：通詳。其：助詞。旋：周旋。

【說明】

《履》卦䷉兌下乾上。《周易淺述》：「《兌》一陰見於二陽之上，其德為說（悅），其象為澤，天在上而澤居下，上下之分，尊卑之義，理之常也，禮之本也。常，《履》之道也。又內和悅而外尊嚴，禮之象也，故為《履》。」這樣講，已經是把卦爻辭和《彖》《象傳》結合起來了。從卦爻辭看，《履》指踐履，即行動。行為純潔，胸懷坦蕩，踐危地而恐懼，雖危無害。行為審慎，考慮周詳，則大吉。但地位與才能不相稱則凶，所用的東西破裂，則有危害。這說明卦爻辭的編者已有辨別做人處世的思想了。至於講到上下之分，尊卑之義，是在《象傳》《象傳》裏提出來的。以柔悅應乾剛，提出「辨上下，定民志」，就有禮之本的含義。又以九五為「剛中正，履帝位而不疚，光明也」。從尊卑之分中，以帝位最尊，稱為「中正」「光明」了。但九五爻說「夬履貞厲」，以九五為「厲」，即危，顯得和《象傳》以九五為「中正」「光明」不一致。孔穎達《周易正義》稱：「夬履者，夬者決也，得位處尊，以剛決正，履道行正，故夬履也。貞厲者，厲，危也。履道惡盈，而五以陽居尊，故危厲也。」按九五指居帝位，《象傳》稱居帝位是中正光明，不說有危。又上九才是盈，履道惡盈，不在九五，所以孔穎達的解釋，還是解決不了卦爻辭與《象傳》的矛盾。其實只要把「夬履」說成鞋破裂傷腳，比喻居帝位，行為正確，但用人不當，如鞋破傷足，也會有危，就可講通了。

泰（卦十一）

䷊（乾下坤上）

《泰》：小往大來，吉，亨。

《彖》曰：「《泰》，小往大來。吉，亨。」則是天地交而萬物通也，上下交而其志同也[1]。內陽而外陰，內健而外順，內君子而外小人，君子道長，小人道消也。[2]

《象》曰：天地交，《泰》。后以財成天地之道，輔相天地之宜，以左右民。[3]

【譯文】

《泰》卦：小的去了大的來，吉，通順。

《彖傳》說：「《泰》：小往大來。吉，亨。」就是天氣和地氣交接，萬物生長；上面和下面交接，他們的志趣相同。內卦是陽，外卦是陰；內卦是剛健，外卦是柔順；內卦是貴族，外卦是小民；貴族的道興盛，小民的道衰落。《象傳》說：天氣和地氣交接，是《泰》卦。君王用來制定符合天地自然的規律，輔助天地自然的所宜，來支配人民。

【注】

①天地交：指自然界生長萬物。上下交：指朝廷與人民交接。

②《泰》卦☷☰乾下坤上，乾為內卦是陽爻，坤為外卦是陰爻，陽健而陰順，陽貴族而陰小民；君子指貴族，小人指小民。小民服從貴族，故有道長道消的分別。

③財成：裁成，制定。輔相：輔佐。左右：支配。

初九：拔茅茹，以其彙。征吉。④

《象》曰：「拔茅征吉」，志在外也。

九二：包荒，用馮河，不遐遺⑤。朋亡，得尚于中行。⑥

《象》曰：「包荒，得尚于中行」，以光大也。⑦

九三：无平不陂，无往不復⑧。艱貞无咎⑨。勿恤其孚，于食有福。⑩

《象》曰：「无往不復」，天地際也。⑪

六四：翩翩⑫，不富以其鄰，不戒以孚。

《象》曰：「翩翩不富」，皆失實也⑬。「不戒以孚」，中心願也。⑭

六五：帝乙歸妹，以祉元吉。⑮

《象》曰：「以祉元吉」，中以行願也。

上六：城復于隍⑯，勿用師，自邑告命⑰。貞吝。

《象》曰：「城復于隍」，其命亂也。⑱

【譯文】

倒數第一陽爻：拔茜草，按它的種類。出外，吉。

《象傳》說：「拔茅征吉」，用意在於出外。

倒數第二陽爻：大葫蘆挖空了，用它來渡河，不至於墜下水去。錢丟了，在半路上得到補償。

《象傳》說：「包荒，得尚于中行」，因為光明正大。

倒數第三陽爻：沒有平坦的不傾斜，沒有出外的不回來。占問艱難的無害。勿憂他的誠信，對於糧食是有福的。

《象傳》說：「无往不復」，是天地的極限，（快要轉變了）。

倒數第四陰爻：像輕快地飛翔，不富因為他的鄰居（的掠奪），不加戒備因而被俘。

《象傳》說：「翩翩不富」，都是失去財物。「不加戒備來保持誠信」，是中心的願望。

倒數第五陰爻：帝乙嫁女，有福，大吉。

《象傳》說：「以祉元吉」，中正來按願望行事。

最上陰爻：城牆倒塌在乾城濠裏，不要用兵進攻，從邑裏傳來命令。占問不利。

《象傳》說：「城復于隍」，傳來的命令是錯亂的。

【注】

④ 茅茹：茜草，可作紅色染料。葉似棗。彙：種類。按照種類來辨別，就可拔到。征：出外。

⑤ 包荒：包通匏，葫蘆。荒：空，把葫蘆挖空。用馮河：用它來渡河。《莊子．逍遙

遊》：「今子有五石之瓠，何不慮以為大樽而浮乎江湖。」把大葫蘆繫在腰裏可浮水渡河。不遐遺：不至於墜下水去。不遐，不至於。遺：墜。

⑥ 朋：十貝為朋，指錢。尚：償。中行：中道，半路。

⑦ 光大：錢丟了，半路上的客人給以補償是光明正大的事。

⑧ 无平不陂，无往不復：指事物對立轉化的道理。陂，傾斜。

⑨ 艱貞无咎：從事物的對立轉化看，艱難可以轉為平易，所以占問艱難得到無害。

⑩ 勿恤其孚，于食有福：不憂他的誠信，在糧食上有福可享。恤：憂。

⑪ 天地際：《周易集解》：「宋衷曰：『位在乾極（九三在下卦的頂上），應在坤極（與坤卦頂下爻相接），天地之際也。』」際，極。到了天地的極上極下，指出要對立轉變。

⑫ 翩翩：狀鳥的飛翔，指不加戒備。

⑬ 實：指財物。

⑭ 不戒以孚，中心願也：孔穎達《周易正義》：「所以不待六四之戒告，而六五、上六皆以孚信者，由中心皆願下復（六四指坤，坤是地，皆願回到地下），故不待戒而自孚也。」

⑮ 帝乙：殷代最後第二個王。歸妹：嫁少女給周文王。以祉：有福。

⑯ 城復：城牆傾倒。隍：乾的城濠。

⑰ 自邑告命：從邑裏傳來命令，勿進兵。

⑱ 其命亂：城牆已經倒塌，可以進兵，傳來停止進兵的命令，所以是錯亂的。

【說明】

《泰》卦䷊乾下坤上，天氣向下，地氣上升。《周易淺說》：「天地氣交，萬物生成；君子進用，世道方亨：故為泰。」泰有通達、安寧的意思。從卦爻辭看，「小往大來」，小的去了，大的來了，是興旺的氣象。像按類拔茜草，很順利。用大葫蘆渡河，也順利。丟了錢得到補償，也是順利的。又指出事物的相對轉化，艱難的也可轉為順利。但順利的也可轉化為艱難，所以「不富以其鄰，不戒以孚」。「城復于隍，勿用師」，成為「貞吝」，即轉成艱難。這說明《泰》卦既講通順，也講事物的對立轉變，可以由艱難轉為順利，也可以由順利轉為艱難。再看《易傳》就有跟爻辭不一致的。如「六四：翩翩，不富以其鄰，不戒以孚」。「不富」因為他的鄰居的原因，當是鄰居對他的掠奪。他「不戒」，因為誠信。爻辭應該這樣講。但《象傳》說：「『不富』，皆失實也。」成了他和鄰居都失了財物，不是鄰居搶他的財物了。「『不戒以孚』，中心願也」。即不待告戒，都願向下去。「孚」作為誠信。這說明卦爻辭和《象傳》不同。又《彖傳》：「內健而外順，內君子而外小人，君子道長，小人道消。」這是重內輕外，尊重內貶低外，這是卦辭「小往大來」中沒有的。這說明卦爻辭與《彖傳》《象傳》是不同時期所作，故有不同的思想。

這個《泰》卦九三爻辭：「无平不陂，无往不復。」提出事物轉變的理論，具有樸素的辯證觀點，是很突出的。又《泰》卦《象傳》裏提出「財成天地之道，輔相天地之宜」，認為人不僅要順從自然，還要裁成輔相自然，發揮人的主觀能動性。這種主觀能動作用，又要合於自然的規律，即合於天地之道與天地之宜，這種思想尤為傑出。

否（卦十二）

䷋（坤下乾上）

〔《否》〕：否之匪人①。不利君子貞。大往小來。

《彖》曰：「否之匪人。不利君子貞。大往小來。」則是天地不交而萬物不通也，上下不交而天下无邦也②；內陰而外陽，內柔而外剛，內小人而外君子③，小人道長，君子道消也。

《象》曰：天地不交，《否》。君子以儉德辟難，不可榮以祿。

【譯文】

《否》卦：幹壞事的是壞人。貴族占問不利。大的去了小的來。

《彖傳》說：「否之匪人。不利君子貞。大往小來。」那是天氣和地氣不交接而萬物不生長，上面和下面不通氣，天下大亂，邦國危亡；內部陰而外部陽，內部柔而外部剛，小人在朝而君子在野，小人道長盛，君子道消歇。《象傳》說：天氣和地氣不交接，是《否》卦。君子用崇尚儉德的隱退來避開禍難，朝廷不能用利祿來尊榮他。

【注】

①《否》：卦名，涉下文「否」字而脱，因補。否（pǐ痞）：壞，惡，閉塞。之：猶是。匪人：壞人。

②坤下乾上，指地氣在下，天氣在上，如天不降雨露，萬物不長。上下不交：上下不通氣，造成天下大亂，邦國危亡。

③內小人而外君子：有小人在朝。君子在野意。

初六：拔茅茹以其彙。貞吉，亨。④

《象》曰：「拔茅貞吉」，志在君也。

六二：包承，小人吉，大人否⑤。亨。

《象》曰：「大人否亨」，不亂羣也。⑥

六三：包羞。⑦

《象》曰：「包羞」，位不當也。

九四：有命，无咎，疇離祉。⑧

《象》曰：「有命无咎」，志行也。

九五：休否，大人吉。其亡其亡，繫于苞桑。⑨

《象》曰：「大人」之「吉」，位正當也。

上九：傾否，先否後喜。⑩

《象》曰：「否」終則「傾」，何可長也。

【譯文】

倒數第一陰爻：拔茜草按它的類來拔。占問是吉，是通順。

《象傳》說：「拔茅貞吉」，立志在為君主。

倒數第二陰爻：包裹蒸肉，小民吉，貴族壞。（貴族和小民分開），是通順的。

《象傳》說：「大人否亨」，大人和羣眾不相亂，（所以終於通順）。

倒數第三陰爻：包裹熟肉，（小人吉，大人壞，亨）。

《象傳》說：「包羞」，（大人這樣做），地位不相稱，（所以壞）。

倒數第四陽爻：有天命，無害。誰受到福？（受到的是泰，受不到的是否）。

《象傳》說：「有命无咎」，志願得以實現。

倒數第五陽爻：停止幹壞事，大人是吉的。衰亡啊衰亡啊，只寄託在脆弱的苞草桑條上，（這樣擔心，故能轉危為安，成為通順）。

《象傳》說：「大人」的「吉」，跟他的地位相稱。

最上陽爻：幹壞事的跌倒，先壞後喜。

《象傳》說：幹壞事的最後便跌倒，怎麼可以長久呢？

【注】

④同上《泰》卦注①，本卦開始時還是吉的。

⑤包承：包裹盛在俎內的牲體，盛在俎內的牲體不大，小民這樣是好的，貴族這樣顯得寒酸，就壞了。承：通脀，盛在俎內的牲體。

⑥六二說「大人否」，最終說「亨」，因為大人和小民分開，不加混雜，這是好的。

⑦包羞：包裹熟肉，下文同六二一樣，也是「小人吉，大人否，亨」，所以從略。

⑧有命：有天命，即人的或泰或否，不能自主，所以說有命。聽天由命就无咎。疇離祉：誰受福，聽天由命，受到的是泰，受不到的是否。疇：誰。離：通羅，受到。祉：福。

⑨休：停止。其：表感歎。苞桑：苞草、桑條。

⑩傾：翻倒。先否後喜：壞事完蛋，轉為喜事。

【說明】

《否》卦☷坤下乾上，與《泰》卦☰乾下坤上相反，所以《否》卦卦辭「大往小來」與《泰》卦卦辭「小往大來」也相反。但是《否》卦的爻辭「初六：拔茅茹，以其彙。貞吉。」跟《泰》卦的爻辭：「初六：拔茅茹，以其彙。征吉。」除了一個作「貞」，一個作「征」外，都同，不是相反。因此對這個爻辭的解釋，有兩種不同說法：一是《周易淺述》，說：「三陰在下（坤三陰），當否之時，小人連類而進，亦有拔茅茹以其彙之象。然初之惡未形，故許以貞則吉亨，欲其變為君子也。」《否》本指壞，那這個爻辭怎麼變得和《泰》一樣好呢？因此把「貞」字不說成占問，說成貞固，說成《否》的壞，因貞固而變好。二是《周易通義》，說：「與《泰》初九辭同而義異。意謂拔茅茹要按它的種類來辨別，否則就找不到，沒有經驗，不會識別是《否》的表現。」即認為《泰》是按類來拔茜草，是順利的；《否》是不能按類來拔茜草，是壞的。同樣二句話，為什麼在《泰》就說順利，在《否》就說壞呢？再說，在卦爻辭裏，貞是占問，怎麼又變成貞固呢？都不好講。問題就出在以陰爻為不利。按《坤》卦☷六個陰爻，卦辭說：「元亨」，即大通順。陰指陰氣，陽指陽氣，陰陽合氣，才能生物。從卦爻辭看，不能以陰爻為不利。因此《否》卦初六：還是譯成通順，照字面譯，不必改「貞」為貞固。即初六還是通順的，到六二、六三開始轉，對「小人吉，大人否」了。

這樣看來，《彖傳》與卦爻辭有不同。爻辭初六說是吉的，不說壞，六二、六三說是「小人吉、大人否」，不說都不吉。所以卦辭說：「不利君子貞，大往小來」，即對大人不利，所以「大往」；對小人有利，所以「小來」。《彖傳》卻說成「萬物不通」，「天下无邦」了。卦爻辭主要認為《否》卦對大人壞，所以說成否了。九五「其亡其亡，繫于苞桑」，有兩說：《周易淺述》：「桑根深固，苞叢生者，其固尤甚也。」繫于苞桑，指繫於深固之物，可以無危亡。《周易通義》：「苞草，桑枝。」「像繫在柔弱的苞草桑枝上一樣危險。」指苞桑為柔弱的，不可靠。這裏採後一說。正因為繫於苞桑不可靠，所以心存危懼，注意改革，改去壞的，轉危為安，所以「大人吉」了。取後義，有辯證觀點。

同人（卦十三）

䷌（離下乾上）

〔《同人》〕：同人①于野，亨。利涉大川。利君子貞。

《彖》曰：《同人》，柔得位得中，而應乎乾②，曰《同人》。《同人》曰：「同人于野，亨。利涉大川」，乾行也③。文明以健，中正而應，「君子」正也④。唯君子為能通天下之志。

《象》曰：天與火，《同人》。⑤君子以類族辨物。⑥

【譯文】

《同人》卦：聚集眾人在野外，通順。渡大河有利。貴族占問有利。

《彖傳》說：《同人》卦，（離下乾上，其中的陰爻）柔順（處在下卦之中）是得到位子得處中間，向上和乾上相呼應，稱為《同人》卦。《同人》卦說：「同人于野，亨。利涉大川」，是君主所做的。（離下是文明，乾上是剛健），是文明和剛健；（九五為陽爻，居中而正，六二為陰爻，與九五相應），中正而應和，是貴族正確，只有貴族能通達天下臣民的意志。

《象傳》說：（離下乾上，火下天上），天和火，合成《同人》卦。貴族用來分析事物的種類，辨別事物的情況。

【注】

① 〔《同人》〕：卦名，脱去，今補。同人：指聚眾。

② 柔得位得中而應乎乾：《同人》的下卦六二是陰爻，是柔，居下卦之中，是得位得中；跟乾上相應，乾為剛，與柔相應。

③ 乾行：乾指君，乾行即君行、君道。

④ 文明以健，中正而應，「君子」正也：離下為火，為文明；乾上為健。九五為陽爻，居上卦之中而正；六二為陰爻，為柔，居下卦之中，與九五之剛相應。九五象君主守正。

⑤ 天與火：天比君主，火比明察，比君主能明察一切。

⑥ 君子以類族辨物：類族，分別事物之族類。辨物，辨別事物之情況。

初九：同人于門⑦，无咎。

《象》曰：「出門同人」，又誰「咎」也。

六二：同人于宗，吝。⑧

《象》曰：「同人于宗」，「吝」道也。

九三：伏戎于莽，升其高陵，三歲不興。⑨

《象》曰：「伏戎于莽」，敵剛也。「三歲不興」，安行也。⑩

九四：乘其墉⑪，弗克攻，吉

《象》曰：「乘其墉」，義「弗克」也。⑫其「吉」則困而反則也。⑬

九五：同人先號咷而後笑⑭，大師克，相遇。

《象》曰：「同人」之「先」以中直也。⑮「大師相遇」，言相「克」也。⑯

上九：同人于郊，无悔。

《象》曰：「同人于郊」，志未得也。

【譯文】

倒數第一陽爻：聚眾在王門，無害。

《象傳》說：出王門聚眾，又對誰有害。

倒數第二陰爻：在宗族聚眾，有困難。

《象傳》說：「同人于宗」，有困難。

倒數第三陽爻：埋伏軍隊在密林裏，登上高地，三年不能取勝。

《象傳》說：「伏戎于莽」，敵人兵強。「三歲不興」，哪能行動？

倒數第四陽爻：登上城牆，不能攻進去，吉。

《象傳》說：「乘其墉」，在道義上不能（攻取）。他的吉，那是敵方受困，我方回到法則上去，（不去進攻）。

倒數第五陽爻：聚眾先嚎哭而後笑，大軍戰勝，互相碰頭。

《象傳》說：「同人」的「先……」，因為（作戰）是正義的。「大師相遇」，說互相戰勝。

最上陽爻：聚眾在郊野，沒有悔恨。

《象傳》說：「同人于郊」，還沒有得志。

【注】

⑦ 門：指王門、宮門。

⑧宗：宗族，限於一族之人，範圍較狹，故有困難。
⑨戎：兵。莽：林草深處。興：振興，指勝利。
⑩敵剛：敵強。安行：哪能行動。
⑪墉：城牆。
⑫義「弗克」也：在道義上不能攻克，即攻克為不義，故不攻。
⑬困而反則：在敵人困窮時，我方回到法則上，即回到正義而不攻。
⑭號咷：嚎叫大哭。
⑮中直：中正，正確。
⑯相克：互相戰勝，大師戰勝，我方亦戰勝。

【說明】

《同人》卦，從卦爻辭看，指聚眾出征。《周易通義》：「同，聚。《詩·七月》：『二之日其同，載纘武功。』同即聚眾。」卦辭指聚眾於野，為出征作準備。從爻辭看「同人于門」，聚眾於宮門，「无咎」。「同人于宗」，聚眾限於宗族，有困難。因出征要集眾，不能限於宗族。再寫出征，寫伏擊戰，因敵強而不勝。又寫攻城戰，攻破城牆，又因不義而弗攻。再寫先敗後勝。再看《彖傳》《象傳》，就不限於講聚眾出征了。《周易淺述》：「《同人》離下乾上。」「天在上而火炎上，有同之象。上乾為天為君，下離六二一爻在離之中，居人之位。卦中上下五陽

（爻）同欲二（六二）之一陰（爻），而二五（六二、九五）又以中正相應，有以天同人、以君同人之象，故曰同人。」即「同人」不僅是聚眾，還要和人同心。如《彖傳》說：「柔得位得中而應乎乾」，「得位得中」指正確；「應乎乾」，指與乾相應，即同心。「君子正也」，指正確；「唯君子能通天子之志」，即貴族與人民同心。這是《彖傳》《象傳》進一步發揮卦爻辭的意義了。

在《同人》的爻辭裏，指出「同人于宗，吝」，說明像出外作戰的大事，只靠宗族的力量，是不成的。說明辦國家大事，不能依靠小集團。爻辭又說：「乘其墉，弗克攻，吉。」進攻敵人，登上敵人的城牆，又不攻了，稱為吉。因為認識到攻入城內的不義，所以不攻。這樣在進攻時注意戰爭的正義性，也是突出的。在《彖傳》裏提出「唯君子能通天下之志」，指出統治者要同天下人民的意志相通，這更是極有意義的見解。

大有（卦十四）

䷍（乾下離上）

《大有》[1]：元亨。

《彖》曰：《大有》，柔得尊位大中[2]，而上下應之，曰《大有》。其德剛健而文明[3]，應乎天而時行，是以「元亨」。

《象》曰：火在天上，《大有》。君子以遏惡揚善，順天休命。[4]

【譯文】

《大有》卦：大通順。

《彖傳》說：《大有》卦，（這卦的一個陰爻為六五，六五是尊位，處上卦之中，陰為柔），是柔得到尊位，處於大中，上下五陽爻跟它呼應，稱《大有》。（乾下剛健，離上文明），它的德是剛健而文明。（乾是天），它是跟天相應而按時推行，因此大通順。

《象傳》說：（乾下離上，天下火上），火在天上，是《大有》卦。貴族用來制止奸惡、宣揚賢善，來順應天道，求得美好的命運。

【注】

① 大有：大豐收。有指有年，即豐年。

② 柔得尊位而大中：《大有》卦只有六五是陰爻，是柔，又為上卦之中，稱「大中」。

③《大有》：卦乾下離上，乾剛健，離文明。

④ 順天休命：道家認為天是遏惡揚善的，故稱「順天」。休：使美好。

初九：无交害匪咎。艱則无咎。⑤

《象》曰：《大有》初九，无交害也。

九二：大車以載，有攸往，无咎。⑥

《象》曰：「大車以載」，積中不敗也。

九三：公用亨于天子⑦，小人弗克。

《象》曰：「公用亨于天子」，「小人」害也。⑧

九四：匪其尪⑨，无咎。

《象》曰：「匪其尪，无咎」，明辨晳也。⑩

六五：厥孚交如威如⑪，吉。

《象》曰：「厥孚交如」，信以發志也。「威如」之「吉」，易而无備也。⑫

上九：自天祐之，吉，无不利。

《象》曰：《大有》上「吉」，「自天祐」也。

【譯文】

倒數第一陽爻：沒有互相損害，就不是害。處在艱難時，就无害。

《象傳》說：《大有》初九，沒有互相損害。

倒數第二陽爻：用大車來運載，有所往，无害。

《象傳》說：「大車以載」，貨物堆積在車中不會壞。

倒數第三陽爻：公在天子那裏享受宴席，小民不能（享受）。

《象傳》說：「公用亨于天子」，小民這樣就有害。

倒數第四陽爻：不是他的骨骼彎曲，沒有害。

《象傳》說：「匪其尪无咎」，明於辨別明白。

倒數第五陰爻：他的誠信，上下互信，有威嚴。吉。

《象傳》說：「厥孚交如」，用誠信來表明他的意志。「威如」之「吉」，平易而沒有戒備。

最上陽爻：從天來保祐他，吉，沒有不利。

《象傳》說：《大有》上九的吉，「自天祐」的。

【注】

⑤ 无交害：沒有互相損害，轉到有交利。碰上艱難時更加注意克服困難，所以無害。

⑥ 攸：所。

⑦ 公：公侯，指大臣。亨：同享，享受宴席。

⑧ 「小人」害：小民不能參與大臣的宴會。否則有害，反映當時的階級觀點。

⑨ 尪：《周易正義》作「彭」，據《周易集解》改。下同。尪，骨骼彎曲者。

⑩ 辨晳：辨明白。

⑪ 厥孚：他的誠信。交如：上下交信的樣子。

⑫ 易而无備：上下交信，所以可平易近人而沒有戒備。

【說明】

《大有》䷍，乾下離上，天下火上。《周易集解》：「姚規曰：『互體有《兑》』（☱，互體指《大有》六爻中從九三到六五為☱，即內含兑卦），兑為澤，位在秋也。乾則施生，澤則流潤，離則長茂，秋則成收，大富有也。」這是說《大有》卦含有大豐收的意思，所以卦辭是「元亨」，即大通順。爻辭初九也指農業，無互相損害，不是害。即使有艱難，能互相補助，也无咎。九二講大豐收，用大車運載穀物，也是好的。九三，天子設盛宴款待大臣。九四，「匪其尪」，古代天旱用巫尪求雨，指有旱非巫尪之罪，則旱象求雨後得解，故亦无咎。六五指大豐收後，君主誠信交如威如。上九指大豐收靠老天幫忙。看卦爻辭都講農業。其中初九的「无交害匪咎，艱則无咎」，既看到農業需要「无交害」，也看到農業雖有艱難時，只要有交利就好，極有意義。這裏看到了農業的靠天吃飯的特點。

再看《彖傳》、《象傳》，對《大有》的含義又有了擴大。《周易正義》王弼注《彖傳》：「處尊以柔，居中以大，體無二陰，以分其應。上下應之，靡所不納，《大有》之義也。」認為《大有》卦以六五陰爻居尊位，處上卦之中，全卦無第二個陰爻，上下五個陽爻和它相應。把《大有》擴大到政治上，以「柔得尊位大中而上下應之」。即《象傳》的「君子以遏惡揚善，順天休命」。認為天也是遏惡揚善的，用了道家《老子》的說法。這是《彖傳》《象傳》跟卦爻辭有差異的地方。《彖傳》提出「柔得尊位」，是柔；又說「其德剛健」，是剛，即要剛柔相濟，又稱文明。又認為「應乎天而時行」，要應乎自然，這也是宣揚道家思想。

謙（卦十五）

☶☷（艮下坤上）

《謙》：亨。君子有終。

《彖》曰：《謙》，「亨」。天道下濟而光明，地道卑而上行①。天道虧盈而益謙，地道變盈而流謙，鬼神害盈而福謙，人道惡盈而好謙②。謙，尊而光，卑而不可踰③，「君子」之「終」也。

《象》曰：地中有山，《謙》。君子以裒多益寡④，稱物平施。

【譯文】

《謙》卦：通順。貴族（謙讓）有好結果。

《彖傳》說：《謙》卦，「亨」。天道對下面成就萬物而光明，地道位置卑下而地氣上升。天道損害滿的而增加虛的，地道毀壞滿的而增加虛的，鬼神損害滿的而加福於虛的，人道憎惡滿的而愛好虛的。謙虛，處於尊位就光榮，處於卑位就不可超越，這即是「君子」的有好結果。

《象傳》說：（艮下坤上，山下地上），地中有山，是《謙》卦。君子用來取多補少，稱量財物（的多少）來公平施予。

【注】

①天道：天的自然規律。下濟：下成，向下生成萬物，如日光下照，雷下震，風下吹，雨下降，用來生長萬物。光明：指日月照耀。地在下故稱卑。上行：指地氣上升，與天氣相應，生長萬物。

②天道虧盈而益謙：虧盈如日中則下降，月滿則漸虧。益謙如日出則上升，月虛則漸實。地道變盈而流謙：即損盈而益謙，如桑田變滄海。就桑田說是損盈，就滄海說是益謙。鬼神害盈而福謙：即《易．坤．文言》：「積善之家必有餘慶，積不善之家必有餘殃。」福謙指餘慶，害盈指餘殃。人道惡盈而好謙：「滿遭損，謙受益。」

③卑而不可踰：地位雖低，堅持原則，使上級也不可使他不顧原則辦事。

④裒（póu 掊，陽平）：取出，減少。

初六：謙謙君子，用涉大川，吉。

《象》曰：「謙謙君子」，卑以自牧也。⑤

六二：鳴謙⑥，貞吉。

《象》曰：「鳴謙貞吉」，中心得也。

九三：勞謙君子，有終，吉。

《象》曰：「勞謙君子」，萬民服也。

六四：无不利，撝謙。⑦

《象》曰：「无不利，撝謙」，不違則也。

六五：不富以其鄰，利用侵伐⑧，无不利。

《象》曰：「利用侵伐」，征不服也。

上六：「鳴謙」，利用行師征邑國。

《象》曰：「鳴謙」，志未得也。可「用行師」，征邑國也。

【譯文】

倒數第一陰爻：謙而又謙的貴族，用（這種態度）來渡過大河，是吉的。

《象傳》說：「謙謙君子」，用謙卑來自己管理自己。

倒數第二陰爻：有聲望而謙虛，占問是吉。

《象傳》說：「鳴謙貞吉」，（六二居下卦之中），是中正的心所得到的。

倒數第三陽爻：勤勞而謙讓的貴族，有好結果，是吉的。

《象傳》說：「勞謙君子」，萬民佩服。

倒數第四陰爻：沒有不利，奮勇向前而謙虛。

《象傳》說：「无不利，撝謙」，不違反法則。

倒數第五陰爻：不富，因為鄰國來侵犯掠奪。利用鄰國的侵伐來防禦，沒有不利。

《象傳》說：「利用侵伐」，征伐不服的國家。

最上陰爻：有聲望而謙虛，有利地用出兵來征討大夫的邑、諸侯的國。

《象傳》說：「鳴謙」，還沒有得志。可以「用行師」來「征邑國」。

【注】

⑤ 自牧：自己管理自己。牧：管理，如牧牛、牧羊。

⑥ 鳴：有聲，指有聲望。

⑦ 撝：同揮。《說文》：「揮，奮也。」

⑧ 利用侵伐：有利地用戰爭來對付侵略，指抗擊敵人。

【說明】

《謙》卦，艮下坤上。《周易集解》：「鄭曰：『艮為山，坤為地。』山體高，今在地下，其於人道，高能下，下謙之象。」這是說艮下坤上構成《謙》卦的意義。再看卦爻辭，提出「謙謙君子」，即貴族要謙而又謙；「鳴謙」，有聲望而謙；「勞謙」，勤務而謙；「撝謙」，發奮而謙；即不光要謙虛，還要有聲望，勤勞，發奮而謙虛，這樣的謙虛才好。在對待侵略上不是光講謙讓，是「利用侵伐」，對於來侵犯的敵人，要有利地用侵伐來對付，即抵抗。同例，「利用行師征邑國」，有利地用出兵來征伐邑國，這當和上文「利用侵伐」結合起來看，當也是邑國來犯，所以出兵征討，即不是無原則的謙讓。再看《彖傳》，用天道、地道、人道來講，再講到「鬼神害盈而福謙」，即用神道說教。把卦爻辭的意義擴大了。又提出「謙，尊而光，卑而不可踰」。對位尊者謙則光榮，這點是明顯的；對位卑者謙而不可踰越，即要堅守原則，這個意義就比較深刻了。

豫（卦十六）

䷏（坤下震上）

《豫》①：利建侯行師。

《彖》曰：《豫》，剛應而志行，順以動②，《豫》。《豫》順以動，故天地如之，而況「建侯行師」乎？天地以順動，故日月不過，而四時不忒③。聖人以順動，則刑罰清而民服，《豫》之時義大矣哉！

《象》曰：雷出地奮④，《豫》。先王以作樂崇德，殷薦之上帝，以配祖考。⑤

【譯文】

《豫》卦：有利於封建侯國，出兵打仗。

《彖傳》說：《豫》卦（有一個陽爻，是剛；上下五個陰爻，是柔）。剛得柔相應，（如君得臣民相應），而君的志意得行。（《豫》卦坤下是順，震上是動），順着自然而動，是《豫》卦。《豫》卦順着自然而動，所以天地也像它，何況「建侯行師」呢！天地按照順着自然而動，所以日月的運行沒有過失，四時的循環沒有差錯。聖人順着自然而動，就刑罰清明，人民服從。《豫》卦的順時行動的意義很大啊！

《象傳》說：（坤下震上，地下雷上），雷出地動，（震動萬物），是《豫》卦。先王因此制作音樂，尊崇功德，熱烈地進奉上帝，用來獻給祖宗。

【注】

①《豫》卦的「豫」，有猶豫不決意，有預先計慮意，有豫悅逸樂意。

②剛應：《豫》卦䷏，一陽爻剛而五陰爻應之，比君一而眾臣應之。順以動：《豫》卦坤下雷上，坤順雷動。

③忒（tè特）：差錯。

④奮：動。

⑤殷：盛，猶熱烈地。薦：進。配：獻。祖考：祖和父。

初六：鳴豫，凶。⑥

《象》曰：「初六鳴豫」，志窮「凶」也。

六二：介于石，不終日⑦，貞吉。

《象》曰：「不終日貞吉」，以中正也。

六三：盱豫，悔，遲有悔。⑧

《象》曰：「盱豫有悔」，位不當也。⑨

九四：由豫，大有得，勿疑⑩。朋盍簪。⑪

《象》曰：「由豫大有得」，志大行也。

六五：貞疾，恆不死。

《象》曰：「六五貞疾」，乘剛也。「恆不死」，中未亡也。

上六：冥豫，成有渝⑫。无咎。

《象》曰：「冥豫」在「上」，何可長也？

【譯文】

倒數第一陰爻：有名於享樂，凶。

《象傳》說：「初六鳴豫」，用意碰壁，是凶。

倒數第二陰爻：堅如石，不過一整天。占問吉。

《象傳》說：「不終日貞吉」，因為歸於中正。

倒數第三陰爻：媚上享樂，有悔。遲疑不決又悔。

《象傳》說：「盱豫有悔」，地位不相稱。

倒數第四陽爻：由於豫悅，大有所得，勿疑。用朋貝組合成簪。

《象傳》說：「由豫大有得」，意志得到大推行。

倒數第五陰爻：貞問疾病，雖久不死。

《象傳》說：「六五貞疾」，（六五陰爻，是柔，九四陽爻，是剛，六五居九四之上），是柔居於剛上。「恆不死」，是沒有喪失中道。

最上陰爻：在昏暗中還享樂，成事又變動，（變好），是無害。

《象傳》說：「冥豫」在上位，怎麼可以長久呢？

【注】

⑥ 鳴豫：鳴，有聲，有聲名，即有名。豫：享樂。

⑦ 介于石，不終日：《釋文》：「介，古文作砎」。堅也。「于」，猶「如」。堅如石，與六二為陰爻的陰柔不合，不終日即轉而為柔，故吉。

⑧ 盱豫：《周易集解》：「向秀曰：『睢盱，小人喜説（悦）佞媚之貌也。』」豫：享樂。遲：遲疑不決。

⑨ 位不當：六三位在下卦之上，不當佞媚其上。

⑩ 由豫，大有得，勿疑：九四以一陽居五陰之中，得五陰相應，所以豫樂而大有得，可以勿疑。

⑪ 朋盍簪：朋貝合於髮簪，組合眾貝殼於髮簪成為首飾。髮簪象一陽，眾貝殼象眾陰，合成首飾象《豫》卦。

⑫ 冥：昏暗。成有渝：成事又變化，即改好。

【説明】

《豫》卦☷☳坤下震上，地下雷上，春雷震於上，而地下萬物甦醒，故《豫》有悦樂之意。坤順而震動，故《豫》卦要順着自然而動，象「天地以順動」。怎樣才能順着自然而動，不致有差誤，這裏有時猶豫不決，有待預計熟慮。因此《豫》又有猶豫、預計的含意。《豫》卦卦辭「利建侯行師」，就是《豫》順以動，是悦樂的。再看爻辭：「初六：鳴豫凶。」鳴則有聲，以悦樂出名，就成為出名享樂，轉為凶了。「六二：介于石，不終日。」先是堅如石，不終日就有所轉變，這是認為堅如石不合順自然而動，所以不終日而變，歸於中正，這裏就有計慮在內。「上六：冥豫，成有渝」。在昏暗中還享樂，成事有變化，這裏也有計慮的意思。

《象傳》對《豫》卦作了很好的發揮，提出「順以動，故天地如之」。即天地是順着自然而動，「故日月不過而四時不忒」。聖人也順着自然而動，「故刑罰清而民服」，説明順着自然而動的重要，違反自然而動就要失敗，《象傳》説：「盱豫有悔，位不當也。」處在六三的地位，媚上以求悦樂，不是順着自然而動，所以有悔了。這裏已含有要按照客觀規律辦事的意思。

隨（卦十七）

䷐（震下兌上）

《隨》：元亨，利貞，无咎。

《彖》曰：《隨》，剛來而下柔①，動而說②，《隨》。大「亨貞无咎」，而天下隨之，隨之時義大矣哉！③

《象》曰：澤中有雷④，《隨》。君子以向晦入宴息。

【譯文】

《隨》卦：大通順，占問有利，無害。

《彖傳》說：《隨》卦，（震下兌上，剛下柔上，動下悅上），剛來而居柔下，動而喜悅，為《隨》卦。大通順，占問無害，天下人都跟從它，跟從它的時機和意義很大啊！

《象傳》說：（震下兑上，雷下澤上），澤中有雷，是《隨》卦。君子因此在向晚時入室安息。

【注】

①剛來而下柔：《隨》卦☱，震下兑上，震五爻，單數，是陽卦，是剛；在下，兑四爻，雙數，是陰卦，是柔，在上。故稱剛在柔下。

②動而説（悦）：《隨》卦震下兑上，震是動，兑是悦，所以是動而悦。

③而天下隨之，隨之時義大矣哉：《周易正義》作「而天下隨時，隨時之義大矣哉」，今據《釋文》引王肅本改。

④澤中有雷：《隨》卦震下兑上，雷下澤上，所以稱「澤中有雷」。這是指天寒時沒有雷，説成雷在澤中不出，所以君子也在晚上安息。

初九：官有渝⑤，貞吉，出門交有功。⑥

《象》曰：「官有渝」，從正「吉」也。「出門交有功」，不失也。

六二：係小子，失丈夫。

《象》曰：「係小子」，弗兼與也。[7]

六三：係丈夫，失小子，隨有求，得。利居貞。

《象》曰：「係丈夫」，志舍下也。

九四：隨有獲，貞凶[8]。有孚在道，以明，何咎？[9]

《象》曰：「隨有獲」，其義「凶」也[10]。「有孚在道」，「明」功也。

九五：孚于嘉[11]，吉。

《象》曰：「孚于嘉吉」，位正中也。

上六：拘係之，乃從維之[12]，王用亨于西山。[13]

《象》曰：「拘係之」，上窮也。[14]

【譯文】

倒數第一陽爻：旅館裏有事故，占問是吉，因出門人互相幫助有好處。

《象傳》說：「官有渝」，遵從正確來辨是「吉」的。「出門交有功」，不會失誤的。

倒數第二陰爻：拴住小奴隸，跑掉大奴隸。

利。

《象傳》說：「係小子」，不能兼有大奴隸。

倒數第三陰爻：拴住大奴隸，跑掉小奴隸，跟蹤去找，得到。占問居處有利。

《象傳》說：「係丈夫」，用意在放縱小的。

倒數第四陽爻：相隨出外有收穫，（但不免相爭），占問是凶。在路上有了俘虜，用盟約定了，有什麼害處？

《象傳》說：「隨有獲」，（不免相爭），它的意義是凶。「有孚在道」，訂盟是有效的。

倒數第五陽爻：在美好處掠奪，吉。

《象傳》說：「孚于嘉吉」，地位在正中。

最上陰爻：拘留拴住他，又從而說服他。周文王用他去祭岐山。

《象傳》說：「拘係之」，上面的人窮於應付。

【注】

⑤ 官：通館，旅館。渝：變故，事故。

⑥ 出門交：出門人互相交往、幫助。

⑦兼與：猶兼有。
⑧隨有獲，貞凶：指相隨出外經商，有收穫，也有爭奪，所以凶。
⑨明：通盟，訂了盟約，照盟約辦，可以不爭。
⑩義：宜，有獲宜爭。
⑪嘉：美好處。
⑫從維之：從而維繫他的心，說服他。
⑬西山：即岐山。
⑭上窮：上面窮於應付，所以把他拘繫，他不屈服。

【說明】

《隨》卦☱震下兑上。《周易集解》：「鄭曰：『震，動也。兑，説（悦）也。』內動之以德，外説（悦）之以言，則天下之人咸慕其行而隨從之，故謂之《隨》也。」《隨》卦是隨從的意思。「初九：出門交有功」，即相隨出門，有交往，就有功。「九四：隨有獲」，相隨出去有收穫。「上六：拘係之，乃從維之。」要把拘繫的人，從思想上給以維繫，使他隨從。《彖傳》對《隨》的意義作了發揮，要剛下柔，動而悦，使天下的人都來跟着，這就把爻辭的「出門交有功」，「係小子，失丈夫」等意義擴大了。

《隨》卦的「上六：拘係之，乃從維之，王用亨于西山」。有幾種解釋：一，《周易集解》

引虞翻說：「兩係稱維，故拘係之，乃從維之。在《隨》之上，而無所隨，故維之。」這是說，對待這個俘虜，拘繫他，又從而捆住他，即捆了兩次，因他不肯投降。跟「王用亨于西山」無關。二，《周易正義》王弼說：「隨道已成，而持不從，故拘係之，乃從也。率土之濱，莫非王臣，而為不從，王之所討也，故維之，王用亨于西山。……處西方而不從，故王用通于西山。」這是指兩個人，前一人不從，故拘繫他，他服從了。後一人在西方，不從，王用兵通過西山去抓他。三，高亨《周易大傳今注》：「殷紂囚繫文王於羑里，又釋放使之走去。（『乃從維之』，乃縱走之。從，縱也。維，走也。）文王既歸周，祭祀西山，以報答神之保祐。」四，同上引郭沫若說：「得俘虜拘繫之，又從而縛綁之，周王用之祭祀西山之神。」即用俘虜來祭神。五，《周易淺說》：「誠敬以享於山川，有固結維繫之意，人心從此而集。」意思是說：「拘繫他，乃從而維繫他，即說服他。他服從了。」今譯即用此說，加上周王同他一起去西山祭神說。

蠱（卦十八）

☶☴（巽下艮上）

《蠱》[1]：元亨。利涉大川。先甲三日，後甲三日。[2]

《彖》曰：《蠱》，剛上而柔下[3]，巽而止[4]，《蠱》。《蠱》「元亨」，而天下治也[5]。「利涉大川」，往有事也。「先甲三日，後甲三日」，終則有始，天行也。[6]

《象》曰：山下有風[7]，《蠱》。君子以振民育德。[8]

【譯文】

《蠱》卦：大通順。渡大河有利，在辛日，在丁日。

《彖傳》說：《蠱》卦，（巽下艮上，陰卦下陽卦上），陽剛在上而陰柔在下，（巽謙艮止），止於謙遜，是《蠱》卦。《蠱》卦「元亨」，天下治平。「利涉大川」，是有事出去。「先甲三日」為辛日，「後甲三日」為丁日，（從辛日到丁日循環往復），終了就又開始，這是天道的運行。

《象傳》說：（《蠱》卦巽下艮上，風下山上），山下有風，是《蠱》卦。貴族用來教化人民，培育他們的德行。

【注】

①《蠱》：蠱（gǔ古）：是事的意思。

②先甲三日，後甲三日：上古曆法，每年十二月，每月三旬，有閏月。每旬十日，用甲、乙、丙、丁、戊、己、庚、辛、壬、癸來記。先甲三日即辛日，後甲三日即丁日。即在辛日或丁日，渡大河有利。

③剛上而柔下：《蠱》卦☶上卦五爻是陽卦，剛；下卦四爻是陰卦，柔。

④巽而止：《蠱》卦巽下艮上，巽是謙遜，艮是止，所以是巽而止，即謙遜而靜止。

⑤天下治：在上謙遜，在下靜止，所以天下治平。

⑥從辛日到丁日是七日，七日一來復，周而復始，是天道的運行。

⑦山下有風：巽下艮上，即風下山上。

⑧振民：教化人民。

初六：幹父之蠱，有子考无咎⑨。厲終吉。⑩
《象》曰：「幹父之蠱」，意承考也。⑪
九二：幹母之蠱，不可貞。⑫
《象》曰：「幹母之蠱」，得中道也。
九三：幹父之蠱，小有悔，无大咎。
《象》曰：「幹父之蠱」，終「无咎」也。
六四：裕父之蠱，往見吝。⑬
《象》曰：「裕父之蠱」，往未得也。
六五：幹父之蠱，用譽。
《象》曰：「幹父用譽」，承以德也。
上九：不事王侯，高尚其事。
《象》曰：「不事王侯」，志可則也。

【譯文】

倒數第一陰爻：繼承父親的事業，有子孝，無害。即使有危險，終於是吉的。

《象傳》說：「幹父之蠱」，意思是繼承父親的事業。

倒數第二陽爻：繼承母親的事業，占問認為不行。（九二是陽剛，母是陰柔，以剛承柔，故不可）。

《象傳》說：「幹母之蠱」，得到中道。（九二居下卦之中，故稱得中道）。

倒數第三陽爻：繼承父親的事業，雖有小的毛病，沒有大害。

《象傳》說：「幹父之蠱」，終於「无咎」。

倒數第四陰爻：擴大父親的事業，前進將遇到困難。

《象傳》說：「裕父之蠱」，前進沒有得手。

倒數第五陰爻：繼承父親的事業，因此有名譽。

《象傳》說：「幹父用譽」，用道德來繼承的。

最上的陽爻：不去事奉王侯，保持高尚的志向。

《象傳》說：「不事王侯」，用志可作法則。

【注】

⑨ 幹：借為貫。《爾雅．釋詁》：「貫，習也。」習即繼承。考：借為孝。

⑩ 厲：危。

⑪ 考：父。

⑫ 不可：當時是父權制時代，故以繼承母親的事業為不可。

⑬ 裕：擴大。吝：困難。

【說明】

《蠱》卦巽下艮上，風下山上，風遇山而止，巽是謙遜。《蠱》卦又是剛上而柔下。上剛健而下柔順，加上止於謙遜，所以天下治平。這是《蠱》卦卦象的含義。蠱又是事，有繼承父的事業，繼承母的事業，擴大父的事業。在這裏也反映了父權制的時代局限，以繼承父的事業為孝，繼承母的事業為不行。但這裏又顯出爻辭與《象傳》的不同，爻辭較古，所以以繼承母的事業為不行。《象傳》較後，所以以繼承母的事業為中道，即正確。爻辭上九以不做官為高志，文與《象傳》一致，說明爻辭與《象傳》的寫定，都在政治昏亂的時期，所以有那種思想。

臨（卦十九）

䷒（兌下坤上）

《臨》[①]：元亨，利貞。至于八月有凶。[②]

《彖》曰：《臨》，剛浸而長，說而順，剛中而應。大「亨」以正，天之道也[③]。「至于八月有凶」，消不久也[④]。

《象》曰：澤上有地，《臨》。君子以教思无窮，容保民无疆。[⑤]

【譯文】

《臨》卦：大通順，占問有利。到了八月有凶，（因天旱不雨）。

《彖傳》說：（《臨》卦的下卦下二爻是陽爻，陽爻剛），剛漸漸生長。（《臨》卦下兑上坤，兑是悦，坤是順），故悦而順。（《臨》卦下卦的中爻是陽爻，是剛；上卦的中爻是陰爻，是柔，剛柔相應），故剛居中而和柔居中相應。大通順而正，這是天道。「至于八月有凶」，陽氣消散不能長久的緣故。

《象傳》說：（《臨》卦兌下坤上，澤下地上），澤上有地，是《臨》卦。貴族因此教民念民至於無窮，容民保民至於無限。

【注】

① 《臨》卦：臨是從高視下，從上視下，從君視民，有治民的意思。

② 至于八月有凶：《禮記．玉藻》：「至于八月，不雨，君不舉。」指有旱象，當屬另外的占辭。占辭有把幾次的占寫在一起的，元亨是一次占，有凶是另一次占，所以有亨有凶。

③ 大「亨」以正：上文指出「剛中」，中即正，所以亨。剛中是從爻象來的。《臨》卦下面兩爻是陽，象春天的陽氣漸長，所以是天道，是自然規律。

④ 消不久：八月是秋，陽氣漸消，不能長久。

⑤ 教思：教育民、關心民。容保：包容民、保護民。

初九：咸臨，貞吉。⑥

《象》曰：「咸臨貞吉」，志行正也。

九二：咸臨[7]，吉，无不利。

《象》曰：「咸臨吉无不利」，未順命也。

六三：甘臨[8]，无攸利；既憂之，无咎。

《象》曰：「甘臨」，位不當也。「既憂之」，「咎」不長也。

六四：至臨[9]，无咎。

《象》曰：「至臨无咎」，位當也。

六五：知臨，大君之宜[10]，吉。

《象》曰：「大君之宜」，行中之謂也。

上六：敦臨[11]，吉，无咎。

《象》曰：「敦臨」之「吉」，志在內也。

【譯文】

倒數第一陰爻：用感化治民，占問是吉。

《象傳》說：「咸臨貞吉」，（君上的）意志行動都端正。

倒數第二陽爻：用溫和政策治民，吉，沒有不利。

《象傳》說：「咸臨吉无不利」，人民沒有順從君上的命令。

倒數第三陰爻：用拑制政策治民，沒有什麼好處。既而擔心人民疾苦，沒有害。

《象傳》說：「甘臨」，（跟君上的）地位不相稱。「既憂之」，「咎」不會長久。

倒數第四陰爻：親自治民，沒有害。

《象傳》說：「至臨无咎」，（跟君上的）地位相稱。

倒數第五陰爻：用明智來治民，大君是應該這樣的，吉。

《象傳》說：「大君之宜」，行為正確的說法。

最上陰爻：用厚道來治民，吉，無害。

《象傳》說：「敦臨」之「吉」，用意敦厚存在心內。

【注】

⑥咸：借作「感」，感化。

⑦咸：同諴，《說文》：「諴，和也。」《周易》中有同字異義的。

⑧甘：借為拑，拑制。

⑨ 至：親到。

⑩ 知：同智，明智。大君：大國之君。

⑪ 敦：厚道。

【說明】

《臨》卦講治民的政治，有感化、溫和、憂民，指政策說，反對拑制壓迫。又講躬親、明智、惇厚，指統治者說。這些對儒家的理論很有影響。《彖傳》提出：「咸臨貞吉，志行正也。」這跟《論語‧顏淵》篇：「季康子問政於孔子，孔子對曰：『政者正也，子帥以正，敦敢不正。』」思想是一致的。《彖傳》提出「剛浸而長，說而順，剛中而應，大『亨』以正，天之道也。」認為臨民要本於天道的自然，這裏又含有道家思想。《易傳》是儒道兩家思想的結合。

觀（卦二十）

䷓（坤下巽上）

《觀》：盥而不薦①，有孚顒若。②

《彖》曰：大觀在上，順而巽，中正以觀天下③，《觀》。「盥而不薦，有孚顒若」，下觀而化也。觀天之神道，而四時不忒。聖人以神道設教，而天下服矣。

《象》曰：風行地上，《觀》。先王以省方觀民設教。④

【譯文】

《觀》卦：用酒灌地迎神，不獻牲。有俘虜長得高大，（要用作人牲）。

《彖傳》說：徧觀在上位，（《觀》卦坤下巽上，坤是順），故順而巽，中正來觀察天下，是《觀》卦。「盥而不薦，有孚顒若」，下面的臣民觀察而受到感化。觀察天的神道，如四時的運行沒有誤差。聖人用神道來設教，天下服從了。

《象傳》說：（《坤》卦坤下巽上，地下風上），風行地上，是《觀》卦。先王因此來巡視邦國，觀察人民，佈置教化。

【注】

①盥（guàn貫）：祭祀時用酒澆地迎神。薦：獻，獻牲於神。

②孚：俘虜。顒（yóng庸，陽平）：大頭。顒若：狀高大。

③中正：《觀》卦的君位是九五，是陽爻，居上卦之中而正。

④省方：巡視邦國。

初六：童觀，小人无咎，君子吝。⑤

《象》曰：「初六童觀」，「小人」道也。

六二：窺觀，利女貞。⑥

《象》曰：「窺觀女貞」，亦可醜也。

六三：觀我生⑦，進退。

《象》曰：「觀我生進退」，未失道也。

六四：觀國之光，利用賓于王。⑧

《象》曰：「觀國之光」，尚「賓」也。⑨

九五：觀我生，君子无咎。

《象》曰：「觀我生」，觀民也。⑩

上九：觀其生⑪，君子无咎。

《象》曰：「觀其生」，志未平也。⑫

【譯文】

倒數第一陰爻：幼稚的觀察，在小民無害，在貴族就艱難。

《象傳》說：「初六童觀」，「小民」觀察的方法。

倒數第二陰爻：一孔之見，女子占問有利，（在貴族就艱難）。

《象傳》說：「窺觀女貞」，也是可醜的。

倒數第三陰爻：觀察我的親族的進用或退斥。

《象傳》說：「觀我生進退」，沒有失去觀察的方法。

倒數第四陰爻：觀察王國的光輝，作為周王的賓客有利。

《象傳》說：「觀國之光」，向上（到王朝）作賓客。

倒數第五陽爻：觀察我的親族，（加以團結），貴族無害。

《象傳》說：「觀我生」，觀察人民。

最上陽爻：觀察其他的部族，（加以處理），貴族無害。

《象傳》說：「觀其生」，用意還未能辨明。

【注】

⑤童觀：兒童的觀察，指幼稚。小人：指小民，認為小民的觀察也幼稚。君子：指貴族要從政，故觀察幼稚有困難。

⑥窺觀：一孔之見，所見者小。當時認為女子所見者小。下文當有「君子吝」，承上省。

⑦我生：我姓，指我的親族。

⑧觀國：承下文當指王國。賓于王：在周王處作客。

⑨尚：上，向上，周王在諸侯之上。

⑩「觀我生」，本指觀我的親族，指貴族。這裏作「觀民」，說明爻辭的原意與《象傳》不同。

⑪ 其生：其他的親族。

⑫ 平：高亨《周易大傳今注》：「平藉為辨，謂辨明也。」

【說明】

《觀》卦指觀察。從爻辭看，有「童觀」，比較幼稚；有「窺觀」，一孔之見，所見者小，都不行。再講觀察什麼，有「觀我生」，指貴族的親族；「觀其生」，觀其他的親族；「觀國之光」，觀周王國的光輝，經過這樣的觀察，處理好貴族內部、貴族外部、其他部族和王國的關係，對貴族從政有利。這裏反映出貴族輕視小民和女子的時代局限。再就卦辭說：「盥而不薦，有孚、顒若。」祀神時舉行以酒澆地後不獻牲，因為要用俘虜作人牲。但《彖傳》把「有孚顒若」，解釋為有誠信而又肅敬，臣民觀看而受到感化。這說明卦辭與《彖傳》不同。

噬嗑（卦二十一）

䷔（震下離上）

《噬嗑》①：亨。利用獄。

《彖》曰：頤中有物曰《噬嗑》。《噬嗑》而「亨」，剛柔分，動而明②，雷電合而章③。柔得中而上行④，雖不當位，「利用獄」也。

《象》曰：雷電，《噬嗑》。先王以明罰勑法。

【譯文】

《噬嗑》卦：通順。有利於訴訟。

《彖傳》說：面頰中有物叫《噬嗑》。《噬嗑》而通順，（《噬嗑》震下離上，震為陽卦，離為陰卦），故剛柔分明；（震為雷，動的；離為火，明的），故動而明，（震為雷，離為電），雷電合而彰顯。（《噬嗑》上卦和下卦的中爻都是陰爻，陰柔。由下卦中爻上升到上卦中爻），故柔得中而上行。（上卦的中爻是陽位，卻是陰爻），雖不與位相稱，卻是「利於訴訟」。

《象傳》說：（震為雷，離為電，合成）雷電，是《噬嗑》卦。先王因此明察刑罰，修正法律。

【注】

① 噬嗑（shì hé 逝合）：咬嚼。吃東西要咬嚼，訴訟要分明是非，需要辨析，也象咬嚼。

② 剛柔分：䷔震下離上，震數五，是陽卦，剛。離數四，是陰卦，柔。動而明：震動而離明。

③ 雷電合而章：電比明察，雷比刑罰，用於獄訟。

④ 柔得中而上行：䷔，上卦下卦的中爻都是陰爻，柔。下卦的中爻上去也是陰爻。比民得理而上訴，雖無位，於訴訟有利。

初九：屨校滅趾⑤，无咎。

《象》曰：「屨校滅趾」，不行也。

六二：噬膚滅鼻[6]，无咎。
《象》曰：「噬膚滅鼻」，乘剛也。
六三：噬腊肉遇毒[7]，小吝，无咎。
《象》曰：「遇毒」，位不當也。
九四：「噬乾胏，得金矢[8]。利艱貞，吉。
《象》曰：「利艱貞吉」，未光也。
六五：噬乾肉得黃金[9]。貞厲，无咎。
《象》曰：「貞厲无咎」，得當也。
上九：何校滅耳[10]，凶。
《象》曰：「何校滅耳」，聰不明也。

【譯文】

倒數第一陽爻：拖着腳枷，遮住腳趾。無害。
《象傳》說：「屨校滅趾」，不便行走。
倒數第二陰爻：咬肥肉連鼻子也遮住，無害。

《象傳》說：「噬膚滅鼻」，（六二陰爻，陰，柔，在初九陽爻之上，陽，剛），所以是柔凌駕在剛上。

倒數第三陰爻：咬腊肉，碰到毒，小的困難，無害。

《象傳》說：「遇毒」，地位不相稱，（六三是陰爻，三是陽位，陰處陽位，故不相稱）。

倒數第四陽爻：啃帶骨的乾肉，得到銅箭頭。占問艱難事有利，吉。

《象傳》說：「利艱貞吉」，沒有光明。

倒數第五陰爻：咬乾肉，得到銅（箭頭）。占問危險事，無害。

《象傳》說：「貞厲无咎」，是得當的。（六五處上卦的中位，所以得當）。

最上陽爻：擔枷遮住耳朵，凶。

《象傳》說：「何校滅耳」，聽不清楚。

【注】

⑤ 屨：通婁，曳也，即拖。校：腳枷。滅：遮蓋。

⑥ 膚：肥肉。

⑦ 腊肉：乾肉。因保藏不好，所以有毒。是小毒，所以無害。

⑧ 胏（zǐ子）：連着骨頭的肉。金矢：銅箭頭。

⑨ 黃金：銅箭頭。

⑩ 何：荷，擔。校：頭枷。

【說明】

《噬嗑》，噬是咬，嗑是合口，即咬嚼，指吃東西。對貴族來說，有吃是好的，所以「亨」，是通順。對奴隸來說，在吃食上有問題，要擔枷入獄，所以貴族用「利用獄」來懲戒奴隸。從爻辭看，貴族對奴隸吃東西看不上眼，就可給他戴上腳枷，戴上頭枷。這是卦爻辭裏寫的。《彖傳》又結合卦象，即結合震下離上，雷下電上，用雷電來說明卦辭的「利用獄」，結合卦辭的「亨」，說成「剛柔分，動而明，雷電合而章」。用電來說明審獄的明察，用雷來比刑罰。《象傳》說成「先王以明罰勑法」，用電來比明罰，處罰的明察。用雷來比勑法，比整勑刑法。這都說明《彖傳》《象傳》擴大了卦爻辭的意義。

賁（卦二十二）

䷕（離下艮上）

《賁》[①]：亨。小利有攸往。

《彖》曰：《賁》亨，柔來而文剛[②]，故「亨」。分[③]，剛上而文柔，故「小利有攸往」。剛柔交錯，天文也[④]。文明以止，人文也。觀乎天文以察時變，觀乎人文以化成天下。

《象》曰：山下有火，《賁》。君子以明庶政，无敢折獄。[⑤]

【譯文】

《賁》卦：通順。有所往得小利。

《彖傳》說：《賁》卦「亨」，（《賁》卦離下艮上，離為陰卦，為柔，艮為陽卦，為剛），柔來文飾剛，所以「亨」。分別剛柔，（離下艮上，柔下剛上），剛上而文飾柔，所以「小利有攸往」。剛柔交錯，是天文。（離下艮上，離為文明，艮為止），文明而止，是人文。觀察天文來考察四時的變化，觀察人文用來感化天下人。

《象傳》說：（離下艮上，火下山上），山下有火，是《賁》卦。貴族用來考察各項政事，沒有敢判斷獄訟。

【注】

① 賁（bì 閉）：裝飾，文飾。

② 《賁》䷕，離下艮上。離四畫，陰卦，柔。艮五畫，陽卦，剛。故稱「柔來而文飾剛」。

③ 分：分別剛柔。

④ 朱熹注「『天文』上當有『剛柔交錯』四字」，今據補。

⑤ 庶政：各項政事。无敢折獄：不敢對判斷獄訟，掉以輕心。

初九：賁其趾⑥，舍車而徒。

《象》曰：「舍車而徒」，義弗乘也。

六二：賁其須。⑦

《象》曰：「賁其須」，與上興也。

九三：賁如濡如⑧，永貞吉。

《象》曰：「永貞」之「吉」，終莫之陵也。

六四：賁如皤如，白馬翰如，匪寇，婚媾。⑨

《象》曰：「六四」，當位疑也。「匪寇婚媾」，終无尤也。

六五：賁于丘園，束帛戔戔⑩，吝，終吉。

《象》曰：「六五」之「吉」，有喜也。

上九：白賁⑪，无咎。

《象》曰：「白賁无咎」，上得志也。

【譯文】

倒數第一陽爻：文飾他的腳，放棄車子不坐卻徒步走，(顯示腳的美)。

《象傳》說：「舍車而徒」，不乘車是合宜的。

倒數第二陰爻：文飾他的鬍鬚，(如老人染白鬍鬚)。

《象傳》說：「賁其須」，跟着在上（陽爻）而活動。

倒數第三陽爻：采色照耀地、態度柔和地，占問是長期吉的。

《象傳》說：「永貞」的「吉」，終沒入侵凌他。

倒數第四陰爻：采色照耀地，毛色純潔地，白馬飛一般，不是盜寇，是來迎娶。

《象傳》說：「六四」，地位恰當，還有懷疑。「匪寇婚媾」，終於沒有過錯。

倒數第五陰爻：結綵來裝飾丘園，送上一束微少的帛，有困難，終於吉。

《象傳》說：「六五」的「吉」，有可喜的。

最上陽爻：文飾純白的，沒有不利。

《象傳》說：「白賁无咎」，在上位的人得意。

【注】

⑥ 賁其趾：文飾他的腳，顯示腳裝飾後的美，指年輕人。

⑦「賁其須」：指老年人的裝飾。六二是陰爻，要依靠九三的陽爻來活動。

⑧ 賁如濡如：指年老、年輕的人裝飾得有文采，態度柔和。

⑨ 皤如：狀潔白的樣子。翰如：像飛的樣子，翰從羽，狀飛。匪寇，婚媾：指上古的對偶婚迎親，陪同新郎去迎親的，有長老及家庭公社中的眾多成員，所以有年

輕與年老的，都講究打扮。因此女方疑心為盜寇，後來知道非寇婚媾。

⑩ 丘園：指女方的家園。戔戔：狀少。

⑪ 白賁：指人有純潔之德而加以文飾。

【說明】

《賁》卦指裝飾、文飾。從爻辭看，是寫對偶婚，男方有很多人陪着新郎去迎娶，所以有年輕人文飾他的腳的，有老年人文飾他的鬚的，有白馬的奔騰，有女方的裝飾丘園，有男方的送上束帛。《彖傳》擴大了卦爻辭的意義，認為《賁》卦是剛柔交錯的天文，文明以止的人文，是觀天文以察時變，觀人文以化成天下。《象傳》認為君子以明庶政。這裏又顯出卦爻辭與《彖傳》《象傳》的不同。

剝（卦二十三）

䷖（坤下艮上）

《剝》[1]：不利有攸往。

《彖》曰：《剝》，剝也。柔變剛也。「不利有攸往」，小人長也。順而止之，觀象也。君子尚消息盈虛，天行也。

《象》曰：山附于地，《剝》。上以厚下安宅。[2]

【譯文】

《剝》卦：對有所往不利。

《彖傳》說：《剝》卦，是剝落。（《剝》卦一陽爻，五陰爻，陽剛孤而陰柔盛），柔要改變剛。「不利有攸往」，小人勢盛。（坤下艮上，坤順艮止），順而止，是觀察卦象。貴族看重事物的消長盈虛，這是天道。

《象傳》說：（坤下艮上，地下山上），山附着在地上，是《剝》卦。在上位的因此厚待下民，故得安居。

【注】

①剝：剝落。

②安宅：安居。

初六：剝牀以足，蔑貞凶。③

《象》曰：「剝牀以足」，以滅下也。

六二：剝牀以辨④，蔑貞凶。

《象》曰：「剝牀以辨」，未有與也。⑤

六三：剝之⑥，无咎。

《象》曰：「剝之无咎」，失上下也。⑦

六四：剝牀以膚⑧，凶。

《象》曰：「剝牀以膚」，切近災也。⑨

六五：貫魚以宮人寵⑩，无不利。

《象》曰：「以宮人寵」，終无尤也。⑪

上九：碩果不食，君子得輿，小人剝廬。⑫

《象》曰：「君子得輿」，民所載也。「小人剝廬」，終不可用也。

【譯文】

倒數第一陰爻：去掉牀的腳，占夢是凶的。

《象傳》說：「剝牀以足」，因為毀滅下面的基礎。

倒數第二陰爻：去掉牀板，占夢是凶的。

《象傳》說：「剝牀以辨」，沒有人幫助他。

倒數第三陰爻：去掉它沒有害，（牀已無腳無板，成為廢物，故可棄去）。

《象傳》說：「剝之无咎」，失掉上面的板和下面的腳。

倒數第四陰爻：去掉牀上的薦子，凶。

《象傳》說：「剝牀以膚」，切近於災病。

倒數第五陰爻：射中了魚，宮人因而得寵。占問沒有不利。

《象傳》說：「以宮人寵」，終於沒有過錯。

最上陽爻：大果實不吃，貴族不吃（得到小人的擁戴），像得到車子坐。小民不吃，剝取薺菜來充飢。

《象傳》說：「君子得輿」，人民所擁護。「小人剝廬」，終於不能用的。

【注】

③剝：剝離，即去掉。「以」猶「之」。蔑貞：夢占，蔑借為夢，夢中去掉牀腳，占問是凶。

④辨：《周易大傳今注》：「辨讀為牖，牀板。」

⑤與：助。

⑥剝之：猶棄之。牀已成棄物，可棄。

⑦上下：指牀板牀腳。

⑧膚：指薦子。

⑨災：指病。沒有牀，還可把薦子鋪在地上睡。連薦子也沒有，睡地上要生病。

⑩貫魚：射中魚。《禮記．射義》：「天子將祭，必先司射於澤而後射於射宮，射中者得與於祭，不中者不得與於祭。」天子射中魚，因為宮人幫助的緣故，所以那宮人得寵。

⑪尤：過錯。

⑫ 碩果：大果實，指收穫。君子不食，指貴族把收穫分給小民，得到小民的擁護，好比得到可乘載的車子；小民不食，收穫都被貴族奪去，只好去掘薺菜根來充飢。《周易大傳今注》：「廬：漢帛書《周易》作『蘆』，《說文》：『蘆，薺根也。』」

【說明】

《剝》卦䷖，《周易淺述》：「卦五陰自下漸長，消剝一陽，故為剝。」又稱：「剝，落也。五陰盛而一陽將消，九月之卦，陰盛陽衰，小人壯而君子病，又內坤盛而外艮止，有順時而止之象，故占者不利於有所往也。」這是通過卦象來說明《剝》卦的意義和對卦辭的解釋。再看爻辭，主要是講「蔑貞」，即占夢，夢中有「剝牀以足」，「剝牀以辨」及「剝牀以膚」。再講到「六五：貫魚，以宮人寵」。《周易淺說》：「魚，陰物。宮人，陰之美，望寵於陽者也。」這樣，還是用象來講爻辭，從剝陽轉為尊陽了。到「上九：碩果不食，君子得輿，小人剝廬」。則從六五的尊陽轉為上九的擁戴陽了。從「君子得輿，小人剝廬」來看，同樣是「碩果不食」，君子和小人的結果完全不同，這裏反映了階級觀點。

再看《彖傳》，《周易淺述》：「五陰剝陽，小人之長也。此以卦體言也。卦有順而止之象，君子觀之，陽消陰息（長），陰盈陽虛，天運之行如是。君子尚之，順時而止，所以合乎天之行也。知天行之方剝，則不至不量力以取禍；知剝之必有復，亦不至怨天尤人而變其所守矣。」又解釋《象傳》道：「象以上厚下取義，人君厚下民，所以治剝也。不以陰陽消長為論，而以上下厚薄為言，於極危之卦，得極安之道，此聖人用卦之微權也。」這也說明《彖傳》《象傳》擴大了卦爻辭的意義。

復（卦二十四）

䷗（震下坤上）

《復》[1]：亨。出入无疾，朋來无咎[2]。反復其道，七日來復[3]。利有攸往。

《彖》曰：《復》「亨」。剛反[4]，動而以順行。是以「出入无疾，朋來无咎」。「反復其道，七日來復」，天行也。「利有攸往」，剛長也。《復》，其見天地之心乎。

《象》曰：雷在地中，《復》。先王以至日閉關[5]，商旅不行，后不省方。[6]

【譯文】

《復》卦：通順。出門入門不生病。賺了錢沒有害。在路上來回，七天打一個來回。有所往有利。

《彖傳》說：《復》卦「亨」。（《復》的內卦震，震是陽卦，為剛），剛回到內卦。（《復》卦震下坤上，震為動，坤為順），動而用順來運行。因此「出入无疾，朋來无咎」。「反復其道，七日來復」，是天道的運行。「利有攸往」，是剛在生長，（《復》卦最下是陽爻，陽剛，故在生長）。《復》卦，從它可以看到天地的用心吧？（天地的用心在使陽氣生長）。

《象傳》說：（《復》卦震下坤上，雷下地上），雷在地中，是《復》卦。先王因此在冬至日關城門，商人旅客不出行，君主不出外巡視侯國。

【注】

① 復：往返、反復的意思。

② 朋：十貝為朋，指錢財。

③ 七日來復：見《蠱》卦「先甲三日，後甲三日」注。

④ 剛反：剛返，震下，震五畫，是陽卦，在下，故返。

⑤ 至日：冬至日。

⑥ 后：君主。省方：巡視邦國。

初九：不遠復，无祗悔⑦，元吉。

《象》曰：「不遠」之「復」，以修身也。⑧

六二：休復[⑨]，吉。

《象》曰：「休復」之「吉」，以下仁也。

六三：頻復，厲[⑩]，无咎。

《象》曰：「頻復」之「厲」，義「无咎」也。[⑪]

六四：中行獨復。[⑫]

《象》曰：「中行獨復」，以從道也。[⑬]

六五：敦復，无悔。[⑭]

《象》曰：「敦復无悔」，中以自考也。[⑮]

上六：迷復，凶，有災眚。用行師，終有大敗[⑯]，以其國君凶，至于十年不克征。

《象》曰：「迷復」之「凶」，反君道也。

【譯文】

倒數第一陽爻：走得不遠就回來，沒有大問題，大吉。

《象傳》說：「不遠」之「復」，用來修身。

倒數第二陰爻：很好地回來，吉。

《象傳》說：「休復」之「吉」，用來尊崇有仁德的人。

倒數第三陰爻：皺着眉頭回來，有危險，但無害。

《象傳》說：「頻復」之「厲」，應說是「无咎」的。

倒數第四陰爻：半路上獨自回來。

《象傳》說：「中行獨復」，因為服從道義。

倒數第五陰爻：促迫地回來，沒有悔恨。

《象傳》說：「敦復无悔」，用正道來自我成就。

最上陰爻：迷失回來的路，凶，有災殃。至於行軍迷路，終於有大敗，以及他的國君受害，凶。至於十年不能出征。

《象傳》說：「迷復」的「凶」，違反做君主的規律。

【注】

⑦ 祇：大。

⑧ 修身：走得不遠回來，因感到自己出去的能力不夠，所以要修身來加強自己。

⑨ 休：美好。

⑩ 頻：通顰，皺眉頭。厲：危險。

⑪ 義：宜，應該。因為知難而退，應該无咎。

⑫ 中行：半路。

⑬ 從道：服從道理，按理不當去。

⑭ 敦：敦促，迫促。

⑮ 中：中正，正確。自考：自成，自我成就。

⑯ 災眚：災殃。用行師：用於行軍，指行軍迷路。

【說明】

《復》卦與《剝》卦相反，《剝》卦一陽爻在上，五陰爻在下，有陰爻消剝陽爻之象。《復》卦一陽爻在下，五陰爻在上，陰極盛而陽復生之象。有物極必返之意，故卦辭說「亨」，說「利有攸往」。又說「出入无疾，朋來无咎」，都是不錯的。再看爻辭，有「不遠復」，有「休復」，都是好的。有「頻復」，皺着眉頭回來，有問題，但也不嚴重。有半路回來，敦促回來，說明有些問題。有迷路，才是凶的。說明了有各種復。再看《彖傳》，認為復是「天行」，即天道，即「天地之心」，就是大自然的規律。《象傳》則認為君主根據《復》來制定政策。說明《彖傳》發揮了卦辭的意義，觸及到理論方面。

无妄（卦二十五）

䷘（震下乾上）

《无妄》①：元亨，利貞。其匪正有眚②。不利有攸往。

《彖》曰：《无妄》，剛自外來而為主于內，動而健，剛中而應。大「亨」以正，天之命也。「其匪正有眚，不利有攸往」，无妄之往何之矣？③天命不祐，行矣哉！

《象》曰：天下雷行，物與④，《无妄》。先王以茂對時育萬物⑤。

【譯文】

《无妄》：大通順，占問有利。倘他的行動不正確，有災禍，有所往不利。

《彖傳》說：《无妄》，（䷘震下乾上，震內乾外，震陽卦，剛，乾陽卦，剛）。剛從外卦來，成為內卦的主。（震，動；乾，健）；動而健。（《无妄》的九五為陽爻，為剛，居上卦之中位，與六二爻為陰，剛柔相應），剛居中位而與柔相應。大通順而正確，這是天命。倘「其匪正有眚，不利有攸往」。狂妄的行動到哪裏去呢？妄行是天命不保祐的，能夠行了嗎？

《象傳》說：（震下乾上，雷下天上），天下雷行，萬物生長，是《无妄》卦。先王因此勉力適應按時養育萬物。

【注】

① 无妄：沒有妄想妄行。

② 匪正有眚：不正確，即妄想妄行有災禍。

③ 无妄之往何之矣：《周易大傳今注》：「余謂此處『无妄』之『无』乃涉卦名而衍，『妄之往』猶言妄之行。妄之行非正也，此釋卦辭之『匪正』也。」何之：到哪兒去了？往，指行動。之，到。

④ 物與：萬物參與，即指萬物生長。

⑤ 茂通懋，勉力。對：猶應。

初九：无妄往，吉。

《象》曰：「无妄」之「往」，得志也。

六二：不耕，穫；不菑，畬；則利有攸往⑥。

《象》曰：「不耕穫」，未富也。

六三：无妄之災，或繫之牛⑦，行人之得，邑人之災。

《象》曰：「行人得」牛，「邑人災」也。

九四：可貞。无咎。

《象》曰：「可貞无咎」，固有之也。

九五：无妄之疾，勿藥有喜。

《象》曰：「无妄」之「藥」，不可試也。⑧

上九：无妄行，有眚⑨，無攸利。

《象》曰：「无妄」之「行」⑩，窮之災也。

【譯文】

倒數第一陽爻：不妄行，吉。

《象傳》說：「无妄」之「往」，是得志的。

倒數第二陰爻：不種田，想收穫；不墾荒地，想種熟地，（是妄想）；那出外去（經商）有利。

《象傳》說：「不耕，穫」，沒有富。

倒數第三陰爻：意外的災難，有人（邑主）把牛拴在外面，過路人把牛牽走了，邑人卻遭了災，（邑主問他要牛）。

《象傳》說：「行人得」牛，是「邑人災」。

倒數第四陽爻：占問可行，無害。

《象傳》說：「可貞无咎」，本來有可行的緣故。

倒數第五陽爻：沒有亂來所得的病，不吃藥也會好的。

《象傳》說：「无妄之藥」，不可試用。

最上陽爻：不要亂來，亂來有災害，沒有好處。

《象傳》說：「妄行」，有碰壁的害處。

【注】

⑥ 菑（zī 資）：開荒田。畬（yú 于）：耕種第三年熟田。要開了荒田以後，才能耕第三年的熟田，不開荒田，沒有熟田可耕。有攸往：有所往，指出外經商。

⑦ 无妄之災：不妄行所得的禍，即意外的禍。或：指邑主。

⑧「无妄」之「藥」：當改作「『无妄』之『疾』，『藥』不可試也。」以上的當改，據高亨《周易大傳今注》，下⑨⑩的當改，同。試：用。

⑨ 无妄行，有眚：當改作「无妄行，妄行有眚」。

⑩「无妄」之「行」：當改作「妄行」。

【說明】

《无妄》䷘，震下乾上，雷下天上。《周易淺述》：「《无妄》者，實理自然之謂。震，動也，動以天為《无妄》，以人則妄矣。《无妄》次《復》。按《序卦》：『《復》則不妄矣，故受之以《无妄》。《復》者，反於道也。既復於道，合於正理而无妄矣，《无妄》所以次《復》也。』」《无妄》是震下乾上，即一切震動都要合於自然，合於自然的大動作才是无妄，才是正確的。違反自然，出於人的私意的大動作，都是無知妄作，有災殃。卦辭說明了這個道理。《无妄》是大吉。反過來「其匪正有眚」，不合正道的妄行，有災殃。再看爻辭，不耕而穫，不菑而畬，是妄行，還不如改行從商。「无妄之疾」，不亂來得病，如勞累過度，好好休養會好，可以不吃藥。「无妄」還有意外的意思，如「无妄之災」，是意外的災禍。再看《彖傳》，結合卦象來發揮，認為「動而健，剛中而應，大亨以正，天之命也」。震是動，乾是健，「動而健」，即順天而動。九五是剛中而應乎天，即應乎自然，是大吉而正確，是天命，即自然規律。《象傳》指出「先王以茂對時育萬物」，勉力應天時而育萬物，即勉力按照自然規律辦事。這也說明《彖傳》《象傳》發揮了卦爻辭的意義，從理論上作出了說明，不為占問吉凶所限了。

大畜（卦二十六）

䷙（乾下艮上）

《大畜》：利貞。不家食吉。利涉大川。

《彖》曰：《大畜》①，剛健篤實，輝光日新。其德剛上而尚賢，能止健②，大正也。「不家食吉」，養賢也。「利涉大川」，應乎天也。③

《象》曰：天在山中，《大畜》。君子以多識前言往行，以畜其德。

【譯文】

《大畜》卦：占問有利。不靠家裏吃飯，吉。渡大河有利。

《彖傳》說：《大畜》卦，剛健厚實，有光輝，天天有新氣象。它的卦象（乾下艮上，乾三畫，艮五畫，皆為剛卦。乾象朝廷，艮象賢人）。它的德是剛在上而尊重賢人。（乾下艮上，乾是健，艮是止），能夠健而止，極正確。「不家食吉」，靠國君來養賢人。「利涉大川」，順應自然。

《象傳》說：（乾下艮上，天下山上），天在山中，是《大畜》卦。君子因此多記住前賢的言論行事，來提高他的品德。

【注】

① 大畜：指積蓄，稱「大」，對「小畜」言。從卦爻辭看，指出外經商或從事農業可有積蓄。就《象傳》看，提「蓄德」。

② 能止健：《周易集解》本作「能健止」，是。

③ 應乎天：指順應自然，不冒險，如用船渡河。

初九：有厲，利已。④

《象》曰：「有厲利已」，不犯災也。

九二：輿說輹。⑤

《象》曰：「輿說輹」，中无尤也。⑥

九三：良馬逐⑦，利艱貞，曰閑輿衞⑧。利有攸往。

《象》曰：「利有攸往」，上合志也。⑨

六四：童牛之牿⑩，元吉。

《象》曰：「六四元吉」，有喜也。

六五：豶豕之牙⑪，吉。

《象》曰：「六五」之「吉」，有慶也。

上九：何天之衢⑫，亨。

《象》曰：「何天之衢」，道大行也。

【譯文】

倒數第一陽爻：事情有危險，停止不做有利。

《象傳》說：「有厲利已」，不去觸犯災禍。

倒數第二陽爻：車輪中的直條脫落，（車不能前進）。

《象傳》說：「輿說輹」，正確而無過錯。

倒數第三陽爻：駕着良馬馳逐，路雖艱險，占問有利。每天熟練駕駛保衛的事，有所往有利。

《象傳》說：「利有攸往」，合於上進的意志。

倒數第四陰爻：小牛角上加上横木，大吉。

《象傳》說：「六四元吉」，是可喜的。

倒數第五陰爻：閹割的豬的牙齒，（不會傷害），吉。

《象傳》說：「六五」的「吉」，是可慶的。

最上陽爻：受天的庇護，通順。

《象傳》說：「何天之衢」，正道得以暢行。

【注】

④厲：危。已：止。

⑤説輹：脱輻，見《小畜》注。

⑥尤：過錯。輿脱輻，比喻脱離不好的組織，所以是正確而無過錯。

⑦逐：追奔。

⑧曰：《釋文》引鄭本作「日」，是。閑：熟習。輿衞：駕車和保衞。

⑨上：上進。

⑩童牛：小牛。牿（gù固）：牛角上加的横木。小牛角初生，喜以角觸物，恐易傷角，加横木防護。

⑪豶（fén 汾）豕：經過閹割過的豕。《周易淺釋》：「如豕牙之猛利，制其牙則力勞。惟豶去其勢（生殖器），則躁自止，故亦吉。」

⑫何：通荷，承受。衢：通庥，庇護。

【說明】

《大畜》卦䷙，乾下艮上，天下山上。《周易淺述》：「天在山中，所畜者大，則有畜聚之義。乾健上進，為艮所止。則有畜止之義。以陰畜陽，所畜者小，則為《小畜》。以陽畜陰，畜之力大，則為《大畜》。」先看卦爻辭，卦辭：「不家食吉，利涉大川。」不靠家裏吃飯，出外去謀生，才能有利。再看爻辭，從艮卦的「止」着眼，先說不進，如「初九」的有險，要止住不進才有利。如九二的車脫輻，不能前進，先求不失利。九三「良馬逐」，利於有所往，是出外有利。六四「童牛之牿」，六五「豶豕之牙」，都是人為而有利的。到上九才靠天得福，當指農業生產的豐收說。這樣看來，卦爻辭講的大畜，靠養牛養豬和農業及出外謀生。

《彖傳》講《大畜》，結合卦象，以天的剛健，山的厚實，加上天光照在山上的光輝，顯出日新其德。以艮上比剛上，比賢人在朝的尚賢。以乾健艮止，比健止，健而能止，歸於大正。《象傳》以天在山中，比「君子以多識前言往行，以畜其德」。從《乾傳》、《象傳》看，《大畜》有畜德、畜賢、畜健的意思，比卦爻辭的用意擴大多了。

頤（卦二十七）

䷚（震下艮上）

《頤》[1]：貞，吉。觀頤，自求口實[2]。

《彖》曰：《頤》「貞吉」，養正則吉也。「觀頤」，觀其所養也。「自求口實」，觀其自養也。天地養萬物，聖人養賢以及萬民，《頤》之時大矣哉！

《象》曰：山下有雷，《頤》。君子以慎言語，節飲食。

【譯文】

《頤》卦：占問吉。觀察面頰。（看人是否吃飽），自己要求得口糧（來吃飽）。

《彖傳》說：《頤》卦，「貞吉」，養生得到正道就吉。「觀頤」，觀察他的養生。「自求口實」，觀察他自己的養生。天地生長萬物，聖人養活賢人以及萬民，《頤》的及時很重要啊！

《象傳》說：《頤》卦（震下艮上，雷下山上），山下有雷，是《頤》卦。君子因此謹慎言語，節制飲食。

【注】

①《頤》：面頰。《頤》卦有養生、養活的意思。

②口實：口糧。

初九：舍爾靈龜，觀我朵頤③，凶。

《象》曰：「觀我朵頤」，亦不足貴也。

六二：顛頤拂經于丘頤，征凶。④

《象》曰：「六二征凶」，行失類也。⑤

六三：拂頤，貞凶，十年勿用，无攸利。⑥

《象》曰：「十年勿用」，道大悖也。

六四：顛頤，吉。虎視眈眈，其欲逐逐⑦，无咎。

《象》曰：「顛頤」之「吉」，上施光也。

六五：拂經，居貞吉⑧，不可涉大川。

《象》曰：「居貞」之「吉」，順以從上也。

上九：由頤，厲，吉⑨。利涉大川。

《象》曰：「由頤厲吉」，大有慶也。

【譯文】

倒數第一陽爻：放棄你靈驗的龜，窺伺我鼓起面頰裏的食物，凶。

《象傳》說：「觀我朵頤」，也是不值得看重的。

倒數第二陰爻：（六二求養於初九），是養生的顛倒，違反常理。（上九最高，有丘象）。六二求養於上，（非正應），往必凶。

《象傳》說：「六二征凶」，出行違反法則。

倒數第三陰爻：違反養生，占問凶。所以十年不用，用了無所利。

《象傳》說：「十年勿用」，大大違反道理。

倒數第四陰爻：（六四養初九，以陰養陽），是養生的顛倒。（但六四在初九之上，以上養下），是吉。（初九之剛），如虎視盯緊，它的慾望急迫，（六四不失以上養下之正），無害。

《象傳》說：「顛頤」之「吉」，在上的佈施是光明的。

倒數第五陰爻：（六五居尊位，賴上九以為養），是違反常理。（六五安靜居於尊位），故占問居處吉。（既安靜），故不可渡大河。

《象傳》說：「居貞」之「吉」，是順從上九的。

最上的陽爻：（從上九來養人），是從養。（但上九位高），故心危才吉。（上九陽剛），故利於渡大河。

《象傳》說：「由頤厲吉」，大為可慶。

【注】

③ 靈龜：上古占卜用的龜，它的甲殼可以卜吉凶，故稱靈。靈龜在上古極為貴重。朵頤：吃東西時面頰鼓起像花朵，指食物。放棄貴重的靈龜，窺伺人家的食物，不合理，所以凶。

④ 顛頤：頤養顛倒。拂經于丘頤：違反正常道理，在向上求養。參下説明。征：往。

⑤ 類：猶法則。

⑥ 拂頤：違反頤養之道，所以「十年不用」。

⑦ 顛頤，吉：見下說明。眈眈：（dān單）緊盯。逐逐：動得快。

⑧ 拂經：違反正常道理，求安靜，故安居吉。

⑨ 由頤：從上頤養，要心懷危懼才吉。厲，危。

【說明】

《頤》卦䷚，震下艮上，震動艮止，而動下止上。頤是面頰，吃東西時頤鼓起。吃東西是自養，頤指養，指自養、求養、養人。先看卦辭，「觀頤，自求口實。」觀面頰，自求食物在吃，這是自養。《周易淺述》：「六爻下震動，多言求人之養，求養者多不正，故多凶。上艮止，多言養人，養人者多得正，故多吉，此全卦六爻之大旨也。」從爻辭看，又有求養和養人的不同，有不正和正的不同。

《象》初九：「觀我朵頤」，窺伺我吃東西，即想從我取得食物，不正，所以凶。《象》「六二：顛頤拂經于丘頤，征凶。」《周易淺述》：「陰不能自養，必欲從陽求養。今（六）二求養於初（九），則顛倒而違常理矣。上九最高，有丘象。（六）二求養於上（九），則非正應，往必取凶矣。」這是說六二的陰，求養於初九的陽，六二在上，初九在下，上求養於下，是顛倒。丘高是上九，六二求養於上九，地位不相應，所以凶。這是求養不正，凶。《象》「六三：拂頤，貞凶」。《周易淺述》：六三「居動之極，是媚上以貪求而無厭者，拂頤之貞矣，其占必凶。」六三是下卦的最高位，是陰爻，求養於上面的陰爻，是媚上貪求，所以違反頤養之道，占問是凶。

《象》「六四：顛頤，吉。虎視眈眈，其欲逐逐，无咎。」上文「六二」的「顛頤」是凶，怎麼「六四」的「顛頤吉」呢？《周易淺述》：「但（六）四居初（九）之上，所處得正，又為正應。自初（九）而言之，則初（九）之見養於（六）四為凶；自（六）四而言之，則（六）四之能養初九為吉。初九之剛，其視若虎之眈眈，不可馴也。六四順其所欲而致之，逐逐焉而來，不失以上養下之正，咎可無矣。」這是說，六四在上，初九在下，六四為上卦的末爻，初九為下卦的末爻，稱為正應，從以上養下説是正，是吉；但初九是剛，六四是柔，從以柔養剛説，又是「顛頤」，顛倒的養。但從以上養下説是吉，是无咎。《象》「六五：拂經，居貞吉，不可涉大川。」《周易淺述》：「六五以陰居尊，不能養人，反賴上九以為之養，拂於經矣。然居尊而能順陽剛之德以為養，又艮體之中，故有靜安於正而得吉之象。陰柔不可以大有所為，故又有『不利涉大川』之象。六二拂經而凶，此拂經而猶吉者，（六）二動體，貪求於人以自養，則失正而凶；（六）五止體，雖不能養人，而能用人以養人，則正矣，故吉，時解作君用賢養民，近之。」這是説，六五是陰爻，在下；上九是陽爻，在上。陰不能養人，靠陽來養，是下靠上養，是違反正道，是拂經。但六五居君位，君柔不能養人，靠上九來養人，即君靠陽剛之臣來養民，所以又是正而吉。再説，六五屬於上卦，上卦是艮，是山，是靜止的，所以能用人來養人是正而吉。六二屬於下卦，下卦是震，是動，是貪求於初九以自養，所以不正而凶。這是從六爻的分陰陽和所處地位的或上或下，所屬的卦或震或艮來説的，總之在説明「求養者多不正，故多凶」；「養人者多得正，故多吉」。

再看《彖傳》，《周易淺述》：「天地之於萬物，無庸區別，陰陽運行，而萬物各遂其生，一出於正而已。」「聖人之養人，不能家賜而人益之也，必擇賢才與共天祿，使之施澤於天下，是養賢以及萬民，一出於正而已。」再看《象傳》，《頤》卦震下艮上，動下止上。《周易淺述》：「言語飲食，皆頤（面頰）之動，慎之節之，法艮之止也。慎語所以養德，節飲食所以養身，此則專就自善言之。己得其養，然後可以及人也。《彖傳》言養之大者，故極其所養，至於萬物天下。《象傳》言養之切者，故是其自養，而始於言語飲食，要皆出於正者也。」這是對《頤》卦從卦爻辭到《彖傳》《象傳》都作了充分的發揮。

大過（卦二十八）

䷛（巽下兌上）

《大過》①：棟橈，利有攸往②，亨。

《彖》曰：《大過》，大者過也。「棟橈」，本末弱也③。剛過而中，巽而說，行④。「利有攸往」，乃「亨」。《大過》之時大矣哉！⑤

《象》曰：澤滅木⑥，《大過》。君子以獨立不懼，遯世无悶。⑦

【譯文】

《大過》卦：正樑彎曲，利於出外有所往，通順。

《彖傳》說：《大過》卦，大的過失。「棟橈」，用作正樑的木料軟弱。（《大過》以九二為陽爻居陰位，九四亦為陽爻居陰位，是為「剛過」。九二為剛，居中位，九五為剛，居中位，是為「中」），即剛過而中。（巽下兌上，巽是謙，兑是悦），是謙遜而和悦，可以行動。有所往則利，是「通順」。《大過》的時機是重大了啊！

《象傳》說：（巽下兑上，巽是木，兑是澤，木下澤上），澤水淹沒木船，是《大過》卦。君子因此獨立不懼，隱居而不苦悶。

【注】

①大過：大過失，大錯誤。

②利有攸往：正樑彎曲是危房，不走有被壓的危險，所以走開有利。

③本末：木料的本身和兩頭都軟弱。

④說：同悦。行：行動。

⑤時：時機，如離開危房是時機。

⑥澤滅木：澤水淹沒木船。《荀子．王制》引《傳》：「君者，舟也；庶人者，水也。水則載舟，水則覆舟。」澤滅木即庶民推翻君主。

⑦獨立不懼，遯世无悶：朝政昏亂時，不跟風氣轉，是獨立，不做官是隱居。等撥亂返正時，出來有所作為，所以「无悶」。

初六：藉用白茅⑧，无咎。

《象》曰：「藉用白茅」，柔在下也。

九二：枯楊生稊⑨，老夫得其女妻，无不利。

《象》曰：「老夫女妻」，過以相與也。⑩

九三：棟橈，凶。

《象》曰：「棟橈」之「凶」，不可以有輔也。⑪

九四：棟隆，吉。有它，吝。⑫

《象》曰：「棟隆」之「吉」，不橈乎下也。

九五：枯楊生華，老婦得其士夫，无咎无譽。

《象》曰：「枯楊生華」，何可久也。「老婦士夫」，亦可醜也。

上六：過涉滅頂，凶。无咎。⑬

《象》曰：「過涉」之「凶」，不可咎也。

【譯文】

倒數第一陰爻：（祭祀時）用白茅襯墊（祭品），無害。

《象傳》說：「藉用白茅」，柔軟在於下面。

倒數第二陽爻：枯楊樹抽新芽，老男人娶得年輕的妻子，沒有不利。

《象傳》說：「老夫女妻」，相配是錯誤的。

倒數第三陽爻：正樑彎曲了，凶。

《象傳》說：「棟橈」之「凶」，不可能有補救。

倒數第四陽爻：正樑高起，吉。有別的變故，危險。

《象傳》說：「棟隆」之「吉」，正樑不向下彎曲。

倒數第五陽爻：枯楊樹開花，老婦人嫁給沒有結過婚的男子，無害也無稱譽。

《象傳》說：「枯楊生華」，怎麼可能長久？「老婦士夫」，也是可醜的。

最上陰爻：錯誤地渡河沒頂，凶。（有救應），無害。

《象傳》說：「過涉」之「凶」，（有救應），不可害。

【注】

⑧ 藉：襯墊。白茅：茅草的一種，祭祀時用來墊在禮器上，上放祭品。用各地方不同的土來封諸侯時，用白茅作襯墊。表敬重。

⑨稊：同荑，發芽。

⑩過：過錯。相與：相配。《象傳》認為老夫配少女是錯誤的，與爻辭認為「无不利」不同。

⑪輔：支持。正樑彎曲了，無法支持。

⑫棟隆：正樑高起，即挺拔牢固。有它：有別的變故，還是可危。

⑬過：錯誤。涉：渡河。《周易尚氏學》：「滅頂則死，故凶。」「然上六當位（陰爻居最上稱當位）有應，凶則有之，咎則無也。」「有應」指有救應，故無害。

【說明】

《大過》卦䷛，巽下兑上。大過是大過失。先看卦爻辭，卦辭說「棟橈」，正樑彎曲。《周易大傳今注》：「造屋者用本末弱之木材為屋棟，乃大事上之錯誤，其屋將壞矣。此比喻國君用庸才為將相，亦大事上之錯誤，其國將亡矣，是以卦名曰《大過》。其次，《大過》之九四為陽爻居陰位（第四爻為陰位）。陽爻居非其位，是為『剛過』，象君子有居非其位之錯誤。再次，《大過》之九二為剛，居下卦之中位，九五為剛，居上卦之中位，是為『剛中』，象君子守正中之道。又次，《大過》之下卦為巽，上卦為兑。巽，謙遜也；兑，悦也。」這樣，《大過》既有錯誤的一面，又有无咎的一面。再看《象傳》以巽下兑上為木下水上，為澤滅木，水覆舟，比喻農民起事推翻王朝，是王朝犯了大錯誤。但「君子獨立不懼，遯世无悶」，等待時機，有所作為，那末大錯誤還可以撥亂返正，這是《象傳》發展了卦爻辭。

坎（卦二十九）

䷜（坎下坎上）

《習坎》①：有孚維心②，亨。行有尚③。

《彖》曰：「習坎」，重險也。水流而不盈。行險而不失其信。「維心亨」，乃以剛中也。「行有尚」，往有功也。天險，不可升也。地險，山川丘陵也。王公設險以守其國④。險之時用大矣哉！

《象》曰：水洊至⑤，《習坎》。君子以常德行，習教事。⑥

【譯文】

《習坎》，重坑（坑中有坑），有俘虜，要維繫他的心，通順。出行有賞賜。

《彖傳》說：「習坎」是重險，（險中有險）。水流在坑中不滿盈。走在險處卻不失去他的誠信。「維心亨」，（《習坎》的上卦下卦的中爻都是陽爻，是剛），為剛健而正中。「行有尚」，出行有功效。天險，不可以升到天上去。地險，有山河丘陵。王公設置險要處來守衛他的國家。險的因時發揮作用大了啊！

《象傳》說：水再至，是《習坎》卦，（即坎下坎上，水下水上）。君子因此經常講究德行，熟習教育的事。

【注】

①《習坎》：是卦名，省稱「坎」。「習」借作「襲」，重複的意思，《習坎》卦坎上坎下，是坎的重複，故稱。坎是坑，坑中有坑，是危險的意思。

②孚：俘虜。維心：要維繫他的心，使他不逃跑。

③尚：同賞。

④設險：設置險要處，如築城郭、掘溝渠等。

⑤洊（jiàn 建）：再。

⑥常：經常。習：熟習。

初六：習坎，入于坎，窞⑦，凶。

《象》曰：「習坎入坎」，失道「凶」也。

九二：坎有險，求小得。[8]

《象》曰：「求小得」，未出中也。

六三：來之坎，坎險且枕[9]，入于坎，窞，勿用。

《象》曰：「來之坎坎」，終无功也。

六四：樽酒簋貳用缶，納約自牖[10]，終无咎。

《象》曰：「樽酒簋貳」，剛柔際[11]也。

九五：坎不盈，祇既平[12]，无咎。

《象》曰：「坎不盈」，中未大也。

上六：係用徽纆，寘于叢棘，三歲不得[13]，凶。

《象》曰：「上六」失道，「凶」「三歲」也。

【譯文】

倒數第一陰爻：重坑，進到坑裏，下面還有坑，凶。

《象傳》說：「習坎入坎」，迷失了路是凶。

倒數第二陽爻：坑裏有危險，（人進入坑內，為了）求小的好處。

《象傳》說：「求小得」，沒有離開正道。

倒數第三陰爻：來到坑裏，坑險又深。進入坑裏，下面又有坑，不用（再進去）。

《象傳》說：「來之坎坎」，終究沒有功效。

倒數第四陰爻：一杯酒，兩碗飯，用瓦器盛，從窗裏送進取出，終於無害。

《象傳》說：「樽酒簋貳」，剛柔相接，（六四的陰爻為柔，與上九五的陽爻為剛，兩爻相接）。

倒數第五陽爻：坑沒有填滿，小丘的土已經被鏟平，無害。

《象傳》說：「坎不盈」，中正之道還沒有擴大，（擴大了就可把坑填平）。

最上陰爻：用繩索捆綁俘虜，放在圍着成叢棘木的牢獄內，過了三年還不能使他服從當奴隸，凶。

《象傳》說：「上六」失於正道，所以過了「三歲」還是「凶」的。

【注】

⑦ 窞（dàn 旦）：坑，有陷入意。

⑧ 小得：《周易通義》：「大概坎中有魚，所以入坎打魚為『求小得』。」

⑨ 枕：借為沉，深也。

⑩ 樽：杯。簋（guǐ 鬼）：盛飯的器皿。簋貳：二碗飯。用缶：用瓦器。納約自牖：送進取出從窗户，約指取出。這是對犯人說。

⑪ 剛柔際：指六四陰爻與九五陽爻相接，比獄吏與犯人相接觸。

⑫ 祇：借作坻，小丘。

⑬ 徽纆（mò 墨）：三股繩為徽，兩股繩為纆。叢棘：古代牢獄外圍上成叢的荊棘，指牢獄。三歲不得：《周易通義》：「把俘虜關了多年還不能使他服從當奴隸，最後還出了事，所以說『凶』。」

【說明】

《坎》卦☵，《周易淺述》：「《坎》卦，一陽陷於二陰之中，陽實陰虛，上下無據，為坎陷之義。」「坎為險陷，全象取一陽在中，以為內實有常，剛中可以有功，時世有險而此心無險，故雖險而亨，此全卦之大旨也。」這是講卦辭，認為上下卦的中爻都是陽爻，陽剛居中，所以雖險而亨。再講六爻辭：「六爻皆不言吉，（九）二、（九）五雖剛中，而皆在險中。（九）五得位而（九）二不得位，故（九）五『既平』而（九）二僅『小得』也。（六）四陰爻亦皆從陽爻起義，（六）三、（六）四在陽爻之中，猶愈於初（六）、上（六）在陽爻之外。（六）三以失位乘陽（在二九之上）而無功，（六）四以得位承陽（在九五下），猶得『无咎』。若初（六）、上（六）則在兩陽爻（九二、九五）之外，初（六）居險之下，而上（六）居險之極，故凶為最甚。此六爻之大略也。」這是講爻辭，結合陽爻、陰爻和各爻所處的地位來講无咎或凶。再看《彖傳》：「行險而不失其信」，以卦辭的「有孚維心」的「孚」為「有信」，與卦辭的以「孚」指俘虜的不同。又稱「王公設險以守其國」，來擴大《坎》卦的意義。《象傳》稱「君子以常德行，習教事」，來比水的再至，從德行、教事來說，稱「常」和「習」，是經常和熟習，比水的再至，也是擴大了《坎》卦的意義。

離（卦三十）

䷝（離下離上）

《離》[①]：利貞，亨。畜牝牛，吉。

《彖》曰：《離》，麗也[②]。日月麗乎天，百穀草木麗乎土。重明以麗乎正，乃化成天下[③]。柔麗乎中正，故「亨」[④]，是以「畜牝牛吉」也。

《象》曰：明兩作，《離》[⑤]。大人以繼明照于四方。

【譯文】

《離》卦：占問有利。通順。養母牛吉。

《彖傳》說：《離》卦，是附着。日月附着在天上，百穀草樹附着在地上。雙重光明附着在正確上，就化育成為天下萬物。（六五是陰爻），柔而附着在（上卦）的中正，所以「通順」，因此「畜母牛吉」。

照耀於四方。

《象傳》說：（日月）光明兩次升起，是《離》卦。大人用前後相繼的光明

【注】

①《離》：指火，是光明。《離》卦是一個陰爻附着在兩個陽爻中，又有附着的意思。

②麗：附着。

③重明：雙重的光明。正：正確。化成天下：《周易集解》：「虞翻曰：『日月在天，動成萬物』」，故稱「化成天下」。

④柔麗乎中正：六五陰爻為柔，居上卦中位而正，故通。

⑤明兩作：《周易集解》：「虞翻曰：『兩謂日與月也。』『作，成也。』」

初九：履錯然[6]，敬之无咎。

《象》曰：「履錯」之「敬」，以辟咎也。[7]

六二：黃離[8]，元吉。

《象》曰：「黃離元吉」，得中道也。

九三：日昃之離，不鼓缶而歌，則大耋之嗟，凶。⑨
《象》曰：「日昃之離」，何可久也？
九四：突如，其來如，焚如，死如，棄如。⑩
《象》曰：「突如其來如」，无所容也。
六五：出涕沱若，戚嗟若，吉。⑪
《象》曰：「六五」之「吉」，離王公也。
上九：王用出征，有嘉折首，獲匪其醜⑫，无咎。
《象》曰：「王用出征」，以正邦也。「獲匪其醜」，大有功也。⑬

【譯文】

倒數第一陽爻：步子錯亂着，恭敬地對待他無害。
《象傳》說：「履錯」之「敬」，用來避開害處。
倒數第二陰爻：黃色附着在物上，大吉。
《象傳》說：「黃離元吉」，得到中正之道。
倒數第三陽爻：太陽偏西附着（在天上），不敲着瓦器唱歌，就到老了歎氣，凶。

《象傳》說：「日昃之離」，怎麼可以長久呢？

倒數第四陽爻：（敵人）突如其來，焚燒着，殺死着，拋棄着。

《象傳》說：「突如其來如」，無處可以容納的。

倒數第五陰爻：淚流滂沱着，悲傷歎着，吉。

《象傳》說：「六五」的「吉」，附着王公的緣故。

最上陽爻：王因出擊，有喜事斬了敵首，捉住他們的敵眾，無害。

《象傳》說：「王用出征」，用來安定國家。「獲匪其醜」，大有功勞。

【注】

⑥ 履錯然：步子雜亂的樣子。

⑦ 辟：同避。

⑧ 黃離：當時以黃為貴色，黃所附着之物亦貴，如「黃金」，「黃裳」。

⑨ 日昃：日偏西，指日將落，比人老將死，如不鼓缶而歌，及時行樂，悔將無及，故凶。耋（dié 蝶）：七八十歲。

⑩ 此當指敵人突然來襲擊，進行燒殺。

⑪ 沱若：淚流多的樣子。敵人燒殺，受害的人民悲傷哭泣，思所以報復，故轉化為

吉。

⑫有嘉：有喜。匪：彼。醜：眾。

⑬獲匪其醜，大有功也：今本無。高亨《周易大傳今注》：「《釋文》引王肅本有，今據補。」

【說明】

《離》卦䷝，《周易淺述》：「離，麗也，明也，於象為火，體虛麗物而明者也。又為日，亦麗天而明者也。」這裏指出《離》卦的兩個意義，一是明，即光明；一是附着。「全卦以柔順得正為吉，六爻以（六）二陰爻為主，（六）二中正而（六）五非正，故不如（六）二。其四陽爻則從陰爻起義，初（九）、上（九）在陰爻之外，勝於（九）三、（九）四在陰爻之中。（九）三『日昃』而（九）四『焚如』，以在（六）二、（六）五兩陰（爻）之內也。初（九）能敬而上（九）出征，以在（六）二、（六）五兩陰（爻）之外也。」這裏指出《離》卦以兩個陰爻為主，（六）二居下卦之中，下卦之中以陰爻為正，是中正，即全卦以柔順為正。（六）五以陰爻居上卦之中，上卦之中以陽爻為正，（六）五是陰爻，故非正。即結合陰爻陽爻與它們所處的地位來立論，說明六爻的或吉或凶與无咎。再看《彖傳》，結合明和附着來講，日月光明而附着在天上，這是光明；百穀草木是有文采而附着於地上，這是文明；比喻君臣上下皆有明德而處於中正，可以完成文明的教化，這是文明。這樣就擴大了卦爻辭的意義了。

這卦的「初九：履錯然，敬之，无咎」，有四種解釋：（一）《周易集解》：「荀爽曰：『火性炎上，故初欲履錯於二，二為三所據，故敬之則无咎矣。』」孫星衍注：「錯然者，警慎之貌也。處《離》之始，將進而盛，未在既濟，故宜慎其所履，以敬為務，辟其咎也。」這是說，初九是倒數第一爻，是《離》卦的初爻。《離》是火，火是向上的，這就要影響到六二爻被九三爻控制着，所以要對六二爻表示敬重。履錯然，指行動要敬重，要謹慎。《周易集解》又說：「王弼曰：『錯然，敬慎之貌也。』」用意同。（二）《周易通義》：「履：步履。錯然：錯雜的樣子。敬：借為儆，警戒。聽到錯雜的腳步聲，肯定出了什麼事，大概是發現了敵人來犯，大家準備迎擊。由於警惕戒備，終於沒事了。」（三）《周易淺述》：「剛明在下，其性炎上。剛則躁，明則察，二者雜於胸中，所履交錯之象。能敬則心有之，不至於錯，可以无咎矣。」這是說，《離》卦是火，屬於明，是明察。初九是陽爻，是剛，有些急躁。急躁和明察兩者交錯，有矛盾，靠敬來解決，不至於兩者交錯了。（四）《周易大傳今注》：「履，鞋也。錯，黃金色之貌。古代貴人始穿金色之鞋。有人焉，其履錯然而黃，是貴人也，敬之乃无咎。」

看這四種解釋，先看（四），釋「錯，黃金色之貌。」按錯畫可作交錯塗飾解。如《史記·趙世家》：「夫剪髮文身，錯臂左衽，甌越之民也。」《索隱》：「錯臂亦文身，謂以丹朱錯畫其臂。」即用丹和青兩色，交錯塗在臂上。錯不指金色，也不指塗飾，指交錯。錯又指鑲嵌，《漢志·食貨志下》：「錯刀，以黃金錯其文，曰『一刀直五千』。」王莽鑄錯刀錢，在刀上用黃金鑲嵌文字，錯不是塗黃色，鞋子上又不能用金子來鑲嵌，所以（四）說可以不取。再看（三）

說，認為急躁和明察有矛盾，按急躁而不明察，把事情看錯了，就發脾氣，會把事情搞壞，急躁而明察，不會把事情搞壞，所以也說不通。再看（二），聽到腳步聲錯雜，發現敵人來犯，加以警惕。按聽見腳步聲，敵人已到了眼前，再加警惕，怕已來不及了，所以也可不取。再看（一），錯然是警慎之貌。履錯然，即腳步表示警慎的樣子，即敬，那末「履錯然敬之」中不當用逗號。但「錯」字似無警慎之意，這樣解似不確切。因此，這裏對以上四說都不取。錯然指雜亂，從雜亂的腳步聲中不知來者的用意，還是用敬重的態度來對待，避免發生衝突。這樣看來，有的爻辭確實不好解釋，這樣的解釋是否符合原意，也很難說。

下經

咸（卦三十一）

䷞（艮下兌上）

《咸》：亨，利貞。取女吉。

《彖》曰：咸，感也。柔上而剛下，二氣感應以相與。止而說，男下女①，是以「亨利貞，取女吉」也。天地感而萬物化生，聖人感人心而天下和平。觀其所感，而天地萬物之情可見矣。

《象》曰：山上有澤，《咸》。君子以虛受人。

【譯文】

《咸》卦：通順。占問有利。娶新婦吉。

《彖傳》說：《咸》卦，是感動。（艮下兑上，艮剛兑柔），是柔在上而剛在下，陰陽二氣相感應而相處。（艮是止，兑是悦），止而悦。（艮為陽卦，兑為陰卦，是陽在陰下），男在女下，（婚禮男下於女）。因此「亨利貞，取女吉」。（天氣下降，地氣上升），天地陽陰二氣相感，而萬物化生。聖人用德行來感動人心，而天下和平。觀察他們的相感，天地萬物的情狀可以看見了。

《象傳》說：（艮下兑上，山下澤上）山上有澤，是《咸》卦。君子用虛心來接受人。

【注】

①男下女：古代婚禮，男親至女家迎娶。女升車，男駕車。男至家，待女於門外，揖女入。這些都是男下女的例子。

初六：咸其拇。②

《象》曰：「咸其拇」，志在外也。③

六二：咸其腓④，凶。居吉。

《象》曰：雖「凶居吉」，順不害也。⑤

九三：咸其股，執其隨⑥，往吝。

《象》曰：「咸其股」，亦不處也。志在「隨」人，所「執」下也。⑦

九四：貞吉。悔亡。憧憧往來，朋從爾思。⑧

《象》曰：「貞吉悔亡」，未感害也。「憧憧往來」，未光大也。

九五：咸其脢⑨，无悔。

《象》曰：「咸其脢」，志末也。⑩

上六：咸其輔頰舌。⑪

《象》曰：「咸其輔頰舌」，滕口說也。⑫

【譯文】

倒數第一陰爻：傷他的足大趾。

《象傳》說：「咸其拇」，動他的足大指，意在外出。

倒數第二陰爻：傷他的腿肚子，凶。居家不出，吉。

《象傳》說：雖「凶居吉」，順從不出，不再受害。

倒數第三陽爻：傷他的大腿，握住他的裂開的肉，出外難。

《象傳》說：「咸其股」，動他的大腿，也是不安居。用意在跟人出去，所持的主張是在人後面。

倒數第四陽爻：占問吉，悔沒有了。人們往來不斷，錢財跟着你來。

《象傳》說：「貞吉悔亡」，沒有感到害處。「憧憧往來」，沒有光大。

倒數第五陽爻：傷他的背肉，沒有悔恨。

《象傳》說：「咸其脢」，動他的背肉來背東西，用意在小事上。

最上陰爻：傷他的面頰和舌。

《象傳》說：「咸其輔頰舌」，動他的面頰和舌，是翻騰他的口說。

【注】

② 咸：「嚙也。從口從戌，會意。戌，傷也。」見朱駿聲《說文通訓定聲・臨部》。拇：足大趾。爻辭以「咸」作「傷」解。

③ 咸：《象傳》以咸作動解，與爻辭不同。

④ 腓（féi 肥）：腿肚子。

⑤ 順不害：《象傳》釋「咸其腓」為動他的小腿肚子，即要出外，故稱順從不出為不害。

⑥ 執：握住。隨：同陏，裂開的肉。

⑦ 《象傳》以「咸其股」為動其股，即走路。「執其隨」，為執行隨人。

⑧憧憧：狀往來貌。朋：十貝為朋。思：語助。

⑨脢（méi 梅）：背肉。傷背肉不重，故稱「无悔」。

⑩《象傳》釋「咸其脢」為動他的背肉，指背東西，故稱志末。

⑪輔頰：面頰。

⑫《象傳》釋「咸其輔頰舌」為動其輔頰舌，故稱為騰口說。

【說明】

《咸》卦的「咸」字有兩種不同的解釋。先看卦爻辭，卦辭：「《咸》：亨，利貞。取女吉。」對「咸」字沒有解釋。再看爻辭，有「咸其拇」，「咸其腓」，「咸其股」，「咸其脢」，「咸其輔頰舌」。從下到上，從足趾到面頰、舌。這個「咸」作何解，爻辭是不作解釋的。再看《易傳》，《彖》曰：「《咸》，感也。」這是《易傳》的解釋，《易傳》與卦爻辭的時代不同，《易傳》的解釋不一定符合卦爻辭。再說《彖傳》稱：「二氣感應以相與」，「聖人感人心而天下和平」，這兩個感，一指陰陽二氣交接，二指人心的感觸。用這個「感」字來解釋「咸其拇」「咸其腓」等好像都講不通。因為「咸其拇」既不屬於陰陽二氣相感，又不同於感動人心。因此，雖然舊說都把「咸其拇」等解釋作「感其拇」，如《周易集解》、《周易正義》、《周易本義》等都一樣，但說「感其拇」，終不免牽強。因此《周易通義》據朱駿聲《說文通訓定聲》，以「咸」為傷，提出新說。《周易大傳今注》也以「咸」為傷。這是一個新的解釋。

這樣，《咸》卦有一個奇特現象，即卦辭與《彖傳》、《象傳》一致，皆以「咸」為感。爻辭則以「咸」為傷，如「咸其拇」為傷其足大趾，不能解作感其足大趾，因人心可以感動，而足趾不能感動也；倘作為感覺，亦覺難通。先看卦辭與《彖傳》、《象傳》。《周易淺述》：「《咸》卦，下艮上兑，取相感之義。兑，少女；艮，少男也。男女相感之深，莫如少者。又艮體篤實，兑體和説（悦）。男以篤實下交，女心説（悦）而上應，感之至也。」故卦辭稱「亨，利貞。取女吉」。《彖傳》則由男女之相感，推而及於「天地感而萬物化生，聖人感人心而天下和平」。《象傳》則推而及於「君子以虛下人」。此則皆以「咸」為相感。再看爻辭則以「咸」為傷，傷其足大趾，傷其小腿肚子，傷其股，傷其背肉，傷其面頰舌，即由下而上。這樣的傷，當指主人傷奴隸。可能奴隸有欲外出的，故傷其足大趾，傷其小腿肚子，傷其股，奴隸有不肯背東西的，故傷其背肉。或卦辭與《彖傳》、《象傳》，指貴族説，故以「咸」為相感。爻辭指主人與奴隸説，故以「咸」為傷歟。

恆（卦三十二）

（巽下震上）

《恆》：[①] 亨，无咎，利貞。利有攸往。

《彖》曰：《恆》，久也。剛上而柔下。雷風相與，巽而動，剛柔皆應，《恆》。《恆》「亨无咎利貞」，久于其道也。天地之道恆久而不已也。「利有攸往」，終則有始也[②]。日月得天而能久照，四時變化而能久成。聖人久于其道而天下化成。觀其所恆，而天地萬物之情可見矣。

《象》曰：雷風，《恆》。君子以立不易方。[③]

【譯文】

《恆》卦：通順，無害。占問有利。有所往有利。

《彖傳》說：《恆》卦是久。（巽下震上，震為陽卦，為剛；巽為陰卦，為柔），是剛上而柔下。（震為雷，巽為風），是雷風相結合。（巽為謙遜，震為動），是謙遜而動。（巽的下爻為陰，震的下爻為陽；巽的中爻為陽，震的中爻為陰，巽的上爻為陽，震的上爻為陰，是巽的三爻與震的三爻）都是剛柔相應，是《恆》卦。《恆》卦「亨无咎利貞」，對於道是經久的。天地的道是經久運行而不停止的。「利有攸往」，出外結束了又開始，到了又返回。日月在天上能夠經久地照耀，四時在變化能夠經久地完成。聖人經久地掌握着道，能夠用教化來成就天下人。觀察這種經久的道，天地萬物的情狀可以看到了。

《象傳》說：（巽下震上，風下雷上），風雷交作，是《恆》卦。君子因此掌握着道而不加改變。

【注】

①《恆》：指經久。

②終則有始：終則又始，至則又返。

③立不易方：立於方而不易，即執行道而不變。方，道。

初六：浚恆④，貞凶，无攸利。

《象》曰：「浚恆」之「凶」，始求深也。

九二：悔亡。

《象》曰：「九二悔亡」，能久中也。⑤

九三：不恆其德，或承之羞，貞吝。⑥

《象》曰：「不恆其德」，无所容也。

九四：田无禽。⑦

《象》曰：久非其位⑧，安得「禽」也。

六五：恆其德，貞，婦人吉，夫子凶。⑨

《象》曰：「婦人貞吉」，從一而終也⑩。「夫子」制義⑪，從婦「凶」也。

上六：振恆，凶。⑫

《象》曰：「振恆」在上，大无功也。

【譯文】

倒數第一陰爻：掘深掘得久，占問是凶，沒有什麼好處。

《象傳》說：「浚恆」之「凶」，開始要求深。

倒數第二陽爻：悔恨消失。

《象傳》說：「九二悔亡」，能夠經久正確。

倒數第三陽爻：不是經久地（保持）他的德行，或者要受人恥辱，占問有困難。

《象傳》說：「不恆其德」，沒有地方容納他。

倒數第四陽爻：打獵沒有得到鳥獸。

《象傳》說：經久地不在合適的環境，哪能得到鳥獸。

倒數第五陰爻：經久地保持德行，占問，婦人吉，丈夫凶。

《象傳》說：「婦人貞吉」，順從丈夫終身。「丈夫」按照應該做的來做，順從妻子「凶」。

最上陰爻：經久地雷雨，凶。

《象傳》說：「振恆」在上面，大大地沒有功效。

【注】

④ 浚：掘深。浚恆，指掘深掘得太久，怕有塌方壓人，故凶。

⑤ 九二：下卦居中的陽爻，是中正，即正確。

⑥承：受。吝：困難。

⑦田：打獵。

⑧位：地位，這裏指環境，即不在多鳥獸的環境裏打獵，所以打不到鳥獸。

⑨德：這裏指順從。古代以婦人順從丈夫為德，所以婦人順從吉，丈夫順從婦人為凶，這裏反映當時是男權社會，婦女受壓制。

⑩從一：指從丈夫。

⑪制義：義指合宜、應該，按照應該做的去做。

⑫振恒：《周易集解》作「震恒」，指雷雨過久成災。

【說明】

《恆》卦，巽下震上，風下雷上。《周易淺述》：「《彖傳》取義有四：剛上柔下，一也；雷動風應，二也；由順而動，事乃可久，三也；剛柔相應，乃理之常，四也。」又稱：「《恆》，長男在長女之上（巽下震上，以巽為長女，震為長男），男尊女卑，夫婦居室之常也。」因此，《彖傳》的四義，就夫婦言，「剛上柔下」，即夫上婦下，夫尊婦卑。「雷動風應」，即夫唱婦隨。「由順而動」，即婦順從夫，「事乃可久」，即婦從夫為經久不易之道。「剛柔相應」，即夫婦相應，以夫為主。《彖傳》這四義，實際上是宣揚男權夫權，壓迫婦女。當然，《彖傳》的意義還不止此，還有「聖人久於其道而天下化成」。《象傳》稱「君子以立不易方」，不限於夫婦，更擴大到化成天下，稱君子不易道以制行動了。再看爻辭，就男尊女卑說，「六五：恆其德貞，婦人吉，夫子凶」，此正是孟子所謂「以順為正者，妾婦之道也。」在爻辭裏已有男尊女卑之意，不過《象傳》稱「婦人貞吉，從一而終也」。更進一步提出「從一而終」來，對婦人的要求更為嚴酷了。《恆》卦既有「由順而動，事乃可久」之意，故《恆》卦有經久與順從之意，就經久說，像「初六浚恆，貞凶」，掘深是好的，掘深過久則凶，同樣掘井，或吉或凶，這裏有樸素的辯證觀點。「六五：恆其德，貞，婦人吉，夫子凶」。同樣「恆其德」，或吉或凶。這裏有男尊女卑之意，反映了時代局限。

遯（卦三十三）

䷠（艮下乾上）

《遯》[1]：亨，小利貞。

《彖》曰：《遯》「亨」，遯而亨也。剛當位而應[2]，與時行也。「小利貞」，浸而長也[3]。《遯》之時義大矣哉！

《象》曰：天下有山[4]，《遯》。君子以遠小人，不惡而嚴。[5]

【譯文】

《遯》卦：通順。占問有小利。

《彖傳》說：《遯》卦「亨」，隱遯是通順的。（《遯》卦九五是陽爻，陽是剛，又在九五：是當位，九五與六二相應，六二是陰爻，陰陽相應）。故剛當位而應，適合那個時機行動。「小利貞」，（初六、六二是陰爻，陰是柔），柔漸漸在向上發展。《遯》卦的適應時機去隱遯的意義是大了啊！

《象傳》說：（艮下乾上，山下天上），天下有山，是《遯》卦。君子因此遠避在朝的小人，不憎恨而嚴厲。

【注】

①《遯》卦的「遯」，即隱遯、退隱。

② 剛當位而應：上卦的中爻九二是剛，與下卦的中爻六二相應，但六二是柔，初六也是柔，兩柔相逼，比喻小人相逼，所以君子退隱。

③ 浸而長也：高亨《周易大傳今注》：「『浸』上當有『柔』字，蓋轉寫脱誤。」柔指陰爻。浸，漸也。柔漸發展，指初六、六二兩陰爻説。

④ 天下有山：比朝廷之下有賢人，即賢人不在朝廷。

⑤ 遠小人：指小人在朝，故君子遠離小人而退隱。不惡而嚴：不惡指小人得勢，不憎惡小人。嚴，指嚴厲地與小人分清，不與小人同朝。

初六：遯尾，厲⑥，勿用有攸往。

《象》曰：「遯尾」之「厲」，不往何災也？

六二：執之用黃牛之革，莫之勝，說。⑦
《象》曰：「執用黃牛」，固志也。
九三：係遯，有疾厲，畜臣妾吉。⑧
《象》曰：「係遯」之「厲」，有疾憊也。「畜臣妾吉」，不可大事也。⑨
九四：好遯，君子吉，小人否。⑩
《象》曰：「君子好遯，小人否」也。
九五：嘉遯⑪，貞吉。
《象》曰：「嘉遯貞吉」，以正志也。
上九：肥遯⑫，无不利。
《象》曰：「肥遯无不利」，无所疑也。

【譯文】

倒數第一陰爻：做隱遯的尾巴，危險。不用有所往。
《象傳》說：「遯尾」的「厲」，不去有什麼災害呢？
倒數第二陰爻：捉住他，用黃牛皮繩來捆着，沒有能勝過黃牛皮而逃脫的。

《象傳》說：「執用黃牛」，意在捆得牢固。

倒數第三陽爻：羈留隱遯者，象人有病危險。養着男女奴隸，吉。

《象傳》說：「係遯」之「厲」，象人有病疲極。「畜臣妾吉」，（只能做些畜養男女奴隸的事），不可做大事。

倒數第四陽爻：愛好退隱，君子吉，小人壞。

《象傳》說：君子愛好隱遯，小人不利。

倒數第五陽爻：讚美隱遯，占問吉。

《象傳》說：「嘉遯貞吉」，因用意正確。

最上陽爻：遠走高飛那樣隱遯，沒有不利。

《象傳》說：「肥遯无不利」，沒有什麼懷疑。

【注】

⑥ 尾：做尾巴，在後。《周易集解》：「陸績曰：『陰氣已至於（六）二，而初（六）在其後，故曰『遯尾』也。避難當在前而在後，故厲。」

⑦ 執之：「之」指什麼，沒有點明，可能指俘虜、家畜或捕獲的野獸。說：同脫。

⑧ 係遯：牽繫隱遯者，不讓他去隱遯，所以他像有疾的苦惱。畜臣妾，畜養男女奴

隸，不讓他們走，是吉的。當時稱男奴隸為臣，女奴隸為妾。

⑨不可大事：《周易集解》：「荀爽曰：『潛遯之世，但可居家畜養臣妾，不可治國之大事。』」

⑩君子吉，小人否：貴族可以退隱，故吉。小民靠勞動過活，不能退隱，故否。否同《否》卦的否。

⑪嘉：讚美。

⑫肥：通飛，遠走高飛。

【說明】

《遯》卦艮下乾上，山下天上，天下有山，指朝廷下有賢人。賢人不在朝廷，在野，即隱遯。《周易淺說》：「（九）五以陽剛中正（居上卦之中為正），與六二之陰柔中正（居下卦之中為正）相應。（六）二陰能順（九）五，可以不遯矣。然（六）二陰浸長（初六是陰，六二又是陰，所以是陰漸長盛，不再順九五之陽，故九五之陽要隱遯），時不可以不遯。」故《遯》卦指君子觀察時勢，及時退隱。爻辭也講隱遯。「遯尾」，做隱遯的尾巴，隱遯得太遲，有危險。「好遯」，君子吉。「嘉遯，貞吉」。「肥遯，无不利」。都講隱遯。只有「六二：執之用黃牛之革，莫之能勝」，不講隱遯，這裏的「執之」可能是執俘虜，加以畜養，指貴族退隱以後，只能畜養奴隸，不能做治國的大事，那也與退隱有關了。

大壯（卦三十四）

䷡（乾下震上）

《大壯》①：利貞。

《彖》曰：《大壯》，大者壯也。剛以動，故壯。《大壯》「利貞」，大者正也。正大，而天地之情可見矣。②

《象》曰：雷在天上，《大壯》。君子以非禮弗履。③

【譯文】

《大壯》卦：占問有利。

《彖傳》說：《大壯》卦，大的是強壯。（乾下震上，乾是剛，震是動），剛而動，所以強壯。《大壯》卦「利貞」，大的是正。正大，天地間事物的情狀是可見了。

《象傳》說：（乾下震上，天下雷上），雷在天上，是《大壯》卦。君子因此非禮不敢行動。

【注】

① 壯：指強壯。

② 天地之情可見：天地事物的情狀可見，指大正則小亦正，如君正則臣亦正，父正則家人亦正，樹幹正則枝葉正。

③ 非禮弗履：履，踐，指行動。雷在天上，指刑在朝廷，故君子畏懼，非禮不行。

初九：壯于趾，征凶，有孚。④

《象》曰：「壯于趾」，其「孚」窮也。⑤

九二：貞吉。

《象》曰：「九二貞吉」，以中也。⑥

九三：小人用壯，君子用罔，貞厲。羝羊觸藩，羸其角。⑦

《象》曰：「小人用壯，君子用罔」也。⑧

九四：貞吉，悔亡。藩決不羸，壯于大輿之輹。⑨

《象》曰：「藩決不羸」，尚往也。⑩

六五：喪羊于易，无悔。⑪

《象》曰：「喪羊于易」，位不當也。⑫

上六：羝羊觸藩，不能退，不能遂，无攸利，艱則吉。⑬

《象》曰：「不能退，不能遂」，不詳也⑭。「艱則吉」，咎不長也。

【譯文】

倒數第一陽爻：傷於腳趾，出行是凶。有所收穫。

《象傳》說：「壯于趾」，他的「孚」完了。

倒數第二陽爻：占問吉。

《象傳》說：「九二貞吉」，因為處在下卦之中。

倒數第三陽爻：小民（相爭）用強力，貴族（相爭）用法網，占問有危險。

公羊觸籬笆，它的角被卡住了。

《象傳》說：「小人用壯，君子用罔。」

倒數第四陽爻：占問吉，沒有悔恨。（公羊觸籬笆），籬笆破了，不卡住它的角，又觸在大車的輪條上，（撞傷了）。

《象傳》說：「藩決不羸」，還要去觸的。

倒數第五陰爻：（殷代王亥）去易國販羊，把羊丟了，沒有悔恨。

《象傳》說：「喪羊于易」，地位不相稱。

最上陰爻：公羊觸籬笆，（角被籬笆卡住）。不能退，不能進，無所利，在艱難中得到解脫就吉。

《象傳》說：「不能退，不能遂」，是不吉利。「艱則吉」，害處是不久的。

【注】

④ 壯：借為戕，傷。足趾受傷，不便出行，故出行凶。孚：俘獲，有收穫當得到別人的幫助。

⑤ 其「孚」窮：爻辭説「有孚」，他不能出去，還得到別人的幫助，有收穫，這當是原始共產主義社會的遺風。《象傳》的時代不同，腳趾受傷不能出去，得不到別人幫助，沒有收穫。

⑥ 以中：九二在下卦之中，有中正之意，所以占問是吉。

⑦ 小人用壯：小民用強力相爭，容易犯禁。君子用罔：罔指法網，貴族用法網相

爭，稱對方犯法，用來陷害對方，這樣做都有危險，故占問有危險。羝羊：公羊。藩：籬笆。羸：卡住。

⑧《校勘記》曰：「古本『罔』上有『用』字。」今補。《象傳》無釋。

⑨決：破。壯：傷。輹：同輻，車輪中的直條。

⑩尚往：尚且往，還要去觸。

⑪喪羊于易：殷王名亥，在易國去販羊的故事，參見《旅》卦上九。他雖丟了羊，所失不大，故無悔。

⑫位不當：殷王不該去販羊，地位不相稱。

⑬遂：指進。艱：困難，因得到援救，脫離困難，故吉。

⑭詳：通祥。

【說明】

《大壯》卦䷡乾下震上。《周易淺述》：「（九）四陽盛長，大者壯盛，故為《大壯》。乾剛震動，以剛而動，大壯之義。又雷之威震於天上，大壯之象。」大壯指威力強大，故卦辭稱「利貞」。《象傳》稱「剛以動，故壯」。乾剛而雷震動，故稱壯大。又稱「大者正也，正大而天地之情可見矣」。強大要求正確，正大才好，強大而不正也不行。所以《象傳》說：「君子以非禮弗履。」君子指貴族，有權力，是大壯，但要非禮勿動，正是大而正才好。雷在天上，雷擊有傷，所以壯又有傷義。「初九：壯于趾。」指傷於腳趾。「九三：小人用壯，君子用罔，貞厲」。小民用強力相爭，不正；貴族用法網陷害人，也不正，不正則危，所以「貞厲」。「羝羊觸藩」，也用強力，所以「羸其角」。用強力不正是不行的，所以羝羊雖然從籬笆裏得到解脫，還是在觸大車的輻上受傷了。「九二貞吉」，因為九二居下卦之中，由於中正，所以占問是吉的。

晉（卦三十五）

䷢（坤下離上）

《晉》：康侯用錫馬蕃庶，晝日三接。①

《彖》曰：《晉》，進也，明出地上②。順而麗乎大明，柔進而上行③，是以「康侯」用「錫馬蕃庶，晝日三接」也④。

《象》曰：明出地上，《晉》。君子以自昭明德。⑤

【譯文】

《晉》卦：康侯用（周成王）賜給他的良馬來繁殖，一天三次交配。

《彖傳》說：《晉》卦，是前進。太陽從地上升起。（坤下離上，坤是順，離是大明的太陽），順着而附於大明；（坤是柔，從最末一個陰爻上升到六五的陰爻），是柔進而上升。因此「康侯用錫馬蕃庶，晝日三接」。

《象傳》說：太陽的明亮從地上升起，是《晉》卦。君子用來照耀自己的光明之德。

【注】

①晉：前進。康侯：周武王弟康叔封，封在衛國。錫馬：周成王賜給他的良馬。蕃庶：繁殖。晝日：一整天。三接：三次交配。

②明：指太陽。

③麗：附着。大明：太陽。柔：指陰爻。上行：指最後的陰爻上升到六五的陰爻。

④康侯用良馬來繁殖，是畜牧業的上進。按《坤》卦稱「利牝馬之貞」，故以坤比馬，以馬的繁殖比上進。

⑤昭，顯耀。

初六：晉如摧如，貞吉。罔孚裕，⑥无咎。

《象》曰：「晉如摧如」，獨行正也⑦。「裕无咎」，未受命也。⑧

六二：晉如，愁如，貞吉。受茲介福于其王母。⑨

《象》曰：「受茲介福」，以中正也。⑩

六三：眾允，悔亡。⑪

《象》曰：「眾允」之，志上行也。⑫

九四：晉如鼫鼠⑬，貞厲。

《象》曰：「鼫鼠貞厲」，位不當也。⑭

六五：悔亡，失得，勿恤⑮。往吉，无不利。

《象》曰：「失得勿恤」，往有慶也。

上九：晉其角，維用伐邑，厲吉，无咎，貞吝。⑯

《象》曰：「維用伐邑」，道未光也。

【譯文】

倒數第一陰爻：進攻着，摧毀着，占問吉。沒有俘獲財物，無害。《象傳》說：「晉如，摧如」，獨立行動而正確。「裕无咎」，寬容而無害，未受到王命。

倒數第二陰爻：進攻着，逼迫着，占問是吉。在他的王母那裏受此大福。

《象傳》說：「受茲介福」，因為中正。

倒數第三陰爻：眾人信從他，沒有悔恨。

《象傳》說：「眾允」他，用意還能夠推行。

倒數第四陽爻：進攻像田鼠（的偷吃禾苗），占問危險。

《象傳》說：「鼫鼠貞厲」，地位不恰當，（人不能像田鼠偷吃）。

倒數第五陰爻：悔恨可去，失物可得，勿憂。前去吉，沒有不利。

《象傳》說：「失得勿恤」，前去有慶賀。

最上的陽爻：進攻就較量，考慮用兵攻邑。是危是吉，是無害，占問困難。

《象傳》說：「維用伐邑」，王道沒有光大。

【注】

⑥晉：進攻。摧：摧毀。罔：無。孚：俘，俘獲。裕：《説文》：「衣物饒也。」

⑦獨行正：指獨自進行正確指揮。

⑧「裕无咎」：《象傳》解作寬裕無害，與爻辭釋「裕」為「衣物饒」不同，因此「裕」字有屬上屬下的不同。未受命：因為「獨行」，所以未受王命。

⑨愁：借作遒，逼迫。茲：此。介福：大福。王母：指祖母。《周易通義》：「這裏說

的似是武王克商事。進攻並迫使商人投降之後，武王祭王母，說這是得王母的福祐。武王的祖母及母親都是商女，所以克商後要對王母特祭。」

⑩ 中正：六二居下卦之中，因稱。

⑪ 允：信。眾人相信，得以合力，故悔可去。

⑫ 上：同「尚」。

⑬ 鼫（shí實）鼠：田鼠。進攻如田鼠竊食禾稼，是危險的。

⑭ 位不當：地位不恰當。

⑮ 恤：憂。

⑯ 角：較量。維：考慮。《周易通義》：「進攻必須較量敵我雙方的力量，考慮是否要攻城伐邑。」「作戰要考慮各方面複雜情況，有壞的和有利的方面，有比較好的和相當困難的方面。」

【說明】

《晉》卦坤下離上，地下日上。《周易淺述》：「日出地上，進而益明。」「不言進而言晉者，進但有前進之義，無明之義，晉則進而光明故也。」這是說《晉》卦有前進和光明的意思，是結合卦辭和《彖傳》、《象傳》的解釋。《彖傳》：「明出地上，順而麗乎大明，柔進而上行。」「出地上」和「上行」即前進；「明」和「大明」即光明。《象傳》說：「君子以自昭明德。」「自昭」有前進意，「明德」有光明意。這是一方面。《周易通義》說：「爻辭分三部分：前部主要講戰術；中部講士卒質素；後部講戰略。表明作者對於軍事思想是有相當修養的。」這是又一方面。所謂前部，指初六的進攻和摧毀敵人，六二的進攻和逼迫敵人；中部主要指九四的進襲如田鼠的偷吃禾稼；後部主要指上九的較量敵我力量，考慮各種情況，作出各種估計。這兩者似可結合。繁殖良馬，為作戰之用，也是前進。戰勝攻取，如周武王的伐紂，也是進於光明。要是士兵如田鼠，這當然不行。作戰有種種考慮，制定取勝的戰略，也可進於光明。

明夷（卦三十六）

䷣（離下坤上）

《明夷》：利艱貞。

《彖》曰：明入地中，《明夷》。內文明而外柔順，以蒙大難[1]，文王以之[2]。「利艱貞」，晦其明也，內難而能正其志[3]，箕子以之。

《象》曰：明入地中，《明夷》。君子以蒞眾用晦而明。[4]

【譯文】

《明夷》卦：占問艱難的事有利。

《彖傳》說：（離下坤上，日下地上），日入地中，是《明夷》卦。（離下坤上，離內坤外，離文明而坤柔順），是內文明而外柔順，因而遭受大難，周文王像這樣。「利艱貞」，（日入地中），隱晦它的光明，在朝內有難而能端正他的意志，箕子像這樣。

《象傳》說：日入地中，是《明夷》卦。君子因此治理民眾外面隱晦而內心明察。

【注】

① 文明：離為日，比文明。蒙：遭受。

② 以：《釋文》：「以之，鄭、荀、向作似之。」

③ 內難：朝內有難，指政治昏亂。正其志：指意志正確。

④ 蒞眾：臨於眾上，指治理民眾。

初九：明夷于飛⑤，垂其翼⑥。君子于行，三日不食⑦。有攸往，主人有言。⑧

《象》曰：「君子于行」，義「不食」也。

六二：明夷夷于左股，用拯馬，壯吉。⑨

《象》曰：「六二」之「吉」，順以則也。

九三：明夷于南狩，得其大首⑩，不可疾貞。

《象》曰：「南狩」之志，乃大得也。

六四：入于左腹[11]，獲明夷之心于出門庭。

《象》曰：「入于左腹」，獲心意也。

六五：箕子之明夷[12]，利貞。

《象》曰：「箕子」之「貞」，「明」不可息也。

上六：不明，晦。初登于天，後入于地。[13]

《象》曰：「初登于天」，照四國也。「後入于地」，失則也。

【譯文】

倒數第一陽爻：鳴叫的鵜鶘在飛，塌下它的（左）翼。君子在出行，三天不吃飯，有所往，主人有譴責。

《象》傳說：「君子于行」，按照節義是「不食」的。

倒數第二陰爻：鳴叫的鵜鶘傷在左翼，（還能飛）。用騸馬，還強壯，吉。

《象傳》說：「六二」的「吉」，是馬馴順按照駕駛的法則跑的。

倒數第三陽爻：鳴叫的鵜鶘傷在君子南去打獵時，（君子）找到了大路。

占問有病不利。

《象傳》說：「南狩」的用意，是有大的收穫。

倒數第四陰爻：（鳴叫的鵜鶘飛）入左邊山洞，君子要捉到鳴叫鵜鶘的心，在出門時（就有了）。

《象傳》說：「入于左腹」，達到要捉它的心願。

倒數第五陰爻：箕子的遭難退隱，占問有利。

《象傳》說：「箕子」的「貞」，他的明德不可息滅。

最上陰爻：（太陽下山），不亮，暗了。（太陽）開始升上天，後來落入地。

《象傳》說：「初登于天」，照見四方的侯國。「後入于地」，王侯失去法度，（所以沒落）。

【注】

⑤ 明夷：《周易通義》：「明夷，借為鳴鴺，即叫着的鵜鶘。鴺、鵜形聲均通，是一種水鳥，嘴長而闊，頷下鬍大如數斗囊，俗名淘河。

⑥ 垂其翼：《周易大傳今注》：「翼字上，漢帛書《周易》有『左』字，當從之。垂其左翼，因其左股受傷（見下文）之故。」

⑦ 三日不食：同上：「君子遭難出走，如鳥飛去，力倦神疲，如鳥垂其翼。在行程中

三日不食。亦曾往投人家，而主人有譴責之言，故忍飢不食。」

⑧言：譴責。

⑨夷：傷。同上：「拯借為騬，割去牡馬之陽具，今謂之騸馬。古人騸馬，先占筮其吉凶。爻辭言：鵜鶘傷左翼，還能飛；牡馬割去陽具，無害於足，仍能走。」

⑩明夷于南狩，得其大首：同上：「漢帛書《周易》作『明夷夷于南守（狩）』，當從之。狩，獵也。首借為道。聞一多曰：『可亦利也。』」

⑪入于左腹：同上：「漢帛書《周易》作『明夷夷于左腹』，古今本互校，並證以上六爻辭，此句當作『明夷入于左腹』。腹讀為寝，山洞也。」

⑫明夷：同上：「明夷，日隱於地中，比喻君子遭難退隱。」

⑬《周易通義》：「太陽下山，不亮了，天黑了。這就是明夷（滅）。太陽初登於天為明，後入於地為夷。」

【說明】

《明夷》卦離下坤上，日下地上。《周易淺述》：「日入地中，明傷而暗。以人事言之，則昏君在上，明者見傷之時也，故為明夷。」「全彖言，處明夷之道，在艱難而不失其正，文王、箕子，後世之法也。」這是對《彖傳》、《象傳》的說明。對爻辭的「明夷」，採用李鏡池說，以「明夷」為「鳴鶇」；又採用高亨說，用漢帛書《周易》來作校補，不主一家。但又有稍作修改的，如「六四：入于左腹，獲明夷之心于出門庭。」李鏡池説：「明夷：大弓。心：心木，又叫朱或柘。意謂一出門口就找到了製大弓的心木，回到左室開始製作。」按爻辭沒有「開始製作」意。高亨說：「之當作小。」「爻辭言，鳴雉入於左邊之山洞，君子乃得此鳴雉，君子獵逐鳴雉，曾經歷艱險，故筮此爻，則門庭宜小心謹慎。」按這樣要改字作解。因此用高說而不改字，即認為在出門庭時已有獲明夷之心。

家人（卦三十七）

䷤（離下巽上）

《家人》：利女貞。

《彖》曰：《家人》，女正位乎內，男正位乎外。男女正，天地之大義也。家人有嚴君焉，父母之謂也。父父，子子，兄兄，弟弟，夫夫，婦婦，而家道正。正家而天下定矣。

《象》曰：風自火出①，《家人》。君子以言有物而行有恆。

【譯文】

《家人》卦：婦女占問有利。

《彖傳》說：《家人》卦，（六二為陰爻，在內卦之中，是陰位），女在內，以正道守位；（九五為陽爻，居外卦之中，是陽位），男在外，以正道守其位。

男女守正道，是天地間的大義。家人有尊嚴之主，就是父母，父成為父，子成為子，兄成為兄，弟成為弟，夫成為夫，婦成為婦，家道正了。家道正，天下安定了。

《象傳》說：（離下巽上，火內風外），風從火出，是《家人》卦。君子因此話有內容，行為有準則。

【注】

①風自火出：離下即火是內卦，巽上即風是外卦，故說「風自火出」，其實風從空氣流動而成，不一定從火出。離下巽上，即離內巽外，火內風外，火指明德，風指教化，先有明德而後能教化，故先要講究言行。行有恒，恒指恒久，即準則。

初九：閑有家②，悔亡。

《象》曰：「閑有家」，志未變也。③

六二：无攸遂，在中饋④，貞吉。

《象》曰：「六二」之「吉」，順以巽也。

九三：家人嗃嗃⑤，悔厲吉；婦子嘻嘻，終吝。
《象》曰：「家人嗃嗃」，未失也。「婦子嘻嘻」，失家節也。⑥
九四：富家⑦，大吉。
《象》曰：「富家大吉」，順在位也。
九五：王假有家，勿恤⑧，吉。
《象》曰：「王假有家」，交相愛也。
上九：有孚威如，終吉。⑨
《象》曰：「威如」之「吉」，反身之謂也。

【譯文】

倒數第一陰爻：在家裏注意防閑，沒有悔恨。
《象傳》說：「閑有家」，用意在未有變故的時候（注意防閑）。
倒數第二陰爻：沒有什麼錯失，婦在家中主持家務，占問吉。
《象傳》說：「六二」的「吉」，順從而謙遜。
倒數第三陽爻：家人嗷嗷愁苦，悔恨，危險，轉化為吉。家人戲笑作樂，

（趨向淫逸），終於艱難。

《象傳》說：「家人嗃嗃」，未有過失。「婦子嘻嘻」，失去家規。

倒數第四陰爻：幸福的家庭，大吉。

《象傳》說：「富家大吉」，順從而守住地位。

倒數第五陽爻：王擴大了有家（的意義），勿憂，吉。

《象傳》說：「王假有家」，家人相愛。

最上的陽爻：有信用，威嚴着，終於吉。

《象傳》說：「威如」之「吉」，反省自身的說法。

【注】

②閑有家：閑，防閑。有：於。防閑於家，如注意防火、防盜、防男女淫亂。

③志未變：用心在未發生變故之時，如加固門户來防盜，曲突徙薪來防火。

④遂：借為墜，過失。中饋：家中飲食的事，指家務。

⑤嗃嗃（hè鶴）：通嗷嗷，狀愁苦。

⑥家節：猶家規。

⑦富家：《周易通義》：「富：借為福。富、福均從畐聲而義通。經傳中兩字常常通借（見王引之《經義述聞》四）。

⑧王假有家，勿恤：孫星衍《周易集解》：「陸績曰：『假，大也。以天下為家，故曰王大有家，天下正之，故無憂則吉。』」

⑨同上：「家道可終，唯信與威。身得威敬，人亦如之，反之於身，則知施於人也。」

【說明】

《家人》卦離下巽上。《周易淺述》：「風自火出，有由家及外之象。又卦中（九）五、（六）二有『男正位乎外，女正位乎內』之象。」這是說，內卦是離，離是火是明，外卦是巽，是風是化。必先明正而後及於教化，所以稱「男正位乎外，女正位乎內」。這就是《象傳》指出的嚴君，即父母明正，可以教化子女，提高到「正家而天下定」。因為先要求明正，所以《象傳》提「君子以言有物而行有恆」。爻辭初九的注意防閑，九二的注意無失墜，九三的注意改正愁苦，九四的求有福，九五的大有家，上九的講誠信和威望，也都離不開內外的明正來達到教化。

睽（卦三十八）

䷥（兌下離上）

《睽》①：小事吉。

《彖》曰：《睽》，火動而上，澤動而下。二女同居，其志不同行。說而麗乎明②，柔進而上行，得中而應乎剛，是以「小事吉」③。天地睽而其事同也。男女睽而其志通也。萬物睽而其事類也，睽之時用大矣哉！

《象》曰：上火下澤，《睽》。君子以同而異。④

【譯文】

《睽》卦：做小事吉。

《彖傳》說：《睽》卦，（兌下離上，澤下火上），火焰在上動，澤水在下動。（離為中女，兌為長女），二女同居，她們的意志不是一起行動。（兌是悅，離是明），和悅而依附着光明。（六三為陰爻，六五又為陰爻，陰為柔，從六三進到六五），柔進而上升。（六五居上卦的中位，是柔得中。九二居下卦的中位是陽爻，為剛，與上卦中位的柔相應），是柔得中而應乎剛，因此辦「小事吉」。（天上地下，天地是乖離的，但天的陽氣與地的陰氣相接而生長萬物），是天地乖離而生長萬物的事又是一致的。（男女性別不同，但結合而生育子女），是男女性別乖異而生育的意志是相通的。（萬物各具形體是乖異，但生存繼承有它相類之點），是萬物乖異而它們生存繼承的事是相類的。《睽》卦的因時由乖異到相通的作用是大了啊！

《象傳》說：（兌下離上，澤下火上），上火下澤，是《睽》卦。君子因此既結合而又有分別。

【注】

① 睽（kuí 葵）：乖離、乖異。

② 說：同悅。

③ 小事吉：《睽》卦的上卦六五是柔，指臣下，所以「小事吉」，倘九五是剛，指君主，就可大事吉了。以上的「柔進」和「柔得中」都指柔，指臣下，所以稱小事。古代大事指戰爭與祭祀，都要由君主來主持，所以臣下來主持的，只能稱「小事

吉」了。

④ 同而異：同指結合，異指分別。

初九：悔亡。喪馬勿逐自復⑤。見惡人无咎。⑥

《象》曰：「見惡人」，以辟「咎」也。⑦

九二：遇主于巷⑧，无咎。

《象》曰：「遇主于巷」，未失道也。

六三：見輿曳，其牛掣，其人天且劓⑨，无初有終。

《象》曰：「見輿曳」，位不當也。「无初有終」，遇剛也。

九四：睽孤遇元夫，交孚，厲，无咎。⑩

《象》曰：「交孚无咎」，志行也。

六五：悔亡。厥宗噬膚⑪，往何咎？

《象》曰：「厥宗噬膚」，往有慶也。

上九：睽孤見豕負塗，載鬼一車，先張之弧，後說之弧，匪寇，婚媾。⑫往遇雨則吉。

《象》曰：「遇雨」之「吉」，羣疑亡也。

人，無害。

【譯文】 倒數第一陽爻：悔恨沒有了。馬跑掉了不用追尋，它自己會回來。遇見醜

《象傳》說：「見惡人」，用來避開災害。

倒數第二陽爻：在小巷裏碰見接待客人的主人，無害。

《象傳》說：「遇主于巷」，沒有走錯路。

倒數第三陰爻：看見大車在拉東西，駕車的牛角一高一低，（拉得很累）。駕車的人黥額割鼻，開始困難，（得到別人幫助後）結果順利。

《象傳》說：「見輿曳」，（駕車的人）地位不相稱，（不善駕車）。「无初有終」，碰到強有力的人幫助。

倒數第四陽爻：旅人孤單，碰見一個跛子，都被俘虜，（因跛子是逃走的奴隸）。處境危險，（經過解釋），無害。

《象傳》說：「交孚无咎」，他的用意得以通行。

倒數第五陰爻：悔恨消除了。他的同宗族的人在吃肉，前去又何害？《象傳》說：「厥宗噬膚」，前去是可喜的，（也可分到肉吃）。

最上陽爻：旅人孤單地（走路），看見豬背上都是泥，一車上載着鬼，他先拉開弓，後放下弓，原來不是強盜，是來迎娶的。前去遇雨就吉。《象傳》說：「遇雨」的「吉」，各種猜疑都消失了。

【注】

⑤ 逐：追尋。復：回來。

⑥ 惡人：從下文看，指容貌醜陋的人，非壞人。

⑦ 辟：同避。

⑧ 主：接待旅人借宿的主人。

⑨ 輿曳：拉大車。掣（chè 徹）：李《周易集解》：掣作觢（shì 士）：牛角一低一仰。天且劓：同上：「虞翻曰：『黥額為天，割鼻為劓。』」

⑩《周易通義》：「睽孤：旅人孤單地走路。元夫：聞一多説，元應讀為兀。兀夫，跛子。交：俱，一起。孚：被抓。跛子是個逃亡的奴隸，被後面追來的一起抓住了。厲，无咎：雖然危險，但經過解釋，終於沒事。」

⑪ 同上：「厥宗：他那個宗族的人。噬：吃。膚：肉。」

⑫ 負塗：李《周易集解》：「豕背有泥。」載鬼一車：《周易通義》：「載着一車像鬼一樣奇形怪狀的人。『鬼』是圖騰打扮。每個氏族有自己的圖騰，多以動物為標誌。族外婚時，打扮自己的圖騰，以示區別。說：同脱，放下。」婚媾：指族外婚，族中多人去女家迎娶。

【說明】

《睽》卦兑下離上，澤下火上。《周易淺述》：「火炎上而澤潤下，二體相違，睽之義也。又二女同居，志不同行，亦睽之義也。」睽指乖離、乖異。但離而又合，異而又同，這裏又有些樸素的辯證觀點。再看爻辭也這樣。初九的「喪馬」是乖，馬自回是合。「見惡人」是乖，「无咎」是合。九二的旅人在外離鄉背井是乖，遇主是合。六三「无初」是乖，「有終」是合。九四寫旅人和元夫兩人「交孚」，是乖，後來「无咎」是合。六五在被俘後見人有疑是乖，後看到是同宗族的人有慶是合。上九先疑載鬼一車是乖，後看到是族外婚的迎娶是合。全卦就是這樣的乖異和結合的聯繫。

蹇（卦三十九）

䷦（艮下坎上）

《蹇》：利西南，不利東北[①]。利見大人。貞吉。

《彖》曰：《蹇》，難也，險在前也。見險而能止，知矣哉！[②]《蹇》，「利西南」，往得中也。「不利東北」，其道窮也。「利見大人」，往有功也。當位「貞吉」，以正邦也。《蹇》之時用大矣哉！

《象》曰：山上有水，《蹇》。君子以反身修德。

【譯文】

《蹇》卦：到西南去有利，到東北去不利。見大人有利。占問吉。

《彖傳》說：《蹇》卦是難，前面有危險。看到危險能夠停止前進，是智慧啊！《蹇》卦，「利西南」，去那裏得到中意的。「不利東北」，它的路是走不通的。「利見大人」，去是有功效的。（九五為陽爻，居陽位，居君位；六二為陰爻，居陰位，居臣位。）君臣各居適當的位子，「貞吉」，用來治好邦國。《蹇》卦的及時發揮作用大了啊！

《象傳》說：（艮下坎上，山下水上，）山上有水，是《蹇》卦。（山比賢人，水比美德，山上有水，）君子因此反省自身，修明道德。

【注】

①蹇（jiǎn簡）：跛足，難走路，訓難。利西南，不利東北：同《坤》卦的「利西南得朋，東北喪朋」。見前注。

②知：同智。

初六：往蹇來譽。③

《象》曰：「往蹇來譽」，宜待也。

六二：王臣蹇蹇④，匪躬之故。

《象》曰：「王臣蹇蹇」，終无尤也。⑤

九三：往蹇來反。⑥

《象》曰：「往蹇來反」，內喜之也。

六四：往蹇來連。⑦

《象》曰：「往蹇來連」，當位實也。

九五：大蹇朋來。⑧

《象》曰：「大蹇朋來」，以中節也。⑨

上六：往蹇來碩⑩，吉，利見大人。

《象》曰：「往蹇來碩」，志在內也。「利見大人」，以從貴也。

【譯文】

倒數第一陰爻：去時難走，回來走得安舒。

《象傳》說：「往蹇來譽」，應該等待時機。

倒數第二陰爻：王臣難上加難，不是自身的緣故，（是環境所逼）。

《象傳》說：「王臣蹇蹇」，到底沒有過錯。

倒數第三陽爻：去時難走，回來時美好。

《象傳》說：「往蹇來反」，內心喜悅這次出去。

倒數第四陰爻：去時難走，回來時坐車。

《象傳》說：「往蹇來連」，（六四為陰爻，居陰位），是位置恰當切實（稱他的才德）。

倒數第五陽爻：經過大困難，錢財來了。

《象傳》說「大蹇朋來」，因為合於節令。

最上陰爻：去時難行，回來大得利，吉。見大人有利。

《象傳》說：「往蹇來碩」，是內心得意。「利見大人」，因為追隨貴人（而得利）。

【注】

③ 譽：《周易通義》：「譽：從與。《論語．鄉黨》：『與與如也。』皇疏謂與與猶徐徐，徐徐也是安行之意。這是說商人出門時難行，回來時卻很安舒。」

④ 蹇蹇：難上加難。

⑤ 尤：過失。

⑥ 反：《周易通義》：「反：猶反反。猶譽之借為與與。《詩．賓之初筵》：『威儀反反。』反反，廣大美好的樣子。」

⑦ 連：同上：「《說文》：『連，負車也。』『輦，輓車也。』負車和輓車都是拉的小車。商人出門時步行艱難，回來時卻有車可坐。」

⑧ 朋：同上：「朋貝。商人經歷了極端的困難，而後獲利，賺了錢。」

⑨ 中節：合於節令。商人販運商品，合於節令的需要，可以賺錢。

⑩ 碩：大，大得。孫《周易集解》：「往則長難，來則難終，難終則眾難皆濟，志大得矣，故曰往蹇來碩。」碩指大得，即大有所得。

【說明】

《蹇》卦艮下坎上，山下水上，山為止而水為險。《周易淺述》：「險在前而止，不能進也，故為蹇。」「蹇者難也。」「九五以剛健中正之君在上，而六二以柔順中正之臣在下，又有利見大人之象，此全象之大旨也。」是《蹇》卦先難而後獲。《彖傳》說的「往有功也」，「以正邦也」，都指後獲說的。再看爻辭，從「往蹇來譽」，到「往蹇來反」，到「往蹇來連」，都指往難而後易。從「大蹇朋來」，到「往蹇來碩」，都指先難而後獲。《周易通義》稱：「《屯》卦說許多難事，主要記事；《蹇》卦說由難變不難之理，主要說理，表現了對立可以轉化的樸素的辯證觀點。」

解（卦四十）

䷧（坎下震上）

《解》：利西南①。无所往，其來復吉②。有攸往，夙吉③。

《彖》曰：《解》，險以動，動而免乎險，《解》。《解》「利西南」，往得眾也④。「其來復吉」，乃得中也。「有攸往夙吉」，往有功也。天地解而雷雨作，雷雨作而百果草木皆甲坼⑤。《解》之時大矣哉！

《象》曰：雷雨作，《解》。君子以赦過宥罪。

【譯文】

《解》卦：去西南有利。無所為而去，（沒好處），他的回來，吉。有所為而去，早去吉。

《彖傳》說：《解》卦，（坎下震上，水下雷上，水險雷動），險而動。（坎內震外，險內動外，動在險外），動而免於險，是《解》卦。《解》卦「利西南」，去得到眾人的幫助。「其來復吉」，是得到正道。「有攸往夙吉」，去是有功效的。天地解除封閉而雷雨興起，雷雨興起而百果草木都抽芽。《解》卦因時的作用大了啊！

《象傳》說：雷雨興起，是《解》卦。（坎內震外，坎比恩澤，震比刑罰，恩內刑外），君子因此赦過宥罪。

【注】

①《解》卦：《解》卦的解，有解脱、解開的意思。利西南：去西南有利，見《坤》卦「利西南，得朋」注。

②无所往，其來復吉：《坤》卦講「利西南」指經商説。無所為而往，沒有目的去，自然無所得，不如回來好。

③夙：早，早去早得利。

④得眾：得眾人的幫助，所以經商有利。

⑤甲坼：抽芽。

初六：无咎。⑥

《象》曰：剛柔之際，義「无咎」也。⑦

九二：田獲三狐，得黃矢⑧，貞吉。

《象》曰：「九二貞吉」，得中道也。

六三：負且乘，致寇至⑨，貞吝。

《象》曰：「負且乘」，亦可醜也。自我致戎⑩，又誰咎也？

九四：解而拇，朋至斯孚。⑪

《象》曰：「解而拇」，未當位也。⑫

六五：君子維有解，吉，有孚于小人。⑬

《象》曰：「君子有解」，「小人」退也。

上六：公用射隼于高墉之上，獲之，无不利。

《象》曰：「公用射隼」，以解悖也。⑭

【譯文】

倒數第一陰爻：（占問）無害。

《象傳》說：剛柔的交接，應該是「无咎」的。

倒數第二陽爻：打獵得到三隻狐，（從它們身上）得到銅箭頭，占問吉。

《象傳》說：「九二貞吉」，是（九二居下卦之中），得到正確的道理。

倒數第三陰爻：背着東西乘車，招致寇盜來搶，占問有艱難。

《象傳》說：「負且乘」，也是可醜的。從我招致寇盜，又怪誰呢？

倒數第四陽爻：放開你的腳，（讓它走去），錢來了就有收穫。

《象傳》說：「解而拇」，（腳是走路的，不讓走），沒有適應腳的位子。

倒數第五陰爻：貴族把他捆綁了又解開，吉。俘虜成為奴隸。

《象傳》說：「君子有解」，「小人」退讓（做奴隸）。

最上陰爻：公在高高的城牆上，把一隻鷹射中了，抓到它，沒有不利。

《象傳》說：「公用射隼」，用來除去強暴，（鷹是捕食他鳥的強暴之鳥）。

【注】

⑥ 无咎：見《象傳》解釋。

⑦ 初六是下卦的末一爻，與九四是上卦的末一爻相應，恰好一剛一柔相配合，應該「无咎」。際：交接，指相應。義：應該。李《周易集解》：「虞翻曰：『與（九）四

易位。體震得正，故无咎也。』」即指出初六與九四相接，而剛柔易位，所以无咎。

⑧黃矢：銅箭頭。

⑨負且乘：背着東西乘車，不把東西放在車上，說明東西的珍貴，所以招致寇盜來搶劫。

⑩致戎：同致寇。

⑪解而拇，朋至斯孚：孫《周易集解》：「解其拇，然後朋至而信矣。」拇，足大指，指足。而：他。解其拇，放開他的腳。「朋至而信」，指友至而信，這裏不用「友至而信」解，作朋貝至而有獲解，用《坤》卦「西南得朋」的解釋。斯：就。

⑫未當位：九四是陽爻居陰位，四是偶數，是陰位，所以「未當位」。

⑬君子維有解，吉，有孚于小人：《周易通義》：「維：繫，束縛。有：又。解：解開，鬆綁。有孚：戰俘。于：為。小人：奴隸。貴族把戰俘綁起來而又解開，戰俘願意歸順，變為奴隸。」

⑭悖：李《周易集解》：「《九家易》曰：『隼，鷙鳥也，今捕食雀者，其性疾害，喻暴君也。』」

【說明】

《解》卦坎下震上，坎內震外。《周易淺釋》：「動於險外，出乎險也，故為患難解散之象。又震雷坎雨，陰陽交感，和暢解散，故為解。」《彖傳》用「雷雨作而百果草木皆甲坼」來釋《解》，是解後有萬物興作的含義。再看爻辭，初六的剛柔相接，也有雷雨交作之意。九四的「解而拇」，然後「朋至」，也是解後得利。六五的解後「有孚于小人」，也是解後得利。上六的解悖，除去悖亂也可得利。只有六三「負且乘，致寇至，貞吝」為失利。《周易淺述》：「以六居三，在下卦之上。坎為輿，有負荷之小人而乘車也。」「卦以解名，解難莫要於解小人。」六三認為是小民招致寇盜，是小民有罪，但沒有辦罪，有解除小民的罪意，所以也是《解》卦。

損（卦四十一）

䷨（兌下艮上）

《損》：有孚，元吉，无咎，可貞，利有攸往。曷之用二簋，可用享。①

《彖》曰：《損》，損下益上，其道上行。損而「有孚，元吉，无咎，可貞，利有攸往，曷之用二簋，可用享」，二簋應有時②。損剛益柔有時，損益盈虛，與時偕行。

《象》曰：山下有澤，《損》。君子以懲忿窒欲。③

【譯文】

《損》卦：得俘虜，大吉，無害。占問可行。有所往，有利。送飯用二圓器，也可用來祭祀。

《彖傳》說：《損》卦，損減下面增益上面，它是上面推行的道理。損減而

「有孚，元吉，无咎，可貞，利有攸往，曷之用二簋，可用享」，用二圓器盛飯來祭祀，應該有一定時機。損減剛強補益柔弱有一定時機，損盈益虛，跟着時機一起進行。

《象傳》說：（兑下艮上，山下澤上），山下有澤，是《損》卦。君子因此制止忿怒，杜塞貪慾。

【注】

①曷：高亨《周易大傳今注》：「曷借為饁（yè謁），饋食（送飯）也。簋（guǐ鬼），盛飯之圓器，如今之飯盆。享，祭也。」

②有時：有時機。如在災荒年，在旅行中，祭祀時從儉，可用二簋飯。在豐年或朝廷上的祭，不能這樣儉。

③懲：制止。窒：杜塞。

初九：已事遄往④，无咎。酌損之。⑤

《象》曰：「已事遄往」，尚合志也。

九二：利貞。征凶，弗損，益之。
《象》曰：「九二利貞」，中以為志也。⑥
六三：三人行則損一人，一人行則得其友。⑦
《象》曰：「一人行」，「三」則疑也。
六四：損其疾，使遄有喜，无咎。
《象》曰：「損其疾」，亦可「喜」也。
六五：或益之十朋之龜⑧，弗克違，元吉。
《象》曰：「六五」「元吉」，自上祐也。⑨
上九：弗損，益之，无咎，貞吉。利有攸往，得臣无家。⑩
《象》曰：「弗損，益之」，大得志也。

【譯文】

倒數第一陽爻：祭祀的事要快去參加，無害。有時酌量減損它的祭品。
《象傳》說：「已事遄往」，還是符合意志的。
倒數第二陽爻：占問有利。出行，凶。不能減損，要增補他。

《象傳》說：「九二利貞」，是以正中之道為志願。

倒數第三陰爻：三人同行就損減一人，一人獨行就得到他的朋友。

《象傳》說：「一人行」可以，「三人行」就發生疑惑。

倒數第四陰爻：減輕他的病，使他快好，可喜，無害。

《象傳》說：「損其疾」，也是可喜的。

倒數第五陰爻：有人賜給他價值百貝的大龜，不能拒絕，大吉。

《象傳》說：「六五」「元吉」，得自上天的保祐。

最上陽爻：不能減損，要增益他，無害，占問吉。有所往有利，得到一個單身奴隸，沒有家屬。

《象傳》說：「弗損，益之」，大為得志。

【注】

④已：同祀，祭祀。遄（chuán 傳）：速，快。

⑤酌損之：在不同場合，可以酌量減少祭品或祭禮。

⑥中以為志：九二陽剛，居下卦之中，以中正為志。

⑦三人同行，意見紛歧，意見不同的一人會受損。一人獨行，會得到友人的幫助。

⑧益：猶賜給。龜：大龜，用作占卜，為貴重物。

⑨ 上祐：上天保祐。

⑩ 臣：指單身奴隸，故無家。

【說明】

《損》卦兑下艮上。《周易淺述》：「取損下益上之義。」「全象以損所當損則得，而要之於時。」「唯合於時則得，若不宜損而損，則所損又不待言矣，此全卦之大旨也。」按《彖傳》既指出「損下益上，其道上行。」說明在古代，在上者所行之道，就是剝削人民的損下益上。但也指出「損剛益柔有時，損益盈虛，與時偕行。」即損君益民，損盈益虛，那是在一定時期，如碰上災荒，取出倉庫的財穀來賑濟災民。但就上行之道說，還是損下益上。對於損下益上，《象傳》指出「君子以懲忿窒欲」。即損下益上要有限度，不能為了滿足貴族的私忿私慾而無限度地損下益上，所以要懲忿窒慾。再看爻辭，祭祀可以酌損，這是按照不同時機說的。「弗損，益之」，也是看情況說的，有時要損上益下。再像「損其疾」，這種減損是好事。「或益之十朋之龜」，這是對貴族的益，像「弗損，益之」，則當指益下，可能是收買民心，是有企圖的，所以說「大得志也」。這樣，既肯定上行之道是損下益上，又指出不損下而益下是別有用意，也指出不同時機的損上益下，講得比較全面。

益（卦四十二）

☴☳（震下巽上）

《益》：利有攸往，利涉大川。

《彖》曰：《益》，損上益下，民說无疆[①]。自上下下，其道大光。「利有攸往」，中正有慶[②]。「利涉大川」，木道乃行[③]。《益》動而巽，日進无疆。天施地生[④]，其益无方[⑤]。凡益之道，與時偕行。

《象》曰：風雷，《益》。君子以見善則遷[⑥]，有過則改。

【譯文】

《益》卦：有所往有利。渡大河有利。

《彖傳》說：《益》卦，減損上面，補益下面，人民喜悅無限。從上面謙遜地對待下面，他的行道大為光明。「利有攸往」，中正而有喜慶。「利涉大川」，利用木船的道理得到推行。《益》卦（震下巽上，動下遜上），動而謙遜，日有進益而無限量。天地生育萬物，它所增益的沒有限量。所有增益的道理，跟着時令一起進行。

《象傳》說：（震下巽上，雷下風上），風雷是《益》卦。君子因此見善行就向它學習，有過就改。

【注】

①說：同悦。

②中正有慶：《益》卦六二居下卦的中位，九五居上卦的中位，象臣居臣位，君居君位，各得其正。

③木道乃行：巽上震下，巽為木，震為動，木動指木船行動。

④天施地生：天施予，地生長，指天地生長萬物。

⑤方：方所，類別。无方：不受方所、物類的限制，即無限。

⑥遷：移而從善。

初九：利用為大作⑦，元吉，无咎。

《象》曰：「元吉无咎」，下不厚事也。⑧
六二：或益之十朋之龜，弗克違。永貞吉。王用享于帝⑨，吉。
《象》曰：「或益之」，自外來也。
六三：益之用凶事，无咎。有孚。中行告公用圭。⑩
《象》曰：「益用凶事」，固有之也。
六四：中行告公，從，利用為依遷國。⑪
《象》曰：「告公從」，以益志也。
九五：有孚惠心，勿問，元吉。有孚，惠我德。⑫
《象》曰：「有孚惠心」，「勿問」之矣。「惠我德」，大得志也。
上九：莫益之，或擊之，立心勿恆，凶。
《象》曰：「莫益之」，偏辭也⑬。「或擊之」，自外來也。

【譯文】

倒數第一陽爻：有利於興建大建築，大吉，無害。
《象傳》說：「元吉，无咎」，下面人民不是落在工作的後面的。

倒數第二陰爻：有人賜給他價值一百貝的大寶龜，不能拒絕。占問長期的事吉。武王用祭祀來祭上帝，吉。

《象傳》說：「或益之」（的大寶龜），是從外面來的。

倒數第三陰爻：用在喪事上要增加禮數，無害。有俘虜。在半路報告周公用玉珪來祭。

《象傳》說：「益用凶事」，本來有的。

倒數第四陰爻：半路報告周公，公聽從，利用俘虜為殷民遷國。

《象傳》說：「告公從」，用來增益意志。

倒數第五陽爻：有俘虜順從我的心，不用送東西，大吉。有俘虜，順從我的贈物。

《象傳》說：「有孚惠心」，「勿問」他了。「惠我德」，大為得意。

最上陽爻：沒人幫他，有人攻擊他，用心不能持久不變，凶。

《象傳》說：「莫益之」，是普遍的說法。「或擊之」，從外面來的。

【注】

⑦ 大作：大興作，大建築。

⑧《周易大傳今注》：下：指庶民。俞樾說：厚讀為後。

⑨王用享于帝：《周易通義》：「是指武王克商，享祭上帝，接受天命，代殷有天下。」

⑩益之用凶事。有孚，中行告公用圭：同上：「益之，指祭祀有所增益。用人牲。凶事：喪事，指武王逝世。中行：途中。用圭：祭祀要執珪。」譯文據李鏡池說，但不用他的「用人牲」說，因原文沒有，文中只有「有孚」，沒有說用人牲祭。

⑪中行告公，從，利用為依遷國：同上：「從：聽命。依：即殷，古音同。這裏說（周公）東征勝利後，在班師回來的路上，報告周公，成王有命，說把殷民處理好是有利的。周公把殷宗室微子啟封於商丘，國號宋，把一些部落分給同姓國做奴隸，如分給魯殷民六族，分給衞殷民七族；把殷貴族集中在洛邑，直接統治。這就是『為依遷國』」。

⑫有孚，惠心勿問。有孚，惠我德：同上：「惠，安撫。問：送物給人。《左傳》成公十三年：『問之以弓。』疏：『遺人以物謂之間。』德：通得，指所得物質。武王克商，俘虜了殷紂大量的奴隸兵。周公東征，征服了五十餘國，兩次得的俘虜很多。這裏說對俘虜的辦法有兩種：用好言好語進行安撫而無須用物質優待；一是用物質優待而使俘虜對我感激。」這裏用李鏡池說，但對「惠」用《爾雅·釋詁》：「惠，順也」來解。

⑬ 偏：《釋文》：「偏，孟作徧。」《周易集解》本作徧。

【說明】

《益》卦震下巽上，雷下風上。《周易淺述》：「以卦象言之，風烈則雷迅，雷激則風怒，兩相助益，所以為益。以其義言，損下謂之損，則益下謂之益。」「然損下謂損，損上謂益者，蓋民貧則上無所寄，民富則上無可憂。」按《彖傳》以「損上益下」為益，因可使「民悅无疆」，「其道大光」，對君主來說，所損者小，所得者大，故以小損得大益，雖損而實益。再看爻辭，「初九：利用為大作，元吉。」君主有大興作而大吉，說明人民為君主盡力，實為君主得益。「六二：王用享于帝，吉。」說明王的祭祀上帝得吉，亦為君王得益。「六四：利用為依遷國。」為殷民遷國，可以永遠平息殷民的叛亂，也是周王的得益。「九五：有孚惠心」，是俘虜的順我心，是貴族得益。這樣看來，雖是損上益下，實際上是上小損而得益大，從損益中顯出站在貴族立場上說話的階級觀點。

夬（卦四十三）

（乾下兌上）

《夬》：揚于王庭[①]，孚號[②]。有厲，告自邑。[③]不利即戎，利有攸往。[④]

《彖》曰：《夬》，決也，剛決柔也。健而說，決而和。「揚于王庭」，柔乘五剛也[⑤]。「孚號有厲」，其危乃光也[⑥]。「告自邑。不利即戎」，所尚乃窮也。「利有攸往」，剛長乃終也。[⑦]

《象》曰：澤上于天，《夬》。[⑧]君子以施祿及下，居德則忌。[⑨]

【譯文】

《夬》卦：（有人以軍功被）舉用於王庭，（他獻的）俘虜號哭。有危險的事，從邑裏來報告。出兵不利，有所往有利。

《象傳》說：《夬》卦是決定。（《夬》卦五個陽爻在下，陽是剛；一個陰爻在上，陰是柔。剛強柔弱），是剛決定柔。（乾下兑上，乾是健，兑是悅），是健而悅，決定而和悅。「揚于王庭」，（一柔在上宣揚於朝廷），是一柔臨於五剛之上。「孚號有厲」，（誠信的號令有危險，但君子勢強大），他的危險是能轉為光榮。「告自邑不利即戎」，（邑裏來告出擊不利），因為（出擊）所看重的是武力是要碰壁的。「利有攸往」，（有所往有利，前去有利），是剛長柔消，（君子掌權）是結果。

《象傳》說：（乾下兑上，天下澤上），澤在天上，是《夬》卦，（即澤中水氣上天，決降成雨）。君子因此分俸祿施給下民，自處於有德就要禁忌（自傲）。

【注】

① 夬（guài 怪）：決定。揚于王庭：《廣雅．釋詁》：「揚，舉也。」

② 孚號：俘虜號哭。當是被舉薦的人把他所獲的俘虜獻給王庭，因有俘虜號哭。

③ 有厲，告自邑：邑來告有危險，當有別國來侵犯。

④ 不利即戎，利有攸往：占問出擊不利，有所往去經商有利。

⑤「揚于王庭」，柔乘五剛：孫《周易集解》「乾為君，又居尊位，王庭之象也。陰爻越其上，小人乘君子，罪惡上聞於聖人之朝，故曰『夬，揚于王庭。』」這裏指有小人被舉用於王庭，位在君子上。與卦辭不同，不用。

⑥「孚號有厲」，其危乃光：《彖傳》把「孚號有厲」，解作誠信的號令有危險，即五陽要決去一陰有危險，因眾君子力量強大。所以這種危險轉為光明。

⑦「利有攸往」，剛長乃終：李《周易集解》：「虞翻曰：『陽息陰消，君子道長，故利有攸往，剛長乃終。』」按卦辭的「利有攸往」，指有所往則利，即出外有利。《彖傳》釋「利有攸往」，為有所前進則利，前進指事情的發展，即剛長柔消，君子道長，小人道消，故稱「剛長有終」。

⑧澤上於天，《夬》：李《周易集解》：「陸績曰：『水氣上天，決降成雨，故曰夬。』」

⑨居德則忌：孫《周易集解》：「忌，禁也。法明斷嚴，不可以慢，故居德以明禁也。」

初九：壯于前趾，往不勝⑩，為咎。

《象》曰：「不勝」而「往」，「咎」也。

九二：惕號，莫夜有戎，勿恤。⑪

《象》曰：「有戎勿恤」，得中道也。⑫

九三：壯于頄，有凶。⑬君子夬夬獨行，遇雨若濡，有慍无咎。⑭

《象》曰：「君子夬夬」，終「无咎」也。
九四：臀无膚，其行次且。⑮牽羊悔亡。⑯聞言不信。
《象》曰：「其行次且」，位不當也。「聞言不信」，聰不明也。
九五：莧陸夬夬中行⑰，无咎。
《象》曰：「中行无咎」，中未光也。⑱
上六：无號，終有凶。⑲
《象》曰：「无號」之「凶」，終不可長也。

【譯文】

倒數第一陽爻：傷在前腳趾，出去不行，成為災害。

《象傳》說：「不勝」而「往」，是「咎」。

倒數第二陽爻：警惕呼號，夜裏有敵兵來，不用憂。

《象傳》說：「有戎勿恤」，得到正義。

倒數第三陽爻：傷在面顴骨上，有凶象。君子急急地獨個兒走路，碰上下雨，被淋濕，有不快，無害。

信。

《象傳》說：「君子夬夬」，終於「无咎」。

倒數第四陽爻：臀部沒有肉，走路困難。牽着羊，無悔。聽人說話，不相信。

《象傳》說：「其行次且」，所處的地位不恰當。（九四：九是陽爻，四是陰位，故位不當）。「聞言不信」，聽覺不明。

倒數第五陽爻：山羊在路上跳得很快，無害。

《象傳》說：「中行无咎」，中正的行為還沒有光大。

最上陰爻：（小人）不用號哭；終於有凶，（被排斥）。

《象傳》說：「无號」之「凶」，終於不可以長久的。

【注】

⑩ 壯：傷，足趾受傷，所以不勝走路。不勝，不能勝任。

⑪ 莫：暮。戎：敵兵。恤：憂。有敵兵來侵，因有戒備，故不憂。

⑫ 中道：正道，即正義，抗擊敵人來侵，是正義的。

⑬ 頄（qiú 求）：面顴骨。

⑭ 夬夬：急急的樣子。若：而。濡：淋濕。慍：不痛快。

⑮ 次且：同趑趄（zījū 姿居）：行走困難。

⑯牽羊悔亡：朱熹《周易本義》：「以陽居陰（九四：九為陽爻，四為陰位，故為以陽居陰），不中不正。居則不安，行則不進。若不與眾陽競進，而安出其後，則可以亡其悔。」「牽羊者當其前則不進，縱之使前而隨其後，則可以行矣。」這是說，牽羊在後面趕，無悔。

⑰莧陸夬夬中行：莧，當作莧。《周易通義》：「王夫之《周易稗疏》：『莧字當從𠂉而不從艸，音胡官切，山羊細角者也。』陸：跳。中行：路中間。細角山羊在路中間跳得很快很歡，古人以為怪異，故作象占。筮占无咎。」

⑱中未光：《象傳》認為「中行」即中正，應該吉，為什麼是无咎，因為中正還沒有光大。

⑲无號，終有凶：無用號哭，終於有凶。指小人不用號哭，終於被君子排斥，故終凶。

【說明】

《夬》卦兌上乾下。《周易淺述》：「以爻論之，五陽在下，長而將極，一陰消而將盡。五陽決去一陰，故名夬也。」「全彖大意以雖處陰消陽長之時，亦不容以易心處之，必相與同心戒懼而後利有所往。」從《彖傳》看，「柔乘五剛」，即一柔臨於五剛之上。同上又稱：「以五陽去一陰，其勢似易，而聖人所以周防戒備之詞無所不至，蓋小人有一之未去，皆足為君子之憂。」這是《夬》卦「夬，決也」的用意。《象傳》稱「澤上于天，《夬》。」澤何以上天，《周易集解》引陸績說：「水氣上天，決降成雨，故曰《夬》」，最為明通。則五陽去一陰，亦在以恩澤及下，得人民擁戴而始成。再看爻辭，從初九、九三到九四皆有所傷，正說明需要周防戒備。到九五，《象傳》還說「中未光也」，顯見君子正確的一面還未光大。到上六，又轉到國無號令，終於敗亡，所以終凶。那末《夬》卦的決去小人，只指出終凶的一面，沒有指出成功而大吉來。

對《夬》卦爻辭的結尾：「上六：无號，終有凶。」有三種不同解釋：（一）孫星衍《周易集解》：「處夬之極，小人在上，君子道長，（小人道消），眾所共棄，故非號咷所能延也。」這裏把「號」釋為小人失敗後的號啕大哭，不能延長小人的政治生命，終於凶。這是把一陰比作小人，承上五陽決去一陰，終於把一陰排斥。小人不用號哭，終於凶。（二）《周易大傳今注》：「號，《集解》引虞翻說，釋為號令，蓋合於傳意。無號令者，謂君之號令不行於國，有號令而無人聽從，因而謂之無號也。國無號令，其國必敗亡，故終有凶。」（三）《周易通義》：「這是講敵人來襲擊，沒有發現，當然沒有報警，所以終於遭殃了。」對這三種解釋，這裏採用（一）。因為照（一）的解釋，是小人不用號哭，小人終凶，即五陽決去一陰，小人被排斥，說得通。對（三）的解釋，因為這裏的「无號」，可以解作無號啕，也可作無號令，解作沒有報警，有些牽強，所以也不取。對（二）的解釋，因為一陰居於九五之上，所以國君的號令不行。按九五為陽，陽居君位，可以號令一切，何以無號令，說不通。

再跟《彖傳》結合起來看，《彖傳》講「剛決柔也。健而說，決而和」。剛是健，但在決柔方面，又是悅而和的。又是：「『利有攸往』剛長乃終也。」以剛長做結束，即剛的勢力長，那末這個「決」是決定，即剛長可以決定，不一定排斥柔，所以要和悅，即剛柔兩種勢力，剛取得決定權就行，還可以跟柔和悅相處。那末《象傳》為什麼說柔要「无號，終有凶」呢？因為是剛排斥柔，所以柔要「无號，終有凶」了。那不是跟上文的《彖傳》說剛和柔「決而和」，有矛盾嗎？這當是《彖傳》跟《象傳》的矛盾。

姤（卦四十四）

䷫（巽下乾上）

《姤》：女壯[①]，勿用取女。

《彖》曰：《姤》，遇也，柔遇剛也。「勿用取女」，不可與長也。天地相遇，品物咸章也[②]。剛遇中正，天下大行也。《姤》之時義大矣哉！

《象》曰：天下有風，《姤》。后以施命誥四方。[③]

【譯文】

《姤》卦：女子強壯（而勝男子），不用娶這女。

《彖傳》說：《姤》卦，遇見，（一柔遇五剛），柔遇見剛。「勿用取女」，（女勝男），不可與長久（共處）。天地相遇，（陰陽兩氣交接），各種物類都能盛長。（《姤》卦的九二為陽爻，為剛，在下卦之中，居臣位；九五為陽爻，在上卦之中，居君位，中則正），是剛遇中正，中正之道大行於天下。《姤》卦按時推行的意義大了啊！

《象傳》說：（巽下乾上，風下天上），天下有風，是《姤》卦。（天比君，風比教令），君主用發佈命令來告四方。

【注】

①姤（gòu 構）：遇。壯：李《周易集解》：「虞翻曰：『女壯，傷也。』」這個傷指勝過男有傷男的自尊心。

②品物咸章：李《周易集解》：「《九家易》曰：『萬物皆盛大也。』」品物：各種物類。

③后：君主。施：發佈。誥：告。

初六：繫于金柅，貞吉④。有攸往，見凶，羸豕孚蹢躅⑤。

《象》曰：「繫于金柅」，柔道牽也。⑥

九二：包有魚，无咎，不利賓。⑦

《象》曰：「包有魚」，義不及「賓」也。

九三：臀無膚，其行次且，厲，无大咎。⑧

《象》曰：「其行次且」，行未牽也。⑨

九四：包无魚，起凶。⑩

《象》曰：「无魚」之「凶」，遠民也。

九五：以杞包瓜，含章，有隕自天。⑪

《象》曰：「九五含章」，中正也。「有隕自天」，志不舍命也。⑫

上九：姤其角，吝，无咎。⑬

《象》曰：「姤其角」，上窮「吝」也。

【譯文】

倒數第一陰爻：繫在紡車轉輪的銅把手上，占問吉。有所往，看到凶。母豬躁動徘徊。

《象傳》說：「繫于金柅」，柔道被牽住。

倒數第二陽爻：廚房裏有魚，無害，不利於待客。

《象傳》說：「包有魚」，應該不合於待客。

倒數第三陽爻：臀部皮開肉綻，走路困難，危險，沒有大害。

《象傳》說：「其行次且」，他的行動沒有被繩子牽住。

倒數第四陽爻：廚房裏沒有魚，引起爭執，有凶。

《象傳》說：「无魚」的「凶」，是遠離人民。

倒數第五陽爻：用柳條來包瓜，有文彩，（包不住）自然掉落。

《象傳》說：「九五含章」，（九五以陽爻居上卦之中），是中正的。「有隕自天」，用意不放棄自然。

最上陽爻：碰上獸的角，不幸，無害。

《象傳》說：「姤其角」，在上位碰壁，不幸的。

【注】

④ 繫于金柅，貞吉：金柅（nǐ你），紡車轉輪的銅把手。孫《周易集解》：「《九家易》曰：『絲繫於柅，猶女繫於男，故以喻初（六）宜繫（九）二也。若能專心順（九）二則吉，故曰『貞吉』。今既為（九）二所據，不可往應（九）四，往則有凶，故曰『有攸往，見凶』也。』」這是以初六比女，以九二比夫，女繫於夫則吉。有所往比女往投九四之男，則凶。

⑤ 羸豕孚蹢躅：同上：「羸豕，謂牝豕也。羣豕之中，豭（雄豬）強而牝弱，故謂

之羸豕也。孚猶務躁也。夫陰質而躁恣者，羸豕特甚焉。言以不貞之陰，失其所牽，其為淫醜，若羸豕務蹢躅也。」蹢躅（zhízhú 直竹）：徘徊不定。這是說，像母豬躁動徘徊，春情發動。

⑥柔道牽：婦道所繫，指婦道繫於夫。

⑦包：通庖。不利賓：當時認為魚不宜招待客人，當用牛羊豬肉。

⑧次且：見《夬》卦九四注。臀無膚指受刑杖，故稱厲，即危，但無大害，故稱「无大咎」。

⑨行未牽：指行動未被拘繫，即未下獄。

⑩包无魚：廚房裏沒有魚，指貧困。起凶，引起爭執是凶，起指引起。孫《周易集解》：「無民而動，失應而作，是以凶也。」貴族廚房中的魚及牛羊肉都是手下的民送來的。廚無魚，說明他手下無民，所以引起爭奪，就凶了。

⑪以杞包瓜，含章，有隕自天：孫《周易集解》：「薛虞記曰：『杞，杞柳也。』杞性柔韌，宜屈撓以包瓜。」含章：指有文采。隕：落。自天：出於自然，用柳條包瓜，包不住，自然要掉下。

⑫志不舍命：用意不放棄自然掉下的說法。

⑬姤其角，吝，无咎：碰到獸角，為它所觸，是不幸。但未觸傷，所以無害。

【說明】

《姤》卦巽下乾上，風下天上。《周易淺述》：「風行天下，萬物無不經觸，乃遇之象。又卦爻五陽（爻），而一陰（爻）始生於下，陰與陽遇也，故為《姤》。」《姤》卦是以男性為主壓制女性。卦辭稱「女壯，勿用取女。」《周易集解》引「虞翻曰：『女壯，傷也。陰傷陽，柔消剛，故女壯也。』」陰與柔指女，陽與剛指男。此女可以壓倒陽剛之男，可見比男還要剛強，所以稱壯。所以壯實含二義，一是比男剛強，壓倒男，使夫權受到傷害，所以又稱壯為傷，不用娶這樣的女，「不可與長也」，因為夫不能與這樣的女長期相處。接下來講天地相遇，剛遇中正，宣揚乾剛坤柔，剛遇柔，要求夫剛婦柔。爻辭更是宣揚夫權，要婦從夫。「繫于金柅，貞吉。」《周易集解》比作「女繫于男」，「若能專心順（九）二則吉」，即女專心順男才吉；「不可往應（九）四，往則有凶」，即不可再去和別的男相應和，去則有凶，這裏更是宣揚夫權。再說「羸豕孚蹢躅」，把婦再去與別的男相應和，醜化為像母豬發情時的躁動不安，更是對婦的侮辱。接下來講「包有魚」，「包无魚」，指另一種遭遇，即貴族沒落遭遇貧困的情況。再像「以杞包瓜含章，有隕自天」，孫《周易集解》稱：「九五履得尊位，而不遇其應，得地而不食，含章而未發。不遇其應，命未流行。就處得其所，體剛居中，志不舍命，不可傾隕，故曰有隕自天也。」這是說，九五雖處在君主的地位，體剛居中，但命運不濟，沒有人來應。假如沒落，那只是天命。這裏顯示出了君主處在沒落時的心情。

萃（卦四十五）

䷬（坤下兌上）

《萃》：亨，王假有廟①，利見大人。亨。利貞，用大牲吉②。利有攸往。

《彖》曰：《萃》，聚也。順以說，剛中而應，故聚也。「王假有廟」，致孝享也。「利見大人亨」，聚以正也。「用大牲吉，利有攸往」，順天命也。觀其所聚，而天地萬物之情可見矣。③

《象》曰：澤上于地，《萃》。君子以除戎器，戒不虞。④

【譯文】

《萃》卦：祭祀，王到了宗廟。見大人有利，通順。占問有利，用牛祭吉。有所往有利。

《彖傳》說：《萃》卦，聚會。（坤下兌上，順下悅上），順而悅。（九五是陽爻，居上卦之中，陽是剛；六二是陰爻，居下卦之中，與九五相應），是剛中而相應，所以聚會。「王假有廟」，表達孝祖宗的祭祀。「利見大人亨」，用正道來聚會。「用大牲吉，利有攸往」，順着天命來行動，（得到天的保祐）。觀察他所聚會，（用正道來聚會），天地萬物相聚會的情狀可以看到了。

《象傳》說：（坤下兑上，地下澤上），澤在地上，（水在地上橫流），是《萃》卦。君子因此修理兵器，戒備（像大水橫流的）意外的變亂。

【注】

① 萃：聚會，聚集。亨：同享，祭祀。假：到。廟：宗廟。
② 亨：通順。大牲：大牲口。指用牛作祭品。
③ 天地萬物之情：《乾．文言》：「同聲相應，同氣相求。水流濕，火就燥，雲從龍，風從虎。」即指出聲氣相同的相聚集。
④ 澤上于地：澤在地上，指水橫流在地上，成為水災。比國內有叛亂。除：修整。戎器：兵器。不虞：料不到的事，意外之患。

初六：有孚，不終。乃亂乃萃，若號。一握為笑，勿恤⑤。往无咎。

《象》曰：「乃亂乃萃」，其志亂也。
六二：引吉，无咎，孚乃利用禴。⑥
《象》曰：「引吉无咎」，中未變也。
六三：萃如嗟如，无攸利，往无咎，小吝。⑦
《象》曰：「往无咎」，上巽也。
九四：大吉无咎。
《象》曰：「大吉无咎」，位不當也。
九五：萃有位，无咎。匪孚，元、永貞悔亡。⑧
《象》曰：「萃有位」，志未光也。
上六：齎咨涕洟，无咎。⑨
《象》曰：「齎咨涕洟」，未安上也。

【譯文】

倒數第一陰爻：有俘虜，沒有結果，（跑了）。是亂是聚，而呼號。（捉到了），一屋子人都笑，不用憂。出去，無害。

《象傳》說：「乃亂乃萃」，他們的用意亂了。

倒數第二陰爻：長期吉，無害。誠信是有利於春祭。

《象傳》說：「引吉无咎」，中心（誠信）沒有改變。

倒數第三陰爻：聚會着，歎息着，無所利。出去無害，有小的艱難。

《象傳》說：「往无咎」，（因為）崇尚謙遜。

倒數第四陽爻：大吉無害。

《象傳》說：「大吉无咎」，（九四的九是陽爻，四是陰位），所處的地位不恰當，（所以雖有「大吉」，只有「无咎」）。

倒數第五陽爻：聚集有地位的人，無害。（志趣沒有光明），不夠誠信。（但剛而正位），占問大而長期無悔。

《象傳》說：「萃有位」，志趣還沒有光明。

最上陰爻：歎氣流淚，無害。

《象傳》說：「齎咨涕洟」，因為沒有安定在上的位子。

【注】

⑤ 孚：俘虜。不終：指逃跑。若：而。號：呼叫。一握：《周易大傳今注》：「漢帛書

《周易》作『一屋』。當是。」恤：憂。

⑥引吉：長期吉。孚：誠信。禴（yuè躍）：春祭。孔《周易集解》：「禴，殷春祭名也，四時祭之省者也。」省指祭品儉省，主要靠誠信。

⑦萃如嗟如：聚集着歎息着。孫《周易集解》：「履非其位，（六三非正位），以比（靠近）於（九）四，（九）四亦失位。不正相聚，相聚不正，患所生也。」「故萃如嗟如，无攸利也。」「與其萃於不正，不若之（到）於同志，則可以往而无咎也。二陰相合，（六三與上六皆陰，一為下卦之上，一為上卦之上，故相應），猶不若一陰一陽之相應，故有小吝也。」這是說，六三與九四連接，地位不正，所以有小的困難。

⑧萃有位，无咎匪孚，元永貞悔亡：同上：「聚處之時，最得盛位，故曰『萃有位』也。回（靠近九四）占而據，己德不行，自守而已，故曰『无咎匪孚』。大修仁守正，久必悔消，故曰『元永貞悔亡』。」這是說，九五的位子很正，但靠近九四，九四的地位不正，所以只能自守，无咎罷了。能夠守正，還可以無悔。

⑨齎咨（qí zī齊資）：咨嗟。涕洟（yí夷）：流眼淚鼻涕。同上：「處上獨立，近遠無助。危莫甚焉。若能知危之至，懼禍之深，憂病之甚，至於涕洟不敢自安，亦眾所不害，故得无咎也。」

【說明】

《萃》卦坤下兑上，地下澤上，順下悦上。《周易淺述》：「澤在地上，水之聚也。水潤澤其地，萬物羣聚而生，萃之象也。又上悦下順，九五剛中，（六）二以柔中應之，萃之由也。」「全象當萃聚之時，理勢必亨，但當得正，則可大有所為，此全象之大旨也。」再看卦辭，王祭祖廟，利見大人，這種聚會是亨通的。再說「順以悦，剛中而應」，這種聚會是剛柔相應而正確的。《象傳》提出貴族相聚要防患於未然，注意戒備。再看爻辭，初六的「有孚不終」，俘虜逃跑，這跟要注意戒備有關。六二的春祭求儉省，這也是一種正確的聚會。六三的聚着嗟歎，同時代的趨於昏亂有關。九四雖「大吉」而只有「无咎」，說明所處地位不當，這樣的相聚，還不能撥亂反正。九五的「萃有位」，只能「无咎匪孚」，誠信不夠。到了上六，只能歎息涕洟了。說明《萃》卦已處在沒落的時代，雖聚會而時代的沒落已無法挽救了。

《萃》卦裏的詞也有不同解釋，主要是「孚」字。「有孚不終」的「孚」指俘虜，但「孚乃利用禴」裏的「孚」，就有兩種解釋：（一）孫星衍《周易集解》：「居聚之時，處於中正，而行以忠信，故可以省薄薦於鬼神也。」這裏的「忠信」，就指「孚」，即以「孚」為誠信。祭祀時有了誠信，可以薄薦。釋「孚」為誠信，與薄祭的「禴」相應。（二）《周易通義》：「貞兆指示春祭要有俘虜作人牲才好，這可與上文聯繫看。」上爻即「有孚不終」的「孚」，指俘虜。按孫星衍注：「禴，殷春祭名也，四時祭之省者也。」既然是儉省的祭，怎麼用人牲呢？所以《周易大傳今注》說：「孚，忠信也。禴，祭名，僅用飯菜等，不用大牲，祭之儉約者也。」因此在這裏，採用（一）說，不用（二）說。再看《象傳》：「『引吉无咎』，中未變也。」指出「中未變」，即中正未變，中正跟誠信相應，是《象傳》也把「孚」解作誠信。

不過這樣講，又跟《彖傳》發生矛盾。禴是薄祭，用飯菜，不用大牲，即不用牛牲。但《彖傳》說：「用大牲吉」，又怎麼講呢？原來在《萃》卦裏，《彖傳》跟《象傳》的解釋不同。《彖傳》認為「聚以正也」，「順天命也」，既然聚集是正確的，又是順天命，一切都好。但《象傳》的看法不同，「澤上于地」，有水在地上橫流之懼，所以要修整戎器，以戒不虞，有危懼的用意。再看爻辭的《象傳》，如「『乃亂乃萃』，其志亂也。」不僅指出爻辭的「乃亂乃萃」，更指出那時聚集的人「其志亂也」，人的志也亂了。又指出「位不當也」，「未安上也」。位不當，上未安，都和「亂」相應。說明《象傳》的作者，認為《萃》卦所示的，是亂，所以危懼，與《彖傳》的認為「聚以正」而「順天命」不同。這裏說明《彖傳》和《象傳》不是一個人所作，大概《彖傳》在前，《象傳》在後。《象傳》的作者有危懼的感受。《彖傳》和《象傳》的不同，也反映出卦辭和爻辭的不同，卦辭稱「亨」「吉」，爻辭稱「无咎」「悔亡」「小吝」，與「亨」「吉」還不一樣。這也說明爻辭與卦辭的看法不一致。

升（卦四十六）

䷭（巽下坤上）

《升》：元亨。用見大人，勿恤。南征吉。①

《彖》曰：柔以時升，巽而順，剛中而應，是以大「亨」。「用見大人勿恤」，有慶也。「南征吉」，志行也。

《象》曰：地中生木，升。君子以順德，積小以高大。

【譯文】

《升》卦：大通順。見大人有利，勿憂。南征吉。

《彖傳》說：（《升》卦的初爻是陰，是柔，四爻、五爻、六爻也是陰），是柔按時上升。（巽下坤上，巽遜坤順），是遜而順。（九二的九是剛，二是居下卦之中，與六五是柔，居上卦之中），剛中與柔中相應，因此大「亨」。「用見大人勿恤」，有喜慶。「南征吉」，志願得到實行。

《象傳》說：（巽下坤上，木下地上），地中生木，是《升》卦。君子因此遵循美德，積小善上升到高大的德行。

【注】

①「用見」，當作「利見」。南征：指周王南征，是哪一次南征不詳。

初六：允升②，大吉。

《象》曰：「允升大吉」，上合志也。

九二：孚乃利用禴③，无咎。

《象》曰：「九二」之「孚」，有喜也。

九三：升虛邑。④

《象》曰：「升虛邑」，无所疑也。

六四：王用亨于岐山⑤，吉，无咎。

《象》曰：「王用亨于岐山」，順事也。
六五：貞吉，升階。
《象》曰：「貞吉升階」，大得志也。
上六：冥升，利于不息之貞。
《象》曰：「冥升」在上，消不富也。⑥

【譯文】

倒數第一陰爻：進升，大吉。
《象傳》說：「允升大吉」，向上是符合志願的。
倒數第二陽爻：誠信是利於作禴祭，無害。
《象傳》說：「九二」的「孚」，是有喜慶的。
倒數第三陽爻：登上在高丘上的城邑。
《象傳》說：「升虛邑」，（可以高瞻遠矚），沒有什麼可疑的。
倒數第四陰爻：王祭祀岐山，吉，無害。
《象傳》說：「王用亨于岐山」，是順利的事。

倒數第五陰爻：占問吉，升上台階。

《象傳》說：「貞吉升階」，大為得志。

最上陰爻：夜裏上升，占問不停地努力有利。

《象傳》說：「冥升」在上，消滅沒有福氣而得福的。

【注】

② 允：進。

③ 孚乃利用禴：見《萃》卦六二注。

④ 虛：大丘。

⑤ 王：指哪一位周王，未詳。亨：同享，祭祀。

⑥ 富：猶福。

【說明】

《升》卦巽下坤上，木下地上。《周易淺述》：「木生地中，長而益高，升之象也。」「全象內巽外順，九二剛中而六五虛中以應，君子進用之象，故可以見大人而利於前進。」再看象傳，提出進升，又稱：「內巽則沉潛觀理，外順則從容待時。」「（九）二有剛中之德，應（六）五虛己之君，宜其大亨也。」說明進升要等待時機，有跟自己相應的虛己之君，才可求得進用。《象傳》稱「積小以高大」，進用先從小的低的位子做起，逐漸進升到高的大的。再看爻辭，九二提到「孚」，《象傳》説「孚有喜」，説明得到信任，才有進升之喜。九三的《象傳》稱為「无疑」，无疑才可得信任。六五的升階指一步步進升。上六的「不息」，利於進升。這裏對進升作了各種説明。

這裏的「孚乃利用禴」與上卦的「孚乃利用禴」相同，因此《周易通義》説：「用俘虜作人牲禴祭，是當時戰爭中常有的。」仍作用人牲來祭解。按「《象》曰：『九二』之『孚』，有喜也。」倘這個「孚」指作為人牲的俘虜，那還有什麼喜呢？因此照《象傳》看，這個「孚」還指誠信，因為祭神有誠信，得到神的享受，所以有喜。

困（卦四十七）

䷮（坎下兑上）

《困》：亨。貞大人吉，无咎。有言不信。

《彖》曰：《困》，剛掩也。險以說，困而不失其所，「亨」，其唯君子乎？「貞大人吉」，以剛中也。「有言不信」，尚口乃窮也。

《象》曰：澤无水，困。君子以致命遂志。①

【譯文】

《困》卦，通順。占問大人吉，無害。有話他人不信。

《彖傳》說：《困》卦，（坎下兑上，坎為陽卦，為剛；兑為陰卦，為柔），剛為柔所掩蓋。（坎為險，兑為悦），險而悦。（《困》卦是困難），雖困難而沒有失掉它的處置，「亨」，惟有君子吧。「貞大人吉」，（《困》的九二為陽爻，為剛，居下卦之中；九五為陽爻，為剛，居上卦之中），因是剛中。「有言不信」，崇尚口辯是會碰壁的。

《象傳》說：（坎下兑上，水下澤上，水在澤下），澤無水，是《困》卦。君子因此（臨危）捨命來完成他的志願。

【注】

① 致命：捨命。遂：完成。

初六：臀困于株木，入于幽谷②，三歲不覿。

《象》曰：「入于幽谷」，幽不明也。

九二：困于酒食，朱紱方來③。利用享祀。征凶，无咎。

《象》曰：「困于酒食」，中有慶也。

六三：困于石，據于蒺藜，入于其宮④，不見其妻，凶。

《象》曰：「據于蒺藜」，乘剛也⑤。「入于其宮，不見其妻」，不祥也。

九四：來徐徐，困于金車⑥，吝，有終。

《象》曰：「來徐徐」，志在下也⑦。雖不當位，有與也。⑧

九五：劓刖，困于赤紱，乃徐有說，利用祭祀。⑨

《象》曰：「劓刖」，志未得也。「乃徐有說」，以中直也。「利用祭祀」，受福也。

上六：困于葛藟，于臲卼，曰動悔有悔⑩，征吉。

《象》曰：「困于葛藟」，未當也。「動悔有悔」，吉行也。

【譯文】

倒數第一陰爻：臀部受刑杖的痛苦，被關入幽暗的牢獄，三年不見天日。

《象傳》說：「入于幽谷」，幽暗不明亮。

倒數第二陽爻：為酒醉飽食所困，穿朱紅色服裝的貴族剛來。有利於用祭祀。出征凶，無害。

《象傳》說：「困于酒食」，守中正之道有可慶賀的。

倒數第三陰爻：在亂石裏受困，手抓在蒺藜上，進到家裏，沒看見他的妻，凶。

《象傳》說：「據于蒺藜」，是攀附豪強。「入于其宮，不見其妻」，是不祥之兆。

倒數第四陽爻：來得慢慢的，受到貴人的困阻，困難，有結果。

《象傳》說：「來徐徐」，志在下位。雖然不在上位，有幫助的。

倒數第五陽爻：危而不安，受到貴人的困苦，是慢慢得脫，用祭祀謝神有利。

《象傳》說：「鼿卼」，志願沒有得到實現。「乃徐有說」，因為內心正直。「利用祭祀」，受到保祐。

最上陰爻：在有刺的藤蔓上受困，在不安中，說一動悔而又悔，出行吉。

《象傳》說：「困于葛藟」，所處未恰當。「動悔又悔」，出行才「吉」。

【注】

② 株木：指刑杖。幽谷：指牢獄。

③ 朱紱（fú弗）：古代王公卿的服飾，朱紅色，指貴官。

④ 蒺藜：一種有刺的蔓草。宮：室。

⑤ 乘剛：猶攀附豪強。

⑥ 金車：用黃銅鑲嵌的車，貴人所乘，借指貴人。

⑦ 在下：在下位。指做小官。

⑧ 與：幫助。

⑨ 臲卼（niè wù 孽兀），原本作劓刖（yì yuè 異月，割鼻、砍腳的刑罰），孫《周易集解》：「荀爽、王肅本劓刖作臲卼」，不安全，今據改。說：同脱。利用祭祀：指謝神。

⑩ 葛藟（lěi 壘）：蔓生有刺的植物。有：又。

【說明】

《困》卦坎下兑上，水下澤上。《周易淺述》：「水在澤下，（澤中）枯涸無水，困乏之象。以二體言之，兑陰在上，坎陽在下。以卦畫言之，上六在二陽之上，九二限二陰之中，皆以陰掩陽，故為《困》。」全象以處險而說（悅），（九）二、（九）五剛中，有處困而亨之道。然惟大人能之，但不可尚口說以取困窮，此全象之大旨也。」再看卦辭，「有言不信」，不信不被任用，所以困。「困而不失其所，亨」，處困而不失其所守，可以轉為亨。《象傳》稱「君子以致命遂志」，處困而捨命以完成志事，那也可以轉亨。再看爻辭，初六是困於刑獄，九二是困於酒食，六三是困於不幸的遭遇，九四、九五皆困於貴人。但像九二《象傳》說的「中有慶」，九五《象傳》說的「中直」，即處困而中正，就可以轉亨，這是《困》卦的用意。

《困》卦裏「九五：劓刖，困于赤紱，乃徐有説」，又有不同解釋：（一）孫星衍《周易集解》：「荀、王肅本：『劓刖作臲卼。』荀爽曰：『臲卼，不安貌。王肅、陸績同。』鄭康成曰：『劓刖當為倪仉。』」（二）同上：「虞翻曰：『割鼻曰劓，斷足曰刖。』」（九）四動時，震為足，艮為鼻，離為兵，兑為刑，故劓刖也。」這大概是説，《困》䷮裏上卦是兑，兑是刑。這個爻是九五，和上面的上六，合成⚎，震☳的下面是⚎，故稱震為足。他又説「九四動時，九四與下六三，合成⚍，艮☶的上面也作⚍，故稱「艮為鼻」。加上「兑為刑」，就要割鼻斷足了。這樣講法，未免迂曲，這裏不取。《周易通義》：「割鼻、刖足，成了奴隸，才漸漸有了脱身的機會，跑了回來。」這裏採（一）説，因為「困于赤紱，乃徐説」。受貴官所困，漸漸得以脱身，「困」指處境不安，才可以脱身。倘已受到割鼻斷足之刑，就不是困了，成了終身殘廢，談不上擺脱了，所以取（一）説。

又「六三：困于石，據于蒺藜」，也有不同解釋：（一）《周易大傳今注》：「『困于石』，行路被石絆倒也。蒺藜，木名，有刺。『據于蒺藜』，手抓在蒺藜之上也。」（二）《周易通義》：「石：嘉石。《周禮》大司樂之職：『以嘉石平罷民。凡萬民之有罪過而未麗（列）於法而害於州里者，桎梏而坐諸嘉石，役諸司空。』嘉石樹立在朝門左邊當眾的地方。民之有罪過而又不是十分嚴重，但又為害於州里的，就叫他擔枷坐在那裏以恥辱之，然後叫他去勞動或把他關起來。」「後來又被關在有蒺藜的監獄裏。」這個解釋，又跟「上六：困于葛藟，于臲卼」有關。注：「葛藟：這是以有刺的葛藟圍於獄外。臲卼：木樁，圍在獄外，以防犯人越獄。」按臲卼，臬兀是聲，危是義，即危而不安之意，恐不宜解作木樁。又「據于蒺藜」，解作關在有蒺藜的監獄裏，也不妥。因為蒺藜不能指有蒺藜的監獄。「據」也不宜作「被關」。因此這裏還是從（一）說。

井（卦四十八）

䷯（巽下坎上）

《井》：改邑不改井①，无喪无得，往來井井。汔至，亦未繘井，羸其瓶②，凶。

《彖》曰：巽乎水而上水，《井》。井養而不窮也。「改邑不改井」，乃以剛中也。「汔至，亦未繘井」，未有功也。「羸其瓶」，是以凶也。

《象》曰：木上有水，《井》。君子以勞民勸相。③

【譯文】

《井》卦：改組鄉鎮組織，沒有改變水井，沒有失也沒有得。來往的人井然有序。水乾了，被泥塞住了，也沒有淘井，把汲水瓶打破了，凶。

《彖傳》說：（《井》卦：巽下坎上，木下水上），木桶下水而打上水，是

《井》卦。井水養人而源源不斷的。「改邑不改井」，（《井》卦的九二、九五是陽爻，是剛，居下卦及上卦之中），是剛中，是因井中壁堅剛。井水枯了，被泥塞住了，也沒有淘井，沒有功用。「羸其瓶」，因此是凶。

《象傳》說：（巽下坎上，木下水上），木桶上來有水，是《井》卦。（掘井要勞動人民），君子因此勞動人民勸他們互助。

【注】

①井：水井。邑：鄉鎮城的組織。鄉鎮的組織可變，但井的位子不變。

②往來井井。汔至：李和孫《周易集解》，都在「井井」斷句，今從之。高亨《周易大傳今注》作「往來井，井汔至」，亦通。李鏡池《周易通義》：「汔（qì迄）：《說文》：『水涸也。』至：借為窒，淤塞。繘（jú橘）：從矞。《廣雅．釋詁》：『矞，穿也。』矞井即挖井、淘井。羸（léi雷）：讀為儽，《說文》：『儽，相貶也。』」指毀。

③相：助。

初六：井泥不食。舊井无禽。④

《象》曰：「井泥不食」，下也。「舊井无禽」，時舍也。
九二：井谷射鮒，甕敝漏。⑤
《象》曰：「井谷射鮒」，无與也。⑥
九三：井渫不食，為我心惻⑦。可用汲，王明並受其福。
《象》曰：「井渫不食」，行「惻」也。求「王明」，「受福」也。
六四：井甃⑧，无咎。
《象》曰：「井甃无咎」，修井也。
九五：井洌寒泉，食。⑨
《象》曰：「寒泉」之「食」，中正也。
上六：井收勿幕，有孚元吉。⑩
《象》曰：「元吉」在「上」，大成也。

【譯文】

倒數第一陰爻：水井有泥，水不能喝。舊的陷阱（壞了），沒有獸（掉下去）。

《象傳》說：「井泥不食」，泥落下去。「舊井无禽」，當時已經捨棄。

倒數第二陽爻：在塌井的積水裏射小魚，（難射中）。水甕漏了，（不能儲水）。

《象傳》說：「井谷射鮒」，沒有好處。

倒數第三陽爻：井水清了卻不喝，為此我心悲痛。可以汲水，國王明察，臣民都得到他的福。

《象傳》說：「井渫不食」，這種做法是可悲的。求王明察，可以「受福」。

倒數第四陰爻：井壁砌好了，無害。

《象傳》說：「井甃无咎」，修好井。

倒數第五陽爻：井水清涼似泉水，可喝。

《象傳》說：「寒泉」的「食」，（象九五的居上卦之中而正），（比賢人）中正（可用）。

最上陰爻：井口收小，不要蓋上，有收穫，大吉。

《象傳》說：「元吉」在「上」，（修好井口），有大的成就。

【注】

④ 舊井：舊的陷阱，指陷阱已壞。

⑤井谷：井或陷阱塌了，裏面積水。鮒：小魚。上古用射箭捕魚。甕：儲水器。

⑥與：助，益。

⑦井渫（xiè 屑）不食：李《周易集解》：「荀爽曰：『渫，去穢濁清潔之意也。』『喻不得用，故曰不食。道既不行，故我心惻。』」

⑧井甃（zhòu 縐）：用磚石壘井壁。

⑨洌：水清。

⑩井收：把陷阱口塌的地方修好收束。幕：蓋好。孚：收穫。

【說明】

《周易淺述》：「《井》卦巽下坎上，（巽木坎水），巽（木桶）入於水，汲而上之，《井》之象。」「全彖以井有常體，猶事有常法，時異而法不異。又當敬以守之，不可垂成而敗也。」先看卦辭，注意井水枯的淘井，即不可使井廢棄。《彖傳》要使井水養人而不窮。再看爻辭，要防止井水和陷阱的廢壞。從井水的清而不用，比喻人的有賢才而不用，所以「為我心惻」，希望「王明，並受其福。」《史記．屈原列傳》引九三爻辭，《索隱》稱：「京房《易章句》言：『我之道可汲而用，上有明主，汲我道而用之，天下並受其福』。故曰『王明，並受其福』也。」從井擴大到政治用人，再講到「井甃」「井洌」，說明修整井的好處，又包括修整陷阱的收穫。

革（卦四十九）

䷰（離下兌上）

《革》：巳日乃孚①，元亨，利貞，悔亡。

《彖》曰：《革》，水火相息②，二女同居，其志不相得曰革。「巳日乃孚」，革而信之。文明以說，大「亨」以正。革而當，其「悔」乃「亡」。天地革而四時成，湯武革命③，順乎天而應乎人。《革》之時大矣哉！

《象》曰：澤中有火，《革》。君子以治曆明時。

【譯文】

《革》卦：（人們懷疑改革），到祭祀日才相信，大通順。占問有利，悔恨消失。

《彖傳》說：《革》卦，（離下兌上，火下澤上，澤有水，水大火小滅火，火大水小滅水），水火相滅，（引起變革）。（離下兑上，離為中女，兑為長女。一男一女乃相感應），二女同居，她們的意志終不相得，（發生變化），稱《革》。「巳日乃孚」，經過改革而後相信它。（離下兑上，離是文明，兑是悦），文明而悦，大「亨」而正。改革而恰當，他的「悔」於是消失。天地變革而四季完成，商湯、周武王革命，順乎天命而合於人心。《革》卦的應時大了啊！

《象傳》說：（離下兑上，火下澤上），澤中有火，（澤水已枯，火焚澤中草木，是大變化），是《革》卦。君子因此修明曆法，明確時令，（來安排生產）。

【注】

①革：治皮去毛叫革，指變化、改革、革命。巳：同祀。孚：信。

②息：同熄，滅。

③湯武革命：商湯用武力來推翻夏桀，周武王用武力來推翻商紂王，建立新政權。

初九：鞏用黃牛之革。

《象》曰：「鞏用黃牛」，不可以有為也。

六二：巳日乃革之，征吉，无咎。

《象》曰：「巳日革之」，行有嘉也。④
九三：征凶。貞厲。革言三就有孚。⑤
《象》曰：「革言三就」，又何之矣。⑥
九四：悔亡。有孚改命吉。
《象》曰：「改命」之「吉」，信志也。
九五：大人虎變，未占有孚。⑦
《象》曰：「大人虎變」，其文炳也。
上六：君子豹變，小人革面⑧，征凶，居貞吉。
《象》曰：「君子豹變」，其文蔚也。「小人革面」，順以從君也。

【譯文】

倒數第一陽爻：捆牢固要用黃牛皮製成的帶。

《象傳》說：「鞏用黃牛皮」，（被捆的）不能有什麼作為，（不能掙脫）。

倒數第二陰爻：祭祀這天才改變他（的看法），出征吉，無害。

《象傳》說：「巳日革之」，行事有可以慶賀的。

倒數第三陽爻：出征凶。占問有危險。改革的話有了三次成就才有信用。

《象傳》說：「革言三就」，（除了相信以外），又能到哪兒去呢？

倒數第四陽爻：悔恨消失。有了信用，改變命令是吉的。

《象傳》說：「改命」的「吉」，相信他的用意（好）。

倒數第五陽爻：大人變得像老虎發威，未曾占問有人相信。

《象傳》說：「大人虎變」，他的文采鮮明。

最上陰爻：君子變得像豹發威，小民臉色變了。出征凶，占問要居吉。

《象傳》說：「君子豹變」，他的文采豐富。「小人革面」，順從着來跟着君主。

【注】

④ 巳日革之，行有嘉：祭祀時要向神報告改革的成功，「行有嘉」，即報告行事有可賀的。這時人民才相信他的改革。因為對神報告要說真話，取得人民的相信。

⑤ 革言三就有孚：改革的話經過三次成就，人民才信。李《周易集解》：「崔憬曰：『雖得位以正，而未可頓革，故以言就之』。夫安者有其危也，故受命之君，雖誅元惡，未改其命者，以即行改命，習俗不安，故曰『征凶』，猶以正自危，故曰『貞厲』。是以武王克紂，不即行周命。及反商政，一就也；釋箕子囚，封比干

墓，式（致敬）商容閭，二就也；散鹿台之財，發巨橋之粟，大賚（賜與）於四海，三就也。故曰『革言三就』。」

⑥ 何之：何往。

⑦ 大人虎變，未占有孚：李《周易集解》：「馬融曰：『大人虎變，虎變威德，折衝萬里，望風而信。』」

⑧ 革面：臉色變。

【說明】

《革》卦離下兌上，火下澤上。《周易淺述》：「火燃則水涸，水決則火滅。又二女同居，志不相得，有變革之義，故為《革》。」「全象以改革之事，不信於初而信於後，其占可以大亨，而必利於正固，見革之不輕也。」看《革》的卦辭：「巳日乃孚。」《彖傳》說：「『巳日乃孚』，革而信之。文明以說，大亨以正，革而當。」可見在祭祀日以前，人民對於改革有懷疑，到了祭祀才相信改革。因為改革後是文明，人民喜悅，大通順，又正確，又恰當。在祭祀時，向神報告改革的成功，所以人民才相信改革。這裏說明改革的不易。再看爻辭，用黃牛皮繩來捆牢，指捆得牢固，如怕俘虜逃跑，所以要用牛皮帶捆，這不是指改革，這裏沒有變革的含義。講「巳日乃革」，才講改革，改革要「行有嘉」，行事有慶，即改得成功。九三「革言三就有孚」，指出改革要使人民相信，要有「三就」，「就」是順從民心，也是成就，三次行動，都順民心，得成功，所以民信。九四「有孚，改命吉」，取得人民的信任，改革的命令就吉了。再講「虎變」「豹變」，説明改革取得人民信任以後，才發生改革的聲威，使人民順從。這裏對改革作了多方面的闡述，又講到了湯武革命。

對《革》卦也有不同解釋，先看卦辭：「巳日乃孚。元亨，利貞，悔亡。」（一）孫星衍《周易集解》注：「夫民可與習常，難與適變，可與樂成，難與慮始。故革之為道，即日不孚，巳日乃孚也。孚然後乃得元亨利貞悔亡也。巳日而不孚，革不當也。悔吝之所生，生乎變動者也。革而當，其悔乃亡也。」這裏把「孚」解作「信」。在改革時，人民還不相信。到改革有了成功，人民才信。巳日是在祭神時向神報告改革成功，所以人民才信。人民相信改革，才「元亨利貞，悔亡。」事情辦得大通順，占問有利，悔也沒有了。（二）《周易通義》：「到了祭祀那天才去捉俘虜來作人牲。『元亨，利貞』與『悔亡』吉凶相反，為不同時之占。」這裏把「孚」作為俘虜。把「元亨，利貞」説成吉，把「悔亡」説成凶。（三）《周易大傳今注》：「『經意』孚，罰也。古人行罰在社，並祭社神。祭社之日乃行罰。『傳解』孚，信也。卦辭言：王侯大夫能改革其過，在祭祀之日乃以忠信對鬼神，真有美言善政以吉鬼神。」這裏把經意與傳解分開來，認為卦辭與《彖傳》的用意不同。卦辭的「孚」指罰，罰罪人。《彖傳》的「孚」指信。又把「革」解釋為「王公大夫能改革其過」，指改過。這裏採用（一）説，不用（二）（三）説。因為《周易通義》説：「革解為變、改，都是從革更義説的，從變之義及多見詞標題。」那末稱為《革》卦，是指變革改革説的。倘「巳日乃孚」，解作「祭祀那天才去捉俘虜來作人牲」，那同變革改革有什麼關係呢？再說把「孚」作為「俘虜」，可以解釋作「抓俘虜」，沒有用俘虜作人牲的含意。再說「悔亡」，悔沒有了，是好的，為什麼凶呢？因此不取（二）說。（三）說以「孚」為罰，罰罪賞功，過去就是這樣的。從罰罪裏顯不出改革、變革來。以「革」為王公大夫改過，跟改革變革的意義似有差距，所以不從（三）說，只有（一）說最貼切變革改革的意義，故從（一）說。

再看爻辭，也有不同解釋。「初九：鞏用黃牛之革。」（一）孫《周易集解》：「在革之始，革道未成，固夫常中，未能應變者也。此可以守成，不可以有為也。」「牛之革，堅韌不可變也。固之所用，常中堅韌，不肯變也。」（二）《周易通義》：「古代戰車，戰馬的胸帶要束得牢固，必須用黃牛皮革做。本爻可與九三爻聯看。」「九三：『革言三就，有孚。』言：借為靳。《說文》：『靳，當膺也。』指馬胸帶。三就：三重，《士喪禮》：『馬纓三就。』禮家說曰：『膺，當胸，以削革為之。三就，三匝三重也。』爻辭當謂原先馬胸帶未束緊，馬跑不快，因而戰敗。後來找到原因，把馬胸帶綁了三匝，馬車飛馳，打了勝仗，捉到俘虜。」（三）《周易大傳今注》：「以牛革之繩縛俘虜或犯人，則其人不可以有所作為，不能反抗，亦不能逃脫也。」這裏還是用（一）說。因為（二）說可疑。照（二）說，「馬胸帶綁了三匝，馬車飛馳，打了勝仗」，那末九三應作「征吉，貞亨」才合，怎麼作「征凶、貞厲」呢？倘說原先馬胸帶沒有綁緊，所以「征凶，貞厲」。馬胸帶沒有綁緊，是「初九」的事，那末「征凶，貞厲」應該寫在「初九」才合，可是「初九」裏沒有。倘說「初九」沒有打仗，所以沒有，那末「六二」打了仗，馬胸帶還沒有繞三匝，應該寫在「六二」才合。可是「六二」的打勝仗，馬胸帶還未束緊，可見打勝仗不一定與馬胸帶有關。那末「九三」的「征凶，貞厲」還無法解釋，說明（二）說可疑。（三）說可通，但跟改革、變革缺少聯繫。只有（一）說跟「初九」聯繫來談改革，似可信。

再看「九三」的「革言三就有孚」：（一）前已引孫星衍注，即改革的話要經過三次成就，才能使人信從。（二）《周易通義》，見上一節引以「言」為「靳」，「革言」為馬胸帶。「三就」為繞三匝。「有孚」為抓住俘虜。（三）《周易大傳今注》：「革言，有罪更改供辭。就，借為鞫，審問也。孚，罰也。有罪者更改供辭，三次審問，而後行罰。」這裏還是採用（一）說，因改革取得三次成就，所以得到人民信任，比較可信。（二）說可疑，已見上。再說（一）的解釋：「故受命之君，雖誅元惡，未改其命者，以即行改命，習俗不安，故曰『征凶』；猶以正自危，故曰『貞厲』。」結合改革，聯繫「征凶，貞吉」來作解，比較可信，故不取（二）說。再看（三）說：「三次審問，而後行罰。」是說已經審清了案情，處罰自然得當，為什麼是「征凶，貞厲」呢？上下文不相應，所以也不取。

結合改革來看，這《革》卦的《彖傳》，在改革上提出一個重要的理論問題，即「文明以說（悅）」，「順乎天而應乎人」。改革要促進文明，使人民喜悅。改革要「順乎天而應乎人」，即順乎自然規律，按照自然規律來改革，不能違反自然規律，違反了就要失敗。要合乎民心，使人民得益，才能使人民樂於改革，使改革得到成功。

鼎（卦五十）

䷱（巽下離上）

《鼎》：元吉，亨。

《彖》曰：《鼎》，象也。以木巽火，亨飪也[1]。聖人亨以享上帝[2]，而大亨以養聖賢。巽而耳目聰明，柔進而上行，得中而應乎剛，是以「元亨」。[3]

《象》曰：木上有火，《鼎》。君子以正位凝命。[4]

【譯文】

《鼎》卦：大吉，通順。

《彖傳》說：（《鼎》卦巽下離上，木下火上），《鼎》的卦象是用木入火，烹煮食物。聖人烹煮食物來祭祀上帝，大加烹煮食物來養聖賢。（巽下離上，謙下明上），是謙遜而耳目聰明；（《鼎》的初六上升到六五，而爻都是陰爻，是柔），是柔進而上升。（《鼎》的九二是陽爻，是剛，居下卦之中；六五是陰，居上卦之中，剛柔相應），是柔得中而與剛相應，因此大通順。

《象傳》說：（巽下離上，木下火上），木上有火，是《鼎》卦。君子因此端正位子，完成上級命令。

【注】

① 鼎：古代烹煮食物的器具。巽：猶入。亨：同烹。飪：煮熟。

② 亨：祭祀。

③ 是以：以是，因此。亨：通順。

④ 凝命：定命，完成命令。

初六：鼎顛趾，利出否。得妾以其子[5]，无咎。

《象》曰：「鼎顛趾」，未悖也。「利出否」，以從貴也。

九二：鼎有實，我仇有疾，不我能即[6]，吉。

《象》曰：「鼎有實」，慎所之也[7]。「我仇有疾」，終无尤也。

九三：鼎耳革，其行塞，雉膏不食，方雨，虧，悔，終吉。⑧
《象》曰：「鼎耳革」，失其義也。
九四：鼎折足，覆公餗，其形渥，凶。⑨
《象》曰：「覆公餗」，信如何也。⑩
六五：鼎黃耳金鉉⑪，利貞。
《象》曰：「鼎黃耳」，中以為實也。
上九：鼎玉鉉⑫，大吉，无不利。
《象》曰：「玉鉉」在「上」，剛柔節也。

【譯文】

倒數第一陰爻：鼎的腳顛倒在上，利於倒出鼎中壞物。得到妾（用作正妻），因她的兒子，無害。

《象傳》說：「鼎顛趾」，沒有悖謬。「利出否」，因為母從子貴而得為正妻。

倒數第二陽爻：鼎裏有食物，我的配偶有病，不能跟我同吃，（但病會痊癒），吉。

《象傳》說：「鼎有實」，謹慎它的去處。「我仇有疾」，終於沒有災害。

倒數第三陽爻：鼎耳壞了，搬動不了它，鼎裏的野雞肉沒有吃，天正下雨，（落入鼎裏），美味虧損，可悔恨，（可以改煮），終於吉。

《象傳》說：「鼎耳革」，不宜挪動。

倒數第四陽爻：鼎的腳折斷了，翻倒了公的美味，他在屋內受刑，凶。

《象傳》說：「覆公餗」，確是怎樣，（真無可如何）。

倒數第五陰爻：鼎銅耳、銅的橫杠。占問有利。

《象傳》說：「鼎銅耳」，（以六五的）正中來成為富的。

最上的陽爻：鼎用鑲玉的杠，大吉，沒有不利。

《象傳》說：「玉鉉」在上位，（上九陽爻在上，六五陰爻在下，上下配合），剛柔調節好。

【注】

⑤ 鼎顛趾，利出否：孫《周易集解》：「鼎覆則趾倒矣。」「否：謂不善之物也。取妾以為室主（正妻），亦顛趾之義也。處鼎之初，將在納新，施鼎以出穢，得妾以為子，故无咎也。」「出否」，指倒出穢物。否音《否》卦之否。「得妾以為子」，把

妾作為正妻，為了她生了兒子，立為嫡子，母以子貴，所以升為正妻。

⑥ 仇：配偶。即：就。

⑦ 慎所之：同上：「有實之鼎，不可復有所取。才任已極，不可復有所加。」鼎裏有了東西，不能再裝東西。

⑧ 鼎耳革：革，變，指鼎耳不能貫杠來抬走。其行塞：鼎的抬走受到阻礙。雉膏不食：鼎中的野雞肉沒有吃。方雨虧：雨落鼎中損壞美味。終吉：再煮過還是好的。

⑨ 餗（sù 束）：美饌。渥（wò 握）：鄭玄作「剭」，在屋內受刑。

⑩ 信如何：確是怎樣，實無可奈何。

⑪ 金鉉（xuàn 宣去聲）：銅的橫杠，貫鼎耳來抬鼎用的。

⑫ 玉鉉：飾玉的橫杠。

【說明】

《鼎》卦巽下離上，木下火上。《周易淺述》：「取義則以木從火，烹飪之義，故為《鼎》。」「水火不可同處，能使相合為用而不相害，易堅為柔，變生為熟，能革物也。《鼎》所以次《革》也。」按《序卦》說：「革物者莫若鼎，故受之以鼎。」韓康伯曰：「《革》去故，《鼎》取新。以去故則宜製器立法；以治新也，鼎所和齊生物，成新之器也，故取象也。」《革》故《鼎》新是結合的。《鼎》的特點是水火相濟來完成烹飪，來達到取新的效果。《鼎》卦講烹飪貴和，所以《彖傳》稱「得中而應乎剛」，「得中」即和，「應乎剛」即剛柔相應，即水火既濟，才能完成烹飪，恰到好處。《象傳》稱「君子以正位凝命」，指從政治上做到恰到好處，持正以居其位，完成上級的命令，也需要恰到好處。

對《鼎》卦也有不同解釋，先看卦辭：「䷱（巽下離上）《鼎》：元吉，亨。」對這個卦辭的解釋：（一）孫星衍《周易集解》：「何妥曰：『古者鑄金（銅）為此器，能調五味，變故取新，以成烹飪之用，以供宗廟，次養聖賢。天子以天下為鼎，諸位以國為鼎，變故成新，尤須當理，故先元吉而後亨通。』」這裏指出，《鼎》卦的意義是「變故取新」。所以是大吉而通順。（二）李鏡池《周易通義》：「卦中因飲食器而涉及飲食和與飲食有關的事。」究竟《鼎》卦的取名有什麼意義不講。比較起來，（一）說講了「變故取新」的意義，與爻辭合，因取（一）說。

再看爻辭：「初六：鼎顛趾，利出否。得妾以其子，无咎。」孫星衍《周易集解》：「凡陽為實而陰為虛。鼎之為物，下實而上虛（空）。而今陰在下（巽下，三為下卦，四畫，成偶數，為陰卦），則是為覆鼎也，鼎覆則趾倒矣。」又：「施鼎以出穢，得妾以為子，故无咎也。」這是說，覆鼎以出穢，把鼎內的穢物倒出。以妾為正妻，因她母以子貴。這樣解，與變故成新相合。（二）李《周易通義》：「腳是走路，現在有折足之象，故占出門是否有利。事實上他後來得到了別人的妻和子作家庭奴隸。這很可能是個貴族商人，通過貨幣債務剝削來的。」按「鼎顛趾」，指鼎的腳顛倒，沒有講人有折足之象，不合一。「利出否」，利於倒出壞東西，占的是吉或凶，回答的是吉或是凶，沒有回答「出門是否有利」，這就不成其為回答，不合二。

「得妾以其子」，得妾（為妻）因她的兒子做了嫡子，解作「得到了別人的妻和子作家庭奴隸」，原文是「妾」，改成「妻」，改成「別人的妻」，加上「作家庭奴隸」，原文都沒有，不合三。因此這裏用（一）說。

再看：「九三：其行塞，雉膏不食，方雨，虧，悔，終吉。」（一）高亨《周易大傳今注》：「有人用鼎煮雉肉，由廚房移往餐室，鼎耳忽脱落，其行停止。雉肉尚未食，天正下雨，雨水入鼎中，美味虧毀，可謂悔矣，然雉肉可以改烹，終為吉。」（二）李《周易通義》：「鼎耳壞了。這是象占。是否意味着出門打獵將有阻礙，天正要下雨，倒霉，不能出門打獵，家裏的野味不要吃光，得留着。『終吉』，終於度過了雨天。吃完，天就晴了。」按「鼎耳革，其行塞」，「其行」指鼎耳的搬動，不指人的出門打獵，不合一。說「不食」，不是「沒有吃光」，不合二。「方雨虧悔」是承「雉膏」說的，不指下雨不能出外打獵，不合三。「終吉」，也指「雉膏」說。不指天晴可以出去打獵，不合四。因此用（一）說。

再看：「九四：鼎折足，覆公餗，其形渥，凶。」（一）《周易大傳今注》：「鼎足斷，鼎身倒，公之餗傾覆於地，其形汪汪然。此喻人負重責而才力不勝，以致敗公侯之事，是凶矣。」（二）《周易通義》：「形渥：虞翻作『刑渥，大刑也』。……奴隸偶不小心，把貴族的鼎足弄折了，倒瀉了鼎裏的粥。結果受了大刑，死去活來。」（三）孫《周易集解》：「鄭康成曰：『餗，美饌。鼎三足，三公象。若三公傾覆王之美道，屋中形（刑）之』」［《周禮疏》］。按（二）（三）兩説俱可通，但鼎三足喻三公像似更合，故用（三）說。

震（卦五十一）

䷲（震下震上）

《震》：亨。①震來虩虩，笑言啞啞。震驚百里，不喪匕鬯。②

《彖》曰：《震》，「亨」。「震來虩虩」，恐致福也③。「笑言啞啞」，後有則也④。「震驚百里」，驚遠而懼邇也。「不喪匕鬯」，出可以守宗廟社稷，以為祭主也⑤。

《象》曰：洊雷⑥，《震》。君子以恐懼修省。

【譯文】

《震》卦：通順。霹靂打下來，有哆嗦的，有哈哈地笑着說話的；震驚百里的大霹靂打下來，有手裏勺子裏的酒不灑出一點的。

《彖傳》說：《震》卦，「亨」。「震來虩虩」，恐懼謹慎會招致幸福。「笑言啞啞」，後來行動有法則。「震驚百里」，使遠近地方都驚懼。「不喪匕鬯」（一點不害怕而鎮定），出去可以（做諸侯）守護宗廟國家，作為祭祀宗廟社稷的祭主。

《象傳》說：重複地打霹靂，是《震》卦。君子因此恐懼修德反省。

【注】

①《震》：亨，震是打雷。春天打雷，冬天蟄伏的萬物都甦醒了，所以占問是通順。亨，通順。

②震來虩虩（xì隙）：霹靂打下來哆嗦，狀害怕的樣子，這是一種。笑言啞啞：哈哈地笑着説話，不怕打雷，這是又一種。不喪匕鬯（bǐ chàng比唱）：沒有失去勺子裏的一滴酒，不怕打大雷，非常鎮定，不動聲色。這是又一種。匕，勺。鬯，用黑黍與香草釀成的香酒。

③恐致福：聽見打雷恐懼，就小心謹慎，不敢胡來，會招致幸福。

④後有則：不怕打雷，不慌亂，所以打雷後的行動有法則。

⑤不喪匕鬯：高亨《周易大傳今注》：「今本無，郭、京本有，王弼注、虞翻注亦有，當補。」出可以守宗廟社稷，以為祭主：出去做諸侯，有祖廟，有祭土地神的壇為社，有祭五穀神的壇為稷。守宗廟社稷指保衛國家。祭主：古代國家以祭祀為大事，由國君主持，故稱祭主。

⑥洊（jiàn 建）雷：重複打雷。

初九：「震來虩虩」，後「笑言啞啞」⑦，吉。

《象》曰：「震來虩虩」，恐致福也。「笑言啞啞」，「後」有則也。

六二：震來厲，億喪貝，躋于九陵，勿逐，七日得。⑧

《象》曰：「震來厲」，乘剛也。⑨

六三：震蘇蘇，震行无眚。⑩

《象》曰：「震蘇蘇」，位不當也。

九四：震遂泥。⑪

《象》曰：「震遂泥」，未光也。⑫

六五：震往來，厲。意无喪有事。⑬

《象》曰：「震往來厲」，危行也。其事在中⑭，大「无喪」也。

上六：震索索，視矍矍⑮，征凶。震不于其躬，于其鄰，无咎。婚媾有言⑯。

《象》曰：「震索索」，中未得也。雖「凶」「无咎」，畏鄰戒也。

【譯文】

倒數第一陽爻：「震來虩虩」，後來「笑言啞啞」，吉。

《象傳》說：「震來虩虩」，恐懼可以招致幸福。「笑言啞啞」，後來行動有法則。

倒數第二陰爻：霹靂打下來有危險，只丟了錢幣，正登上九重山。（占問說），不用追尋，到第七天可以得到。

《象傳》說：「震來厲」，（人冒着雷雨登山），是柔想駕臨於剛上。

倒數第三陰爻：霹靂打下來，嚇得蘇軟，霹靂打下來沒有害。

《象傳》說：「震蘇蘇」，所處的地位不恰當，（故恐懼）。

倒數第四陽爻：霹靂掉在泥裏。

《象傳》說：「震遂泥」，未有光亮。

倒數第五陰爻：霹靂一去一來，危險。只有雷而無傷害。

《象傳》說：「震往來厲」，在危險中行動。他的行事在於中正，大「无喪」。

最上陰爻：霹靂下來腳發抖，目光不定。出外凶。霹靂不打在他的身上，打在鄰家。無害。親戚有譴責。

《象傳》說：「震索索」，沒有得到正道。雖「凶」「无咎」，怕鄰居有所戒備。

【注】

⑦此指先害怕，後來笑着説話，從怕到不怕。

⑧厲：危險。億：猶惟。貝：錢幣。躋：登。九陵：九層山。逐：追尋。

⑨乘剛：六二是柔，在初九的陽爻的剛之上。

⑩蘇蘇：孫《周易集解》：「鄭康成曰：『蘇蘇，不安也。』」眚：災禍。

⑪遂：同墜，掉下。

⑫未光：雷電落在泥裏，未有光亮。

⑬意：唯。喪：損害。有：猶於。

⑭中：六五居上卦之中，故稱「中」，指中正。

⑮孫《周易集解》：「鄭康成曰：『索索，足不正也。矍矍，目不正。』」

⑯婚媾：指親戚。言：譴責。

【説明】

《震》卦䷲，《周易淺述》：「一陽動於二陰之下，動而震驚，故為《震》。」「全彖以《震》有可亨之道。蓋人能戒懼，則雖震動不失其常，不喪其所主之重也。」從卦辭看，對待打雷，有三種態度：一是驚恐，一是照樣談笑，不以為意，一是非常鎮定。爻辭好像還有一種態度，即先驚恐，後照樣談笑。從《象傳》看，認為聽打雷而驚恐的人，會行動謹慎，可以得福。非常鎮靜的人，可以封他一個侯國，比較推重。從《象傳》看，它又重在「君子以恐懼修省」，還是注意驚恐的。《論語．鄉黨》説孔子「迅雷風烈必變。」聽見疾雷會變色，可見聽見打雷而驚恐，注意修省，是儒家思想。爻辭講「震蘇蘇」，「震索索」，也都是講驚恐的。

艮（卦五十二）

䷳（艮下艮上）

《艮》：艮其背，不獲其身①，行其庭，不見其人，无咎。

《彖》曰：《艮》，止也。②時止則止，時行則行，動靜不失其時，其道光明③。「艮其止」，止其所也④。上下敵應，不相與也⑤。是以不獲其身，行其庭，不見其人，无咎也。⑥

《象》曰：兼山，《艮》。君子以思不出其位。

【譯文】

《艮》卦：注意他的背，不保護他的身體；走到他的院子裏，沒看見他的人，無害。

《象傳》說：《艮》卦，靜止。有時要靜止就靜止，有時要行動就行動，行動或靜止不失去它的時機，它的道光明。「艮其（止）背」，止於他的處所。（《艮》卦的三雙同位爻，下卦的初六與上卦的六四皆為陰爻，為柔，下卦之六二與上卦之六五皆為陰爻，為柔，下卦之九三與上卦之上六皆為陽爻，為剛），是為相應的上下爻剛柔相敵對，不是一剛一柔的相助。因此「不獲其身」，「行其庭，不見其人，无咎。」

《象傳》說：（艮下艮上，山下山上），兩重山，是《艮》卦。（山是止，止而又止），君子因此考慮不要超出他的職位。

【注】

① 《艮》：卦名。承下句「艮」字省，今補。艮（gèn 根去聲）：注意。獲：借作護。

② 艮：止也，以艮為止，即注意力停止在一處，不注意全體，所以不護其身。

③ 其道光明：注意力有時要注意一處，有時要注意全體，這樣的道才光明。

④ 艮其止：高亨《周易大傳今注》：「朱熹說、俞樾說、朱駿聲說：『艮其止』當作『艮其背』。蓋『背』古字作『北』，（漢帛書《周易》卦辭『背』作『北』），因形近誤為『止』。」止其背：注意力止於背部。

⑤ 與：助。

⑥ 行其庭，不見其人，无咎：上下相敵而不相助，缺乏整體觀念，沒有用，好比一

座大宅院沒人住，沒有用，但還無害。

初六：艮其趾，无咎。利永貞。⑦

《象》曰：「艮其趾」，未失正也。

六二：艮其腓，不拯其隨，其心不快。⑧

《象》曰：「不拯其隨」，未退聽也。⑨

九三：艮其限，列其夤，厲，熏心。⑩

《象》曰：「艮其限」，危「熏心」也。

六四：艮其身，无咎。

《象》曰：「艮其身」，止諸躬也。

六五：艮其輔⑪，言有序，悔亡。

《象》曰：「艮其輔」，以中正也。

上九：敦艮，吉。⑫

《象》曰：「敦艮」之「吉」，以厚終也。

【譯文】

倒數第一陰爻：注意他的腳趾，無害。占問長期的事有利。

《象傳》說：「艮其趾」，沒有失去他的正確。

倒數第二陰爻：注意他的腿肚子，不長肉，他的心裏不舒服。

《象傳》說：「不拯其隨」，沒有違反聽從。

倒數第三陽爻：注意他的腰，對他的背分散注意，危險，焦心。

《象傳》說：「艮其限」，危險「熏心」。

倒數第四陰爻：注意他的身體，無害。

《象傳》說：「艮其身」，注意力停止在他的身上。

倒數第五陰爻：注意他的面頰，說話有次序，悔恨可以消失。

《象傳》說：「艮其輔」，用正確做準則。

最上陽爻：多方面注意，吉。

《象傳》說：「敦艮」的「吉」，用厚道做歸宿。

【注】

⑦ 艮其趾，无咎。利永貞：注意腳趾，是注意保護腳趾，有防微杜漸的意思，所以

是有利的。

⑧腓：腿肚子。拯：借為增，增長。隨：借為隋，垂肉。其心不快：腿肚子不長肉，是消瘦，故心不舒服。

⑨未退聽：李《周易集解》作「未違聽」，是。醫生認為腿肚子不長肉是消瘦。他聽了，所以心裏不舒服。

⑩限：腰也，見《釋文》引馬融、荀爽、鄭玄注。夤（yín 寅）：馬融解為「夾脊肉也」，即背部肉。孫《周易集解》：「艮之為義，各止於其所，上下不相與，到中則列（分）矣。列加其夤，危莫甚焉，危亡之憂，乃薰灼其心也。」這是說，注意力只停止在腰部，上面下面都不關，到背部注意力就分散了，這是危險而焦心。列，分裂，指分散。

⑪輔：面頰。

⑫敦艮：《周易大傳今注》：「敦，猶多也。『敦艮』者，謂上多所顧及，不致顧此失彼，顧前忘後，可無敗事，是吉也。」

【說明】

《艮》卦艮下艮上，山下山上，山是止，即止而又止。艮又是注視，艮上艮下，即加強注意。先看卦辭，《周易集解》：這是說注意背部而不保護全身，即只知局部而不顧整體，是沒有用的。「行其庭不見其人」，這是譬喻語，說好比一座大宅院沒有人居住一樣，等於廢物。反映了醫學上的整體觀念。這是一方面。艮又有止義，止與注意又可結合。《象傳》說：「時止則止，時行則行」，有時止，有時行，就醫學上說，病在局部注意力就止於局部，病與其他部分有關，就不能止於局部。《象傳》說：「君子以思不出其位。」這就是注意力止於其位。《論語·泰伯》：「不在其位，不謀其政。」這裏的「思不出其位」，也是宣揚儒家思想。再看爻辭，有注意局部，認為是好的，如「初六：艮其趾」。認為可以防微杜漸，所以是好的。有注意局部，認為是不好的，如「六三：艮其限，列其夤，厲」。只注意腰部，分散他對背部的注意，造成危險。爻辭講的注意不限於身體的，如「六五：艮其輔，言有序」，轉向言論的有序，轉到語言思想方面了。說明《艮》卦講的範圍是比較廣的。

漸（卦五十三）

䷴（艮下巽上）

《漸》：女歸吉[①]，利貞。

《彖》曰：《漸》之進也[②]。「女歸吉」也，進得位，往有功也。進以正，可以正邦也[③]。其位剛得中也。止而巽，動不窮也。

《象》曰：山上有木，《漸》。君子以居賢德善俗。[④]

【譯文】

《漸》卦：女子出嫁吉。占問有利。

《彖傳》說：《漸》卦，是前進。「女歸吉，」女進到夫家，得居主婦的位子，前去有功。正確前進，可以端正邦國。（《漸》的九五為陽爻，為剛，居上卦的中位），它的位子剛而得中。（艮下巽上，艮是止，巽是謙），止而謙，這樣行動是不會碰壁的。

《象傳》說：（艮下巽上，山下木上），山上有木，（逐漸成長），是《漸》卦。君子因此培養賢德，美化風俗。

【注】

①歸：嫁。

②《漸》之進也：朱熹《周易本義》：「『之』字疑衍」，是。這是說，《漸》卦的漸，是進的意思。

③進以正，可以正邦：這是《大學》「家齊而後國治」的意思。這裏也在宣揚儒家思想。

④居：積，指修養。善：美化。

初六：鴻漸于干⑤。小子厲，有言无咎。⑥

《象》曰：「小子」之「厲」，義「无咎」也。⑦

六二：鴻漸于磐，飲食衎衎⑧，吉。

《象》曰：「飲食衎衎」，不素飽也。⑨

九三：鴻漸于陸⑩。夫征不復，婦孕不育，凶。利禦寇⑪。

《象》曰：「夫征不復」，離羣醜也⑫。「婦孕不育」，失其道也⑬。「利用禦寇」，順相保也。

六四：鴻漸于木，或得其桷⑭，无咎。

《象》曰：「或得其桷」，順以巽也。⑮

九五：鴻漸于陵，婦三歲不孕，終莫之勝⑯，吉。

《象》曰：「終莫之勝吉」，得所願也。

上九：鴻漸于阿，其羽可用為儀，吉。⑰

《象》曰：「其羽可用為儀，吉」，不可亂也。

【譯文】

倒數第一陰爻：大雁前進到溪水。小孩（到溪水）有危險，（家長）加以訶止。無害。

《象傳》說：「小子」的「厲」，（經過家長訶止），應該是「无咎」的。

倒數第二陰爻：大雁漸進到水邊石上，飲水吃魚而歡樂，吉。

《象傳》說：「飲食衎衎」，（是靠己力得飽），不是受供養的。

倒數第三陽爻：大雁前進到陸地。丈夫出征不回來，婦人有孕流產，凶。抵禦敵人有利。

《象傳》說：「夫征不復」，離開成羣的同侶。「婦孕不育」，失去保胎的方法。「利用禦寇」，人們和順地互相保衛。

倒數第四陰爻：大雁前進到樹上，有的停在（人家砍倒的）椽木上，無害。

《象傳》說：「或得其桷」，順適而得木。

倒數第五陽爻：大雁前進到山嶺。婦三年不孕，到底沒有人欺侮她，吉。

《象傳》說：「終莫之勝吉」，得到她不受欺的願望。

最上陽爻：大雁飛上大山，它的羽毛可作為文舞的道具。吉。

《象傳》說：「其羽可用為儀吉」，不可亂加處置的。

【注】

⑤ 鴻漸于干：李《周易集解》：「虞翻曰：『鴻，大雁也。』『漸，進也。小水從山流下稱干。』」

⑥言：譴責。

⑦義：宜。

⑧磐：《漢書．郊祀志》載武帝詔曰：「鴻漸于般。」孟康注：「般，水涯堆也。」指水邊石堆，故可在那裏飲水捕魚。衎衎（kàn看）：喜樂貌。

⑨素飽：猶素餐，即不勞而受人供養。

⑩陸：陸地。

⑪夫征不復，婦孕不育。利禦寇：《周易通義》：「丈夫出征沒有回來，婦人懷孕而流產。凶險。這都是由於有敵人侵略，破壞了家庭的和平生活。所以隨之提出『利禦寇』，主張保家衞國，保衞和平。」

⑫醜：伴侶。

⑬失其道：失去她保胎的方法。

⑭或得其桷（jué覺）：桷，方的椽子。工人伐木，把作為方的椽子的木料放在地上。大雁足有蹼，與鵝鴨同，不適宜棲息樹上，所以棲息在地上的木料上。

⑮順以巽：順適於木料，巽指木。

⑯陵：山嶺。婦三歲不孕，終莫之勝：《周易通義》：「勝，虞翻注：『陵也。』陵，欺凌。古代社會婦女不孕是會被休棄的。這個婦女卻沒有被遺棄，是很難得的。」

⑰鴻漸于阿：同上：「阿，原訛為『陸』，因『陸』不但與九三爻犯復，且不協韻。

故江永、王引之、俞越均說是『阿』之訛。阿、儀古為韻。《說文》：『阿，大陵也。』其羽可用為儀：它的羽毛可作文舞的道具。」

【說明】

《漸》卦艮下巽上，山下木上，止下遜上。《周易淺述》：「上順下止而不遽進。以象言之，則山上有木，其高以漸，故曰《漸》。」「全象以艮男下於巽女。有女歸之象。然必正而有漸，乃吉，而為士進身之道，亦即此可推矣。六爻取象於鴻，皆自下而上，皆以論士進之義。」這裏解釋卦辭，以艮下巽上，為男下於女，指男往女家迎娶，為女嫁的正禮。又結合《彖傳》：「漸，進也。」用士子進身來作解，符合「進得位，往有功也。進以正，可以正邦也。」這兩句既可以指女出嫁進得主婦之位，治家有功，符合《大學》「家齊而後國治」。又可兼指士子進身為官，治事有功，進以正，可以正邦國。《象傳》「君子以居賢德善俗」，那就是指士子「進得位，往有功」和「可以正邦」了。再看爻辭，從「鴻漸于干」到磐，到陸，到木，到陵，到阿，確是「皆自下而上」，直到「其羽可用為儀」，作為朝廷文舞的道具，確有「皆以論士進之義。」不過卦辭稱「女歸吉」，則不光指士進，也指女嫁成家，指家庭。所以初六提到「小子厲。有言，无咎。」小子指孩子，有言指父母責言，指家庭。九二的《象傳》稱「不素飽」，猶「不素餐」，已含有這家人靠勞動為生的意思。九三的「夫征不復，婦孕不育」，更指家庭受戰事之害。九五「婦三歲不孕，終莫之勝」，指這家夫婦的和睦。這樣，《漸》卦既指進以正，又結合家庭的各方面生活和士子進身的含意。

歸妹（卦五十四）

䷵（兌下震上）

《歸妹》：征凶[1]，无攸利。

《彖》曰：《歸妹》，天地之大義也。天地不交而萬物不興[2]。《歸妹》，人之終始也。說以動，所以歸妹也[3]。「征凶」，位不當也。「无攸利」，柔乘剛也。[4]

《象》曰：澤上有雷，《歸妹》。君子以永終知敝。[5]

【譯文】

《歸妹》卦：出征凶，無所利。

《彖傳》說：《歸妹》卦，是天地的重大意義。天地的陰陽兩氣不相接觸，萬物就不能生長。《歸妹》卦，人類的始終，（人類靠它來繁衍）。（兌下震上，悅下動上），悅而動，所以嫁少女。「征凶」，（《歸妹》中的四爻，九二以陽爻居陰位，六三以陰爻居陽位，九四以陽爻居陰位，六五以陰爻居陽位），位子不恰當。「无攸利」，（《歸妹》的下卦以一陰爻〔六三〕在兩陽爻〔九二、初九〕之上，上卦以兩陰爻〔上六、六五〕在一陽爻〔九四〕之上），都是柔在剛上。

《象傳》說：（兑下震上，澤下雷上），澤上有雷，是《歸妹》卦。君子因此（要考慮夫婦的）永遠有好結果，知道（它的）流弊。

【注】

①歸妹：嫁少女。征凶：《象傳》解釋為「位不當」，見下。

②興：生長。

③說以動：指男女相悅而後行動，即相愛而後結婚。所以歸妹：原作「所歸妹」，《釋文》：「本或作『所以歸妹』。」因補「以」字。

④位不當：本國與所要征伐的國地位不相當，進攻必敗。柔乘剛：我弱敵強，不能出征。

⑤敝：弊病。

初九：歸妹以娣。跛能履⑥，征吉。

《象》曰：「歸妹以娣」，以恆也。「跛能履吉」，相承也。⑦
九二：眇能視，利幽人之貞。⑧
《象》曰：「利幽人之貞」，未變常也。
六三：歸妹以須，反歸以娣。⑨
《象》曰：「歸妹以須」，未當也。
九四：歸妹愆期，遲歸有時。⑩
象曰：「愆期」之志，有待而行也。⑪
六五：帝乙歸妹，其君之袂不如其娣之袂良⑫。月幾望，吉⑬。
《象》曰：「帝乙歸妹」，「不如其娣之袂良」也。其位在中，以貴行也。⑭
上六：女承筐无實，士刲羊无血⑮，无攸利。
《象》曰：「上六」「无實」，「承」虛「筐」也。

【譯文】

倒數第一陽爻：嫁少女及女妹。跛子能夠走路，出行吉。
《象傳》說：「歸妹以娣」，用常規辦事。「跛能履吉」，有人相幫。

倒數第二陽爻：眼睛不好能看，占問被幽禁的人有利。

《象傳》說：「利幽人之貞」，沒有改變常態。

倒數第三陰爻：嫁少女及女姊，夫家把妹逐歸父母家。

《象傳》說：「歸妹以須」，不恰當。

倒數第四陽爻：嫁少女誤了婚期，遲嫁是有所等待。

《象傳》說：「愆期」的用意，有所等待再出嫁。

倒數第五陰爻：帝乙嫁少女為后，后的衣袖不及她妹的衣袖美。結婚在月半後，吉。

《象傳》說：「帝乙歸妹」（為后），「（后的衣袖）不如其娣之袂良」。后的位在中宮，因為貴來嫁的。

最上陰爻：女捧筐，筐中無物；男刺羊不出血，（是空刺），無所利。

《象傳》說：「上六」「无實」，捧着空筐。

【注】

⑥ 歸妹以娣：先秦時代貴族嫁女，多用女的妹子陪嫁。跛能履。見《履》卦注。

⑦ 恒：常規，當時的規矩是這樣。相承：相助。

⑧眇能視：見《履》卦注。幽人：被幽禁的人，當時貴族婦女被關在宮裏不能出來，故稱「幽人」。

⑨歸妹以須，反歸以娣：當時嫁女，以女妹陪嫁，故以女姊陪嫁為反常。以女姊陪嫁，夫家以女姊為正妻，把妹逐歸父母家。須，同嬃，姊。

⑩愆：誤。時：待。

⑪行：指嫁。

⑫帝乙歸妹：殷帝名乙，紂之父，嫁少女於周文王。君，周文王之后。娣，帝乙少女之妹。

⑬月幾望：月既望，過了月半，指婚期。

⑭其位在中，以貴行：帝乙少女比她的妹貴，所以在中稱后。

⑮刲（kuī 虧）：刺。孫《周易集解》：「刲羊而無血，不應所命也。」上命士刺羊取血來祭，士不應命，空刺，所以無血。

【說明】

《歸妹》卦兑下震上，澤下雷上。《周易淺述》：「雷震而澤動，有相從之象。女之長者曰姊，少者曰妹。兑以少女從震之長男，亦為女歸之象，故曰《歸妹》。」《歸妹》是講婚姻的卦，《彖傳》裏提出「說以動」，即男女相悦才結婚，在當時即有此種想法是比較難得的。《彖傳》

提到「君子以永終知敝」，論婚姻要考慮到白頭偕老的永終，要考慮到婚姻中的各種流弊，這也是難得的。再看爻辭，顯出先秦時代婚姻的種種情況，有「歸妹以娣」的姊妹同嫁一夫的風俗，有婦人被關在宮內的「幽人之貞」，有「帝乙歸妹」的大事，從爻中可以看到當時婚姻的各種情況。在卦辭裏又提出「征凶」，這又跟爻位的不當相聯繫，說明「柔乘剛」的不宜出征，這也說明家與國的關係，國不安定會影響家的幸福。

豐（卦五十五）

䷶（離下震上）

《豐》：亨，王假之[①]。勿憂，宜日中。

《彖》曰：《豐》，大也。明以動，故《豐》。「王假之」，尚大也[②]。「勿憂宜日中」，宜照天下也。日中則昃，月盈則食，天地盈虛，與時消息[③]，而況於人乎，況於鬼神乎？

《象》曰：雷電皆至，《豐》。君子以折獄致刑。

【譯文】

《豐》卦：祭祀，王到廟。勿憂，應該在太陽正中祭。

《彖傳》說：《豐》卦，是大。（離下震上，火下雷上，明下動上），明而動，所以《豐》。「王假之」，崇尚大事。「勿憂宜日中」，應該照耀天下。太陽正中就要偏斜，月亮圓滿就要虧缺，天地間的日月還有這樣的滿和缺，跟着時間消長，何況人事呢？何況鬼神的受祭祀呢？

《象傳》說：（離下震上，電下雷上），雷電都來了，是《豐》卦。君子因此判斷獄訟，施行刑罰。（電指明斷，雷指刑罰。）

【注】

①豐：大。亨：同享，祭祀。王假之：即《萃》卦的「王假有廟」，王到祖廟。

②尚大：崇尚大事。當時以祭祀和戰爭為大事。

③昃：太陽偏斜。食：月虧缺。消息：消長。

初九：遇其配主，雖旬无咎，往有尚④。

《象》曰：「雖旬无咎」，過旬災也。

六二：豐其蔀，日中見斗⑤。往得疑疾，有孚，發若吉⑥。

《象》曰：「有孚發若」，信以發志也。

九三：豐其沛，日中見沬⑦，折其右肱，无咎。

《象》曰：「豐其沛」，不可大事也。「折其右肱」，終不可用也。

九四：豐其蔀，日中見斗，遇其夷主[8]，吉。

《象》曰：「豐其蔀」，位不當也[9]。「日中見斗」，幽不明也。「遇其夷主」，「吉」行也。

六五：來章有慶譽[10]，吉。

《象》曰：「六五」之「吉」，有慶也。

上六：豐其屋，蔀其家，窺其戶，闃其无人[11]，三歲不覿，凶。

《象》曰：「豐其屋」，天際翔也。「窺其戶，闃其无人」，自藏也。

【譯文】

倒數第一陽爻：碰到女主人，祇十天內無害，去有賞。

《象傳》說：「雖旬无咎」，過十天有災。

倒數第二陰爻：擴大蔽日的黑雲，一片黑暗，日正中時看見北斗星，前去得到多疑病，有誠信來啟發着，吉。

《象傳》說：「有孚發若」，靠誠信來啟發意志。

倒數第三陽爻：擴大遮陽的黑雲，昏暗不明，日中看見小星。折斷他的右臂，（可以治癒），無害。

《象傳》說：「豐其沛」，不可做大事。「折其右肱」，終究不可用。

倒數第四陽爻：擴大蔽日的黑雲，日中看見北斗星。碰見平常去寄宿處的主人，吉。

《象傳》說：「豐其蔀」，地位不恰當。「日中見斗」，幽暗不明。「遇其夷主」，出行吉。

倒數第五陰爻：取得文采，有慶賀讚譽，吉。

《象傳》說：「六五」之「吉」，「有慶」。

最上陰爻：擴大他的屋，遮蔽他的家，窺看他的門戶，靜寂地沒有人，三年沒有看見人，凶。

《象傳》說：「豐其屋」，（貴族得意），像鳥在天空飛翔。「窺其戶，闃其無人」，自己藏起來了。

【注】

④配主：女主人。雖：漢帛書《周易》作「唯」。旬：十天，在十天內無害，過十天

有災，當是一種禁忌。尚：賞。

⑤蔀（bù部）：李《周易集解》：「虞翻曰：『日蔽雲中稱蔀。』」「斗，七星也。」按「日中見斗」，非實象，當是假象，比喻在極光明之時，其人心地極為陰暗，見《前言》的《周易今譯》。

⑥疑疾：多疑的病。孚：誠信。發若：啟發着。孫《周易集解》：「有孚可以發其志，不困於暗，故獲吉也。」

⑦沛：李《周易集解》：「虞翻曰：日在雲下稱沛，沛不明也。沬，小星也。」按日在雲下，不是不明，下當作上。

⑧夷主：經常接待的房東。

⑨位不當：《豐》卦九四為陽爻，在陰爻下，比「豐其蔀」。

⑩來章：得來文采，像辭令上的文采，行動上的風采都是。

⑪闃（qù去）：寂靜。

【說明】

《豐》卦離下震上，火下震上，明下動上。《周易淺述》：「以明而動，動而能明，皆有豐大之意，故為《豐》。」「全象當豐盛之時，宜宇中不使至於過盛。蓋豐則多故，故有戒辭也。」看卦辭，講王到祖廟祭祀，當時以祭祀為國之大事，正說明「豐，大也」。又說「宜日中」，《彖傳》說：「宜照天下」，日中宜照天下，正說明是太陽盛大之時。但接着說「日中則昃」，日光過中則傾斜，正說明盈虛消長的客觀規律，所以盛大時要有所戒。所以爻辭的「豐其蔀」，「豐其沛」，這種豐反而造成黑暗，要人戒備。這種黑暗會使人得疑疾，會使人跌倒，折右臂，只有保持誠信，才可以轉化為吉，為无咎。再像「豐其屋」，如貴族得意時，像在天際飛翔，但轉而逃亡，這更說明盈虛消長的道理了。《象傳》又從雷電的以雷比刑罰，以電比明照，提出「折獄致刑」，是又一種意義。

在《豐》卦裏也有不同解釋。如對卦名《豐》，上面指出在豐盛時要有戒備，是一種解釋。再看李鏡池《周易通義》：「這是講行旅、商旅的專卦」，認為是反映商人生活。反映商人生活，跟「王假之」，「日中見斗」，「日中見沫」有什麼關係呢？所以這裏不採取他的說法。

再看爻辭：「初九：遇其配主，雖旬，无咎。」有不同解釋。（一）《周易通義》：「旬：借為姰，《說文》：『姰，男女併也。』指男女姘居結合。尚：助。這是說旅人到一地借住，招待他的是女主人，跟他同居成夫婦。這個女主人當是個寡婦。上古社會寡婦再婚是常事，所以爻辭說『无咎』。『往有尚』，言行旅得到內助。」（二）孫星衍《周易集解》：「鄭康成曰：『初（九）修禮上朝（九）四，（九）四以匹敵，恩厚待之，雖留十日不為咎。』」這是說，《豐》卦的下卦末爻初九，與上卦末爻九四相匹敵，相待有恩禮，雖留十日無害。按《周易通義》的《蠱》卦「先甲三日，後甲三日」注：「周人占時日都說七日，與殷人卜旬不同。」這裏講「旬」，當是殷人的故事。照（二）說，可留十日，是殷人的風俗，不煩改字。照（一）說要改字，這樣改字，又無旁證，可疑，所以這裏用（二）說。

再看「六二：豐其蔀，日中見斗。往得疑疾。有孚發若。吉。」（一）《周易通義》：「蔀：用草或草織小蓆蓋的房頂。斗：北斗星。孚：奴隸。發：借為廢（殘廢）。大房子用草或草織小蓆蓋房頂，白天能見到北斗星。……買到了奴隸，但卻是殘廢的。」按不論怎樣遮蓋屋子，日中屋外一片光明，不能見北斗星。「日中見斗」之說，不可能是實象，當是假象，即事實上沒有的。見《前言》的《周易今譯》節。因用孔穎達《正義》說，「日中」比極光明之時，「見斗」比心地極為陰暗。又這裏說買的奴隸殘廢，卻稱吉，也是矛盾。

又「上六：豐其屋，蔀其家，窺其戶，闃其無人，三年不覿。凶。」也有不同解釋：（一）《周易通義》：「一座大屋子，用草泥蓋房頂。從門縫向裏看，靜寂無人，甚至多年不見人影。很可能商人久客不歸，妻子也跑了。」（二）孫《周易集解》：「既豐其屋，又蔀其家，屋厚家覆，暗之甚也。雖窺其戶，闃其無人，棄其所處，而自深藏也。處於明動尚大之時，而深自幽隱，以高其行。大道既濟而猶不見，隱不為賢，更為反道，凶其宜也。」這裏作了合理的解釋。對《豐》卦的用意，像爻辭中說的，「日中見斗」，即有陰雲蔽日的象，指時代昏暗。加上「上六」處在過高的地位，又陰爻指臣，臣的地位過高則危，故與深隱相合。但經過三年，大道既濟而猶深隱，所以「凶」，稱「凶」也合。（一）說稱商人在外不歸，與《豐》卦的意義無關，故不取（一）說而用（二）說。

旅（卦五十六）

䷷（艮下離上）

《旅》：小亨①。旅貞吉。

《彖》曰：《旅》「小亨」，柔得中乎外，而順乎剛，止而麗乎明，是以「小亨旅貞吉」也。旅之時義大矣哉！

《象》曰：山上有火，《旅》。君子以明慎用刑而不留獄。

【譯文】

《旅》卦：小通順。占問旅行吉。

《彖傳》說：《旅》卦「小亨」。（六五為陰爻，為柔，居外卦之中），是柔得中於外，（上九為陽爻，為剛，六五居上九之下），是柔順於剛。（艮下離上，止下明上），止而附着光明，（旅行依附於光明的主人，得小通順），因此

「小亨旅貞吉」。《旅》卦的以時發揮它的意義大了啊！

《象傳》說：（艮下離上，山下火上），山上有火，是《旅》卦。（火指明察），君子因此明察慎重地用刑，不拖延獄訟。

【注】

① 旅：小亨：旅行要投靠接待他的房主人，所以僅得小通順。

初六：旅瑣瑣，斯其所②，取災。

《象》曰：「旅瑣瑣」，志窮「災」也。③

六二：旅即次，懷其資，得童僕，貞。④

《象》曰：「得童僕貞」，終无尤也。⑤

九三：旅焚其次，喪其童僕，貞厲。

《象》曰：「旅焚其次」，亦以傷矣。以旅與下，其義「喪」也。⑥

九四：旅于處，得其資斧，我心不快。⑦

《象》曰：「旅于處」，未得位也。「得其資斧」，「心」未「快」也。

六五：射雉，一矢亡，終以譽命。⑧

《象》曰：「終以譽命」，上逮也。⑨

上九：鳥焚其巢，旅人先笑後號咷。喪牛于易，凶。⑩

《象》曰：以「旅」在「上」，其義「焚」也。「喪牛于易」，終莫之聞也。⑪

【譯文】

倒數第一陰爻：旅客三心二意，離開他的寓所，因而得禍。

《象傳》說：「旅瑣瑣」，不得意而離開寓所，造成「災」。

倒數第二陰爻：旅客到了住處，攜帶錢幣，買得一男奴隸，占問吉。

《象傳》說：「得童僕貞」，終究沒有害處。

倒數第三陽爻：旅客的住處被火燒了，失掉了他的男奴隸。占問有危險。

《象傳》說：「旅焚其次」，也已經受害了。以旅客與手下的男奴隸住在一起，他的失去男奴隸是應該的。

倒數第四陽爻：旅客在住處，找到了他的錢幣，心裏不快活。

《象傳》說：「旅于處」，（九四為陽爻，居倒數第四為陰位），沒有得到適當的位子。「得其資斧」，「心」裏沒有快活。

倒數第五陰爻：旅客射野雞，一箭射中，野雞帶箭飛走，終究得到善射的美名。

《象傳》說：「終以譽命」，上面給的。

最上陽爻：（旅客住處被燒，像）鳥被燒了巢，旅客先笑後嚎哭。在狄人那裏失去了牛，凶。

《象傳》說：因為旅客在上位，（上九的爻在上位），他的住處應該被焚。「喪牛于易」，終究沒有人來慰問。

【注】

② 瑣瑣：《周易通義》：「瑣瑣，是惢惢的假借。三心二意，疑慮不一。《說文》：『惢，心疑也，從三心。』讀若《易》『旅瑣瑣』。」「斯：《爾雅》以斯為離。」「取災：得禍。」

③ 志窮：不得意。

④ 即次：就客舍。資：錢幣。童僕：男奴隸。貞：貞後當脫「吉」字。

⑤ 尤：過錯，指害。

⑥傷：受損失。與：二人共處。下：指童僕。義：宜。

⑦資斧：錢幣，仿斧形製的銅幣。不快：失掉了童僕的緣故。

⑧亡：失去。譽命：美名。

⑨逮：及，指給。

⑩喪牛于易：指周大王時，狄人來侵，奪取了周人的牛羊。易，通狄，北方少數民族名。

⑪莫之聞：莫聞之。王念孫《經傳釋詞》說：「聞讀為詞，相恤問也。」

【說明】

《旅》卦艮下離上，山下火上。《周易淺述》：「山止於下，火炎於上，去其所止而不處，為旅之象。」「全象以處旅本無大通，雖亨亦小。然道無不在，不可以暫時而苟且，故必守正乃吉也。」這裏結合卦辭講，認為旅客在外，只能得小通順而本無大通順。就《象傳》看，要得小通順，要「柔得中乎外，而順乎剛」，即柔順而正確。《象傳》把《旅》卦的意義擴大到「明慎用刑而不留獄」了，而不限於指旅客。再看爻辭，初六的三心二意，不正確，所以得禍。六二即得「小亨」。九三「旅焚其次，喪其童僕」，遭到損失。六五得射雉的美名，也是小亨。上九處上而剛，不是處柔而順，所以是凶了。這是《旅》卦的含意。

《旅》卦裏的「喪牛于易」，有二說：（一）《周易大傳今注》：「易，國名。此記殷之祖先王亥之故事。王亥曾作客於有易之國，從事畜牧牛羊，而行淫享樂，有易之君綿臣殺王亥，而取其牛。此爻辭言『鳥焚其巢』，謂綿臣殺王亥之時焚其居宅，『旅人先笑後號咷』，謂王亥先逞淫樂，後臨被殺而大哭。『喪牛于易』，謂王亥失其牛於易國；『凶』，謂王亥遭遇凶禍。」

(二)《周易通義》：「這是周人歷史上的一件大事。說大王被狄人侵迫，從邠遷於岐山周原。狄人侵犯時，燒殺搶掠，周人像鳥被燒了巢一樣，無家可歸，全旅遷徙，成了旅人。他們原先生活過得快樂，後來就很悲慘了，呼號哭泣，不但家園被毀壞，連牛羊等牲畜也被狄人搶了去。這真是一次大災難。」後說以「易」為「狄」。這裏採用後一說。因為《大壯》卦：「六五：喪羊于易，无悔。」跟這裏的「喪牛于易」是一回事。倘指王亥被殺，應該是「凶」，為什麼說「无悔」呢？倘指大王遷岐，那末雖被狄人侵掠，結果還是發展壯大，所以「无悔」。再說《象傳》：「『喪牛于易』，終莫之聞也。」指沒人來慰問，倘指王亥被殺，人也死了，怎麼談得上慰問呢？所以這裏取了後一說。

巽（卦五十七）

☴☴（巽下巽上）

《巽》：小亨①。利有攸往。利見大人。

《彖》曰：重巽以申命。剛巽乎中正而志行。柔皆順乎剛，是以「小亨，利有攸往，利見大人」。

《象》曰：隨風，《巽》。君子以申命行事。

【譯文】

《巽》卦：小通順。有所往有利，見大人有利。

《彖傳》說：（巽下巽上是兩巽相重；巽是風，比上面的教命），兩巽相重來重申上面的教命。（《巽》的九五、九二以陽爻居上下卦之中，為剛；巽，入也）。剛入於中正，比君主的意志得以推行。（《巽》的六四、初六為陰爻，為柔，在九五、九二兩陽爻之下，陽為剛），是柔都順從於剛，因此「小亨，利有攸往，利見大人」。

《象傳》說：（巽是風，巽下巽上是）風隨着風，是《巽》卦。君子因此重申教命，推行政事。

【注】

① 巽（xùn 遜）：謙遜。小亨：小通順。

初六：進退，利武人之貞。

《象》曰：「進退」，志疑也。「利武人之貞」，志治也。②

九二：巽在牀下，用史巫紛若，吉③，无咎。

《象》曰：「紛若」之「吉」，得中也。

九三：頻巽，吝。④

《象》曰：「頻巽」之「吝」，志窮也。⑤

六四：悔亡，田獲三品。⑥

《象》曰：「田獲三品」，有功也。

九五：貞吉，悔亡，无不利，无初有終。先庚三日，後庚三日，吉。⑦

《象》曰：「九五」之「吉」，位正中也。

上九：巽在牀下，喪其資斧⑧，貞凶。

《象》曰：「巽在牀下」，「上」窮也。「喪其資斧」，正乎「凶」也。

【譯文】

倒數第一陰爻：占問武人指揮軍隊進退有利。

《象傳》說：「進退」，（即進退不定），心下疑惑。「利武人之貞」，心志不亂。

倒數第二陽爻：伏在牀下，用史巫亂紛紛地禱告，吉，無害。

《象傳》說：「紛若」的「吉」，得到正確的禱告。

倒數第三陽爻：皺眉頭伏着，困難。

《象傳》說：「頻巽」的「吝」，不得意。

倒數第四陰爻：悔恨消失。打獵捉到三個品種的獵物。

《象傳》說：「田獲三品」，有功效。

倒數第五陽爻：占問吉，悔恨消失，沒有不利，沒有好開頭，有好結果。在庚前三日到庚後三日，即從丁日到癸日，吉。

《象傳》說：「九五」的「吉」，位子在正中。

最上陽爻：伏在牀下，失掉錢幣，占問凶。

《象傳》說：「巽在牀下」，在上面要碰壁。「喪其資斧」，雖正確而也「凶」。

【注】

②治：不亂。

③巽：順，指伏。伏在牀下，指病人怕鬼。史巫：史，向神禱告的人。巫，降神的人。紛若：亂紛紛的樣子。用史巫來驅鬼，當時迷信，故認為吉，認為正確。

④頻：通顰，皺眉。巽：伏而不出。吝：困難。

⑤志窮：志不得伸展。

⑥田：打獵。品：品種。

⑦先庚三日，後庚三日，吉：當時以甲、乙、丙、丁、戊、己、庚、辛、壬、癸來記日，先庚三日即丁日，後庚三日即癸日，從丁日到癸日即七日，是吉日。

⑧巽在牀下：伏在牀下，當是盜賊入室，病人害怕躲避，所以喪失他的錢幣。

【說明】

《巽》卦☴，《周易淺述》：「一陰在二陽之下，順於陽而善入，故名為巽。」「全彖以陰為主，故所亨者小，而以陰從陽，故利有所往而利見大人。」這是對卦辭的說明，以陰爻為主。但《象傳》卻說：「剛巽乎中正而志行」，從剛方面說，即巽的柔順，是以臣從君，剛指君，從剛說，即臣的柔順是順君命而行，所以從君的中正來說，即臣的順君，是順君中正的命令，這樣說比較恰當。再看爻辭，九五是君位，《象傳》又說：「位正中也。」即居君位而中正，所以臣下從君是吉的。那為什麼說「无初有終」呢？孫《周易集解》說：「化不以漸，猝以剛直，用加於物，故初皆不說（悦）也。終於中正，邪道以消，故有終也。」即認為以九五的剛中，比君主的正確命令。臣下執行君主正確命令，不符合謙遜之道，過於剛直，使民不悦，所以沒有好的開始。但命令正確，所以有好結果。這樣剛柔結合來考慮，指出無初有終，是有樸素的辯證觀點的。至於九二的「巽在牀下」，以「史巫紛若」為「得中」，認為史巫的驅鬼是正確的，這裏反映了當時人的迷信。

兑（卦五十八）

䷹（兑下兑上）

《兑》：亨。利貞。

《彖》曰：《兑》，說也①。剛中而柔外，說以「利貞」，是以順乎天而應乎人。說以先民，民忘其勞。說以犯難，民忘其死②。說之大，民勸矣哉！

《象》曰：麗澤③，《兑》。君子以朋友講習。

【譯文】

《兑》卦：通順，占問有利。

《彖傳》說：《兑》卦，悦。（《兑》卦九二、九五為陽爻，為剛，居下卦和上卦的中位，是為剛中。六三、上六為陰爻，為柔，居九二、九五之外，是謂柔外），是剛中而柔外。（兑是悦），使人喜悦而「利貞」，因此是順着自然而應於人心。先於民勞苦使民喜悅，民忘記他們的勞苦。先於民犯難使民喜悅，民忘記他們的犧牲。悅的重要，人民是勸勉了啊！

《象傳》說：（兑下兑上，澤下澤上），兩個澤相連，（其中的水交流），是《兑》卦。君子因與朋友講習，（以交流知識）。

【注】

① 兑：悅。說：同悅。

② 說以先民，民忘其勞。說以犯難，民忘其死：即悅以先民勞，民忘其勞。悅以先民犯難，民忘其死。在上位的領導要先於民勞動或犯難，民才悅而忘勞忘死。

③ 麗澤：兩澤相連。

初九：和兑，吉。

《象》曰：「和兑」之「吉」，行未疑也。④

九二：孚兑，吉，悔亡。

《象》曰：「孚兑」之「吉」，信志也。

六三：來兌，凶。⑤

《象》曰：「來兌」之「凶」，位不當也。⑥

九四：商兌未寧，介疾有喜。⑦

《象》曰：「九四」之「喜」，有慶也。

九五：孚于剝，有厲。⑧

《象》曰：「孚于剝」，位正當也。⑨

上六：引兌。

《象》曰：「上六：引兌」，未光也。⑩

【譯文】

倒數第一陽爻：和悅，吉。

《象傳》說：「和兌」的「吉」，行動沒有懷疑的。

倒數第二陽爻：以誠信使人喜悅，吉，悔恨消失。

《象傳》說：「孚兌」的「吉」，相信他的意志。

倒數第三陰爻：來討好，凶。

《象傳》說：「來兑」的「凶」，（六三為陰爻，居陽位），是地位不相當。

倒數第四陽爻：喜悅的商談雖未定，疥瘡的病有去掉的可喜。

《象傳》說：「九四」的「喜」，有可賀的。

倒數第五陽爻：相信剝落的說法，有危險。

《象傳》說：「孚于剝」，（居九五之位），位正當的，（不當信）。

最上陰爻：引我喜悅。

《象傳》說：「上六：引兑」，未有光明。

【注】

④ 行未疑：未疑則相信，所以能和悅。

⑤ 來兑：來使人喜悅，可能是出於引誘，故凶。

⑥ 位不當：指不當悅而悅。

⑦ 介疾：疥瘡。

⑧ 孚于剝，有厲：孫《周易集解》：「剝之為義，小人道長之謂。」指相信小人，故有危險。

⑨ 位正當：同上：「以正當之位，信於小人而疏君子，故曰位正當也。」

⑩「引兑」，未光也：引人喜悅。喜悅者亦喜人討好，故他的道德還未光明。

【說明】

《兑》卦☱，兑下兑上。《周易淺述》：「其象為澤，一陰進乎二陽之上，喜見乎外，故其德為説（悦）。」「全象以卦體柔外有亨之道，而剛中則利於正，此全象之大指也。」這是説，《兑》卦的上卦和下卦的上爻都是陰爻，所以柔外；上卦和下卦的中爻是陽，故剛中。柔外剛中，外和柔而內剛正，所以使人喜悦而吉。《彖傳》稱：「是以順乎天而應乎人。」就「內剛正」説是正確的，正確的則順乎自然的規律，所以「順乎天」；加上「外和柔」，又適應人心，所以「應乎人」。又説：「説以先民，民忘其勞；説以犯難，民忘其死。」「説以犯難」，承「説以先民」句，當為「説以先犯難」之省。《論語．子路》：「子路問政，子曰：『先之，勞之。』」《集注》：「蘇氏曰『凡民之行，以身先之，則不令而行。凡民之事，以身勞之，則雖勞不怨。』」則「先民」是以身先於民勞動，故民忘其勞苦；「先犯難」，是以身先民犯難，故民忘其死。這是孔子思想的具體表現，也是使民勞而悦，犯難而悦，是很好的領導。這是《兑》卦的深刻含義。再看爻辭，如初九的「和兑」，九二的「孚兑」，九四的「商兑」，都是和悦而正確的，所以都是符合《兑》卦的用意的。

渙（卦五十九）

䷺（坎下巽上）

《渙》：亨，王假有廟①。利涉大川，利貞。

《彖》曰：《渙》，「亨」，剛來而不窮，柔得位乎外而上同②。「王假有廟」，王乃在中也。「利涉大川」，乘木有功也。

《象》曰：風行水上，《渙》。先王以享于帝，立廟。

【譯文】

《渙》卦：通順。王到祖廟。渡大河有利，占問有利。

《彖傳》說：《渙》卦，「亨」。（《渙》的九二、九五為陽爻，為剛，為內卦、外卦的主爻），是剛來而不窮困。（《渙》卦六四為陰爻，為柔，居外卦的陰位，與上面九五的剛相配合），是柔得位於外而上應。「王假有廟」，（九五居上卦之正中，是尊位，比王位），王是在正中。「利涉大川」，（下坎上巽，下水上木，木船渡河水），是乘木船有功效。

《象傳》說：（坎下巽上，水下風上），風行水上，是《渙》卦。（風行水上，比教化行於民間。先王以神道設教），先王因此祭祀上帝，為建廟。

【注】

①渙：流散。王假有廟：假，到。有，於。廟：神廟，宗廟。

②上同：上同於君王。

初六：用拯馬壯，吉。③

《象》曰：「初六」之「吉」順也。④

九二：渙奔其机⑤，悔亡。

《象》曰：「渙奔其机」，得願也。

六三：渙其躬，无悔。

《象》曰：「渙其躬」，志在外也。⑥

六四：渙其羣，元吉⑦。渙有丘，匪夷所思。⑧

《象》曰：「渙其羣元吉」，光大也。⑨

九五：渙汗其大號，渙王居⑩，无咎。

《象》曰：「王居无咎」，正位也。⑪

上九：渙其血，去逖出⑫，无咎。

《象》曰：「渙其血」，遠害也。

【譯文】

倒數第一陰爻：用閹割的馬強壯，吉。

《象傳》說：「初六」的「吉」，是馬順從人意。

倒數第二陽爻：散流的水奔沖他的台階，（沖洗院內髒穢），悔消失。

《象傳》說：「渙奔其机」，得到願望。

倒數第三陰爻：散流的水沖洗他的身子，沒有悔恨。

《象傳》說：「渙其躬」，用意在於對外。

倒數第四陰爻：散流沖洗羣眾，大吉。散流到丘陵，不是平常所能想的。

《象傳》說：「渙其羣元吉」，影響廣大。

倒數第五陽爻：散流他的汗，像發出大的號令。散流的水沖洗王宮，無害。

《象傳》說：「王居无咎」，是端正王位。

最上陽爻：渙散他的憂患，憂患去，警惕出來，無害。

《象傳》說：「渙其血」，遠離危害。

【注】

③ 拯馬：閹割的馬。

④ 順：順從人意。

⑤ 渙奔其机：渙，散流的水。奔：急流。机：漢帛書《周易》作「階」，台階。水流沖激台階，可沖洗院內髒穢。

⑥ 志在外：散流沖洗他的身體，比喻清除身上的污點，用意在對外以德教化人。

⑦ 渙其羣：散流沖洗羣眾，使羣眾潔身自好，故大吉。

⑧ 渙有丘，匪夷所思：有，於。夷：平常。散流的水沖激在丘陵上，不是平常所能想到的。

⑨ 光大：同廣大。

⑩ 渙汗其大號：流汗，像發佈大號令。渙王居：散流的水沖洗王宮，洗去污穢。

⑪ 正位：端正王位。九五指王位，是中正的，要求清除不正的污穢。

⑫ 渙其血，去逖出：渙其血，血去逖出。血去逖出，見《小畜》「六曰：血去逖出。」血借為恤，憂；逖通惕，警惕。渙散他的憂患，憂患去了，警惕來了。

【說明】

《渙》卦坎下巽上，水下風上。《周易淺述》：「取風行水上，離披解散之象。」「《彖傳》取聚渙濟渙為義，故六爻之中，以剛柔上下相比合者乃能濟渙。」渙是渙散，故《象傳》說「風行水上」，風比德教的散佈。「先王以享于帝」，正是神道設教，散佈以神道設教來鞏固他的統治。渙即是渙散，有散佈教化的意義。又有濟渙，即改變渙散，這就是「剛柔上下相比合」，如初六陰爻，與九二陽爻相接，故吉。六四陰爻，與九五陽爻相接，故元吉。六三陰爻，與六四陰爻相接，是兩陰相連，故只有无悔；九五陽爻，與上九陽爻相接，是兩陽相連，故只有无咎。那末渙指渙散，是從散佈德教的好的方面講的，當時認為神道設教有助於鞏固統治，是肯定的，這是時代局限，反映了剝削階級的觀點。另一方面要求濟渙，要求下面服從上面，所謂「柔得位乎外而上同」。這是反映《渙》卦的含義。《渙》卦中也有不同解釋，如「渙汗其大號」：（一）孫《周易集解》：「鄭康成曰：『號，令也（《文選》注）。』王肅曰：『王者出令，不可復返。喻如身中汗出，不可返也（《北堂書抄》）。』」（二）《周易大傳今注》：「『渙其汗』

原作『渙汗其』，誤，今據漢帛書《周易》移正。『渙其汗大號』，謂流其汗又大哭，必是抱病痛或遇禍事，此乃凶象。」按《漢書．劉向傳》：「《易》曰：『渙汗其大號。』言號令如汗，汗出而不反者也。」劉向的解釋也同（一），因此這裏用（一）說，不用（二）說，照（二）說，「此乃凶象」，但九五爻辭裏沒有「凶」，也和爻辭不合，故不取。

節（卦六十）

䷻（兌下坎上）

《節》：亨。苦節，不可貞。①

《彖》曰：《節》「亨」。剛柔分而剛得中。「苦節不可貞」，其道窮也。說以行險，當位以節，中正以通。天地節而四時成。節以制度，不傷財，不害民。②

《象》曰：澤上有水，「節」③。君子以制數度，議德行。④

【譯文】

《節》卦：通順。以有節度為苦，占問是不行的。

《彖傳》說：《節》卦「亨」。（《節》卦上卦為坎，為陽卦，為剛；下卦為兑，為陰卦，為柔，《節》卦的九五、九二為陽爻，為剛，居上下卦的中位）。是剛柔分而剛得中。「苦節不可貞」，它的道理是要碰壁的。（《節》卦兑下坎上，悅下險上），喜悅着走險地。（《節》卦九五為陽爻，居陽位，六四為陰爻，居陰位），是陰陽各當位加以節度。（《節》卦九五、九二居上下卦的中位），是中正得以通順。天地有節度四季才確定。節度用來制定各種法度，才能不浪費財物，不害民。

《象傳》說：（兑下坎上，澤下水上），澤上有水，是《節》卦。君子用來制定度數，議定道德行動的準則。

【注】

①節：節度。亨：有節度就通行。苦節，不可貞：以節度為苦，而不要節度，占問是不行的。

②節以制度：用節度來制定各種法度，如制定法律、禮儀。不傷財，不害民：按照法律禮儀，貴族的享受和行動，要在法律禮儀規定以內，要求不傷財，不害民。

③澤上有水，《節》：澤上有水，要加以節度，即不使水氾濫成災，水漲時要築堤壩。

④數度：數指禮儀的等級。度指法度，包括法律、禮儀。數度是要求人遵守禮和法，德行是要求人遵守道德。

初九：不出戶庭，无咎。[5]

《象》曰：「不出戶庭」，知通塞也。[6]

九二：不出門庭，凶。[7]

《象》曰：「不出門庭凶」，失時極也。[8]

六三：不節若，則嗟若，无咎。[9]

《象》曰：「不節」之「嗟」，又誰「咎」也。

六四：安節。亨。

《象》曰：「安節」之「亨」，承上道也。[10]

九五：甘節，吉，往有尚。[11]

《象》曰：「甘節」之「吉」，居位中也。[12]

上六：苦節，貞凶，悔亡。[13]

《象》曰：「苦節貞凶」，其道窮也。

【譯文】

倒數第一陽爻：（以有節度為苦），不出家門，無害。

《象傳》說：「不出戶庭」，知道行得通或行不通。（知道行不通，故不出家門）。

倒數第二陽爻：不出閭門，（會得罪閭內鄰居），凶。

《象傳》說：「不出門庭凶」，失掉當時的正道。

倒數第三陰爻：不守節度，就嗟歎：（守節度，）無過錯。

《象傳》說：「不節」的「嗟」，（知道改正），又誰來責罰他。

倒數第四陰爻：安心守節度，通順。

《象傳》說：「安節」的「亨」，遵守上面的道理。

倒數第五陽爻：甘心守節度，吉，做下去有賞。

《象傳》說：「甘節」的「吉」，所處職位是正確的。

最上陰爻：以守參度為苦，占問是凶。（守節度，）悔恨沒有了。

《象傳》說：「苦節貞凶」，他的路是走不通的。

【注】

⑤戶庭：指家門。在家內不守節度，家人忍讓，所以無害。

⑥知通塞：知在家內不守節度行得通，到家外行不通，所以不出家門。

⑦不出門庭，凶：《一切經音義》：「在於宅區域曰門。」即閭門。在閭門內住有許多人家，在閭門內不守節度，要得罪鄰居，所以凶。

⑧失時極：極，中，正確。失掉當時認為正確，要受指責。

⑨不節若，則嗟若：若，助詞。不守節度，要受責罰，就要嗟歎。《周易通義》「『无咎』前省『節』字。」即守節度，无咎。

⑩承：遵守。

⑪尚：賞。

⑫中：中正，指正確。

⑬「悔亡」前省「節」字，與⑨「省『節』字」同。

【說明】

《節》卦兌下坎上，澤下水上。水上於澤，則氾濫成災，故須加以節度。節度有兩方面：一方面節制，湖水氾濫，築堤壩來加以節制。定出法律、制度、禮儀，來限定人的行動，不使侵犯別人的權利。一是節宣，湖水滿了，開放洩洪閘來泄水，用來灌溉。宣揚各種德行來加以倡導，養成好的風俗。「天地節而四時成」，四季的節氣有一定，這是節制；四季定了，可以生長成熟萬物，這是節宣，這兩者又是結合的。再看爻辭，以「安節」「甘節」為好，以苦於遵守節度為凶，用意相同。這是《節》卦的含義。

中孚（卦六十一）

☴☱（兌下巽上）

〔《中孚》〕：中孚，豚魚，吉①。利涉大川，利貞。

《彖》曰：《中孚》，柔在內而剛得中，說而巽，孚乃化邦也。「豚魚吉」，信及豚魚也。「利涉大川」，乘木舟虛也。中孚以「利貞」，乃應乎天也。

《象》曰：澤上有風，《中孚》。君子以議獄緩死。

【譯文】

《中孚》卦：心中誠信，用豚魚薄物也吉。渡大河有利，占問有利。

《彖傳》說：《中孚》卦，（內部兩爻為陰爻，為柔。外面四爻為陽爻，為剛。九五、九二為陽爻，為剛，居上下卦的中位），是柔在內而剛得中。（兌下巽上，悅下謙上），是悅而謙遜。這樣的誠信是能教化他的邦國的。「豚魚吉」，誠信能夠達到豚魚。「利涉大川」，趁着中空的木船。心誠信來「利貞」，是順着自然的規律。

《象傳》說：（兌下巽上，澤下風上），澤上有風，是《中孚》卦。（風比德教），君子因此議論刑獄，延緩死罪。

【注】

①《中孚》：卦名，原來因下文有「中孚」字而省，今補。中孚：心有誠信。豚（tún屯）魚：小豬和魚。古代重大的祭品是三牲：牛、羊、豬，小豬和魚是薄物。有了誠信，薄物也可以祭神。

初九：虞吉，有它不燕②。

《象》曰：「初九：虞吉」，志未變也③。

九二：鳴鶴在陰，其子和之。我有好爵，吾與爾靡之④。

《象》曰：「其子和之」，中心願也。

六三：得敵，或鼓或罷⑤，或泣或歌。

《象》曰：「或鼓或罷」，位不當也。

六四：月幾望，馬匹亡⑥，无咎。

《象》曰：「馬匹亡」，絕類上也⑦。

九五：有孚攣如⑧，无咎。

《象》曰：「有孚攣如」，位正當也。

上九：翰音登于天⑨，貞凶。

《象》曰：「翰音登于天」，何可長也？

【譯文】

倒數第一陽爻：安居，吉。有意外，不安。

《象傳》說：「初九：虞吉」，意志沒有變。

倒數第二陽爻：鳴叫的鶴在樹蔭裏，它的小鶴也鳴叫來應和。我有好的杯酒，我跟你共飲它。

《象傳》說：「其子和之」，中心願望。

倒數第三陽爻：得到敵人，有的擊鼓，有的疲憊，有的哭泣，有的唱歌。

《象傳》說：「或鼓或罷」，（六三為陰爻，居陽位），是地位不恰當。

倒數第四陰爻：過了月半，馬匹跑掉，無害。

《象傳》說：「馬匹亡」，杜絕類似上次的事。

倒數第五陽爻：有誠信連貫着，無害。

《象傳》說：「有孚攣如」，（九五為陽爻，居陽位，又居上卦之中），位子正恰當。

最上陽爻：雞飛升上天，（雞不會高飛，高飛會跌死）。占問凶。

《象傳》說：「翰音登于天」，怎麼可以長久？

【注】

② 虞：安心。它：別的緣故，意外。燕：安。

③ 志未變：用意沒有變，可以安心。

④ 好爵：好的杯酒。爵，古代雀形酒杯。靡：共。

⑤ 罷：借為疲。

⑥ 幾：漢帛書《周易》作「既」。既望，指陰曆十六至二十三日。亡：跑掉，失去。

⑦ 絕類上：杜絕類似上事，即防止馬匹再跑掉。

⑧ 攣（luán 鸞）如：連貫的樣子。

⑨ 翰音：雞，雞飛上天，容易跌下來。

【說明】

《中孚》卦兌下巽上。《周易淺述》：「內外皆實而中虛」，「蓋中虛者信之本。」「全象以誠信之極，雖無知之物可感，雖患難可涉，而皆利於以正大。六爻以孚之道在剛中，故獨（九）二、（九）五為孚之至。」再看卦辭：「中孚，豚魚吉。」心有誠信，微物可以祭神，說明誠信的重要。《彖傳》講誠信的要求，要「柔內而剛得中，說而巽」，既內柔和而又剛正，既和悅而又謙遜，加上誠信，這才能化行邦國。中孚以中正為主，即以正確為主，這才「應乎天」，即合於自然規律，而又能感化人，使人喜悅，即順乎人心。再看爻辭，如初九的「虞吉」，九二的「中心願」，九五的有誠信，都是陽剛，是好的。只有上九過剛則折，才是凶的。這也說明誠信以剛直中正為重要。這是《中孚》卦的意義。

小過（卦六十二）

䷽（艮下震上）

《小過》：亨，利貞。可小事，不可大事。飛鳥遺之音，不宜上，宜下，大吉。

《彖》曰：《小過》，小者過而亨也①。過以「利貞」，與時行也。柔得中，是以「小事吉」也②。剛失位而不中，是以「不可大事」也③。有「飛鳥」之象焉，「飛鳥遺之音，不宜上，宜下，大吉」，上逆而下順也④。

《象》曰：山上有雷，《小過》⑤。君子以行過乎恭，喪過乎哀，用過乎儉⑥。

【譯文】

《小過》卦：通順。占問有利。可以做小事，不可以做大事。飛鳥留下好音，不宜向上飛，宜向下飛（使人聽見）。大吉。

《彖傳》說：《小過》卦，小的錯誤（關係不大），還是通順的。小錯誤「利貞」，是應時行動。（《小過》六五、六二皆陰爻，為柔，居上下卦的中位），是柔得中，因此做「小事吉」。（《小過》的九四為陽爻，為剛，居陰位，不居上卦的中位），是剛失位而不居中，因此「不可大事」。有飛鳥的象，「飛鳥遺之音，不宜上，宜下，大吉」，因飛上去是違反人們的心意，飛下來才順着人們的心意。

《象傳》說：（艮下震上，山下雷上），山上有雷，是《小過》卦。君子因此行事過於恭敬，喪事過於悲哀，用錢過於節儉。

【注】

① 小者過而亨：小錯誤關係不大，所以還是通順的。

② 柔得中，是以「小事吉」：象才力薄弱的人雖是正確，可以辦小事。

③ 剛失位而不中，是以「不可大事」：象才力強的人沒有地位，不掌握正確的理論，因此不能辦大事。

④ 飛鳥遺之音，不宜上，宜下：《周易大傳今注》：「《說卦》曰：『震為鵠』（《釋文》引荀爽《九家集解》本有此句，今本無。鵠，今名天鵝。）又艮為山。然則《小過》之卦象是鵠飛過山上，予人以音，向上飛則人不聞，逆乎人之要求，向下飛則人聞之，順乎人之要求。」

⑤山上有雷：同上：「按《象傳》乃以山比賢人，以雷比刑，以山上有雷比刑罰加於賢人，因賢人有小錯誤也。」

⑥君子以行過乎恭，喪過乎哀，用過乎儉：同上：「君子觀此卦象及卦名，從而謹言慎行，力求無過，其所過者，只是行過於恭，則失之諂媚（當作失之拘謹），居喪過於哀，則失之毀身，用財過於儉，則失之吝嗇，亦皆是小錯誤。然而不為有罪，不致觸刑。」

初六：飛鳥以凶。⑦

《象》曰：「飛鳥以凶」，不可如何也。

六二：過其祖，遇其妣。不及其君，遇其臣。无咎。⑧

《象》曰：「不及其君」，臣不可過也。⑨

九三：弗過防之，從或戕之，凶。⑩

《象》曰：「從或戕之」，「凶」如何也？

九四：无咎。弗過遇之，往厲必戒⑪，勿用永貞。

《象》曰：「弗過遇之」，位不當也⑫。「往厲必戒」，終不可長也。

六五：密雲不雨，自我西郊。公弋取彼在穴⑬。

《象》曰：「密雲不雨」，已上也。

上六：弗遇過之，飛鳥離之，凶，是謂災眚。

《象》曰：「弗遇過之」，已亢也。

【譯文】

倒數第一陰爻：飛鳥帶來凶兆。

《象傳》說：「飛鳥以凶」，無可奈何。

倒數第二陰爻：批評他的祖父，讚揚他的祖母。指出他的君王的不夠，讚揚他的臣子。無害。

《象傳》說：「不及其君」，趕不上他的君主，因臣子不可超過君主。

倒數第三陽爻：沒有錯誤，要防備他犯錯誤，放縱他，或許害了他。凶。

《象傳》說：「從或戕之」，是怎樣的「凶」？

倒數第四陽爻：無害。沒有錯誤，表揚他；日後有犯錯誤的危險，一定要告誡。占問不是永遠好的。

《象傳》說：「弗過遇之」，沒有過失，因碰上失位，地位不相當。「往厲必戒」，終於不可長久（不碰危險的）。

倒數第五陰爻：自從我到了西郊，烏雲密佈，沒有下雨。公射箭，在山洞裏得到野獸。

《象傳》說：「密雲不雨」，雲已經上升了。

最上陰爻：（沒有過錯），不表揚，反批評他，像用綱來捕飛鳥，凶，是災害。

《象傳》說：「弗遇過之」，已經太過分。

【注】

⑦ 飛鳥以凶：以，與，帶來。孫《周易集解》：「《小過》：『上逆下順』，而應在上卦，進而之逆，無所措足，飛鳥之凶也。」上面的《象傳》，說飛鳥「上逆而下順」。初六是下卦的下爻，與九四是上卦的下爻相應，它應在上卦，即上逆，所以凶。

⑧ 過其祖，遇其妣。不及其君，遇其臣。无咎：《周易通義》：「過，責，批評。祖：祖父。遇：禮遇，與『過』相對，引伸為讚揚。妣（bǐ 比）：祖母。不及：不夠，有缺點。這裏作動詞，與『過』同。在家裏，祖父也可以批評，祖母也應表揚；在國裏，君王也可以指出他的不夠，臣子也可以讚揚。這樣才是正常的。在

當時，父權制家庭，祖父是最權威的；而婦女，即使是祖母，也形同奴隸。在國家，更是君尊臣卑。作者當時在批評表揚問題上的這種見解，是十分可貴的。

⑨ 臣不可過：臣子不可超過君主，所以臣子是「不及其君」。這說明《象傳》的解釋，與六二爻辭不同。爻辭的「不及其君」是指出君的不夠，是批評君。」

⑩ 弗過防之，從或戕之：《周易通義》：「從：通縱。戕（qiāng 槍）：傷害。暫時不批評的，也要防止他錯誤的發展，如果放縱不理，反而害了他。」

⑪ 弗過遇之，往厲必戒：同上：「沒有錯誤的，要表揚鼓勵。當然日後有犯錯誤的危險，一定要警惕（告誡）。」

⑫「弗過遇之」，位不當：孫《周易集解》：「（九四）體雖陽爻，而不居其位，不為責主，故得无咎也。」九四是陽爻，居陰位，是不居其位，是位不當。既然不居其位，自然不會碰到在這個位子上的過錯，所以就「勿過遇之」。這樣解釋，與爻辭的解作沒有過失讚揚他不同。

⑬ 密雲不雨，自我西郊。公弋取彼在穴：同上：「弋（yì 亦）：射鳥。前者是旱占，後者是田獵之占。旱占還是無雨，田獵則有收穫。」

【說明】

《小過》卦艮下震上，山下雷上。《象傳》說：「山上有雷，《小過》。君子以行過乎恭，喪過乎哀，用過乎儉。」小過是小錯誤，即君子只能犯小錯誤。小錯誤如「行過乎恭」，顯得拘謹；「喪過乎哀」，會傷身；用過乎儉，是對自己節儉。這些缺點，都不會構成犯罪，這是一方面。《象傳》又指出「剛失位而不中，是以『不可大事』也。」那末剛得位而中，就是九五，指君位。但君也有犯錯誤的，即不中，不合乎君位的要求。不說君犯錯誤，說「不及」，孔子說：「過猶不及」（《論語．先進》），可見「不及」猶「過」，也是錯誤。六二：在家庭裏「過其祖，遇其妣」；在國裏，「不及其君，遇其臣。」指出祖父的錯誤，禮遇其祖母；指出君主的不夠，禮遇其臣；即批評祖父和君主，讚美祖母和臣子。這同孔子說的「君子和而不同」（《論語．子路》）是一致的。什麼叫「和」？《左傳》昭公二十年，晏子對齊景公說：「君所謂可，而有否焉，臣獻其否，以成其可；君所謂否，而有可焉，臣獻其可，以去其否。」這就是「和」。即君主所肯定或否定的，都有不該肯定或否定的部分，臣子就應把不該肯定或否定的部分獻上去，君主採納了，使他的肯定和否定變得更正確。君主的肯定和否定都不夠，這就是不及，「不及其君」，即指出君主的不及來，這就是和。六三指出「不及其君」「无咎」，說明指出君主的不及而無害，即批評君主，而沒有批逆鱗遭殺身之禍，這說明那時有些民主性的精華，這是非常難得的。《周易通義》說：「本卦說的主要是關於批評的見解。古有司直之官（約同後來的諫官）。《詩．羔裘》謂『邦之司直』，正人之過失者。《呂氏春秋．自知篇》：『湯有司直之士。』這裏說的可能是司直者的經驗。」這個說明也是好的。

既濟（卦六十三）

䷾（離下坎上）

《既濟》：亨，小利貞①。初吉終亂。

《彖》曰：《既濟》「亨」，小者亨也。「利貞」。剛柔正而位當也。「初吉」，柔得中也。「終」止則「亂」，其道窮也。

《象》曰：水在火上，《既濟》。君子以思患而豫防之。

【譯文】

《既濟》卦：小通順。占問有小利。開始吉，結果亂。

《彖傳》說：《既濟》卦「亨」，小的通順。占問有利。（《既濟》卦離下坎上，坎為陽卦，為剛；離為陰卦，為柔。剛上柔下。九五為陽爻，居陽位，六二為陰爻，居陰位），是剛柔正而位子恰當。「初吉」，（《既濟》卦的六二為陰爻，為柔，居下卦的中位），是柔得中。（《既濟》的上六為陰爻，為一卦之終爻，居九五之上，九五為陽爻，為剛，是為柔乘剛，如臣欺君，是亂）。是「終」止就「亂」，它的路是走不通的。

《象傳》說：（離下坎上，火下水上），水在火上，是《既濟》卦。（水在火上，是用水救火，不如預防火災），君子因此想到患難而預防它。

【注】

① 既濟：已經成就，指成功。亨：當從下文「小者亨也」，作「小亨」，與「小利貞」相應。因「初吉終亂」，故稱小亨。下文的「亨」，亦當作「小亨」。

初九：曳其輪，濡其尾，无咎。

《象》曰：「曳其輪」，義「无咎」也②。

六二：婦喪其茀③，勿逐，七日得。

《象》曰：「七日得」，以中道也。

九三：高宗伐鬼方，三年克之，小人勿用④。

《象》曰：「三年克之」，憊也。

六四：繻有衣袽，終日戒⑤。

《象》曰：「終日戒」，有所疑也。

九五：東鄰殺牛，不如西鄰之禴祭，實受其福⑥。

《象》曰：「東鄰殺牛」，「不如西鄰」之時也。「實受其福」，吉大來也。

上六：濡其首⑦，厲。

《象》曰：「濡其首」，何可久也？

【譯文】

倒數第一陽爻：（過河時），拉動車子的輪子，打濕了車子的後部，無害。

《象傳》說：「曳其輪」，應該是無害的。

倒數第二陰爻：婦人丟失她的頭巾，不必找，七天得到。

《象傳》說：「七日得」，因為（拾得的人）守正道。

倒數第三陽爻：殷高宗討伐鬼方，經過三年打敗它。小民不利。

《象傳》說：「三年克之」，極疲憊。

倒數第四陰爻：寒衣有敗絮，（怕受寒），整天戒惕。

《象傳》說：「終日戒」，有所疑慮。

倒數第五陽爻：東方鄰國殷商殺牛來祭神，不如西方鄰國周王用飯菜的薄禮來祭神，實在得到神的賜福。

《象傳》說：「東鄰殺牛」，「不如西鄰」的時候。「實受其福」，吉到來。

最上陰爻：打濕了車頭，危險。

《象傳》說：「濡其首」，怎麼可以長久？

【注】

② 義「无咎」：義，宜也。車子拉過河，所以「无咎」。

③ 茀（fú 弗）：頭巾。

④ 高宗：商王武丁。鬼方：北方少數民族名。小人勿用：小民不利，指戰爭中小民有不少傷亡。

⑤ 繻（rú 如）：王引之《經義述聞》謂當作襦，寒衣。袽（rú 如）：壞絮。

⑥ 東鄰：指殷商，在東部。殺牛：用牛祭神，是重大的祭神禮品。西鄰：指西周。禴（yuè 躍）：用飯菜等祭神，是微薄的禮品，神不賜福給殷商，卻賜福給西周，因西周有德。

⑦ 濡其首：渡河時水打濕車頭，怕車陷沒水中。

【說明】

《既濟》卦離下坎上，水在火上。《周易淺述》：「水在火上，則水火有相濟之功，而其終也有相克之患。蓋水能滅火，火亦能乾水。思其患而預防，則相為用而不相為害。」水火相濟，如烹飪，所以說「初吉」。水火相剋，如失火，用水救火，是終亂，所以要預防。那末水火既濟，要調配得當，就是《彖傳》說的「剛柔正而位當也」。調配不當，造成「終亂」，就由既濟變成未濟了。再就爻辭看，初九的「曳其輪」，車子是過河的；九二的「婦喪其茀」，有人揀到了送回來的。九三的戰爭是勝利的，都屬於既濟。六四的衣中有敗絮，九五的東鄰殺牛不得福，上六的車子過河陷入水中，都是未濟。九五對東鄰說是未濟，對西部說是既濟。這說明《既濟》卦的情況是比較複雜的。

未濟（卦六十四）

䷿（坎下離上）

《未濟》：亨。小狐汔濟[①]，濡其尾，无攸利。

《彖》曰：《未濟》「亨」，柔得中也。「小狐汔濟」，未出中也[②]。「濡其尾，无攸利」，不續終也。雖不當位，剛柔應也[③]。

《象》曰：火在水上，《未濟》。君子以慎辨物居方。[④]

【譯文】

《未濟》卦：通順。小狐近於渡過河，打濕了它的尾巴，無所利。

《彖傳》說：《未濟》卦「亨」，（六五為陰爻，為柔，居上卦的中位），是柔得中。「小狐汔濟」，沒有出於正道。「濡其尾，无攸利」，不是繼續完成。（《未濟》卦的初六、六三、六五皆為陰爻，為柔，居陽位；九二、九四、上九皆為陽爻，為剛，居陰位，是剛柔皆不當位。但初六與九四、九二與六五、六三與上九，皆一剛一柔相應），是剛柔雖不當位，是相應的，（所以「亨」）。《象傳》說：（坎下離上，水下火上），火在水上，（水不能滅火），是《未濟》卦。君子因此謹慎地辨別物品，處置方位。

【注】

①未濟：未成功。亨：通順，事未成而促之使成。汔（qì迄）：近乎。

②未出中：未出於正確。小狐不會游泳而渡河，不正確。

③剛柔應：剛柔相應，所以亨。是未濟中也有通順的。

④居方：處置方位，即所居的方位要恰當。

初六：濡其尾⑤，吝。

《象》曰：「濡其尾」，亦不知極也⑥。

九二：曳其輪，貞吉。

《象》曰：「九二貞吉」，中以行正也。

六三：未濟，征凶。利涉大川⑦。

《象》曰：「未濟，征凶」，位不當也。

九四：貞吉，悔亡，震用伐鬼方⑧，三年，有賞于大國。

《象》曰：「貞吉悔亡」，志行也。

六五：貞吉，无悔。君子之光有孚，吉。

《象》曰：「君子之光」，其輝「吉」也。

上九：有孚于飲酒，无咎。濡其首，有孚失是。

《象》曰：「飲酒濡首」，亦不知節也。

【譯文】

倒數第一陰爻：打濕了小狐的尾巴，有困難。

《象傳》說：「濡其尾」，也不知道正確的渡法。

倒數第二陽爻：拉車子的輪子（過河），占問吉。

《象傳》說：「九二」「貞吉」，合於中道，做得正確。

倒數第三陰爻：沒有渡過河，出外凶。渡大河有利。

《象傳》說：「未濟，征凶」，（六三為陰爻，居陽位），是所處地位不恰當。

倒數第四陽爻：占問吉，悔恨消失。（周人）出動去討伐鬼方，三年，從大國（殷商）受到賞賜。

《象傳》說：「貞吉悔亡」，志願得到實行。

倒數第五陰爻：占問吉，無悔。有誠信是君子的光榮，吉。

《象傳》說：「君子之光」，他的光榮是吉。

最上陽爻：有誠信而飲酒，無害。酗酒連頭都澆濕了，雖有誠信，不對了。

《象傳》說：「飲酒濡首」，也是不知道節制。

【注】

⑤ 濡其尾：承上卦辭指小狐。

⑥ 極：孫《周易集解》：「極，中也。」中指正確。

⑦ 未濟，征凶。利涉大川：《周易通義》：「渡不了河，出門不利，既不濟；涉大川而利，既濟。這是說不濟與濟對立。

⑧ 震用伐鬼方：見《既濟》卦注。震：動，指出動大軍。

【說明】

《未濟》卦坎下離上，水下火上。《周易淺述》：「火在水上，不相為用」，「按《序卦》：『物不可窮也，故受以未濟終焉。』《既濟》物之窮，窮無不變易者，變易不窮，未濟則未窮也。未窮則生生不絕矣。」這是說，《既濟》是既成就，成就了就完了，窮了。但事物是變化的，發展的，窮則變，變則通，變化發展是無窮的。因此《既濟》後接以《未濟》，作為六十四卦的終結。《未濟》是未成就，說明事物的發展變化是無窮的。再看彖辭，小狐濡尾，是沒有渡過去，是未濟。但「剛柔應也」，又是剛柔相應，又是「亨」，又有既濟的一面，是未濟與既濟的結合。《象傳》說「火在水上，《未濟》」。就烹飪說，要水火既濟，才能把烹飪煮得好，即要水在火上才能燒得開。現在火在水上是未濟。但「君子以慎辨物居方」，辨物即辨水火的性能，「居方」即安排水火的方位。在烹飪時，就得把水火的方位變一下，變成火在水上，就成為既濟了。這說明既濟與未濟又是結合的。再看爻辭，「初六：濡其尾」是未濟；「九二：曳其輪」，是既濟了。「六三：未濟。」但「利涉大川」，又是既濟了。「九四」伐鬼方得賞是既濟，六五貞吉是既濟，上九失是，又是未濟了。總之，未濟裏見出既濟與未濟的對立，就某一件事說，有既濟的，有未濟的。既濟指某一件事的成就說，未濟指完成了某一件事，還有別的事沒有完成，即就事物之終說是未濟，事物的發展變化是無窮的，就某一件事說是既濟，是既完成了；但就事物的發展變化說，一件事完成了，還有無窮的事在前面，是未完成，所以六十四卦以未濟為終卦。

繫辭上傳

天尊地卑，乾坤定矣。卑高以陳，貴賤位矣。動靜有常②，剛柔斷矣。方以類聚，物以羣分③，吉凶生矣。在天成象，在地成形，變化見矣。是故剛柔相摩，八卦相蕩，鼓之以雷霆④，潤之以風雨⑤。日月運行，一寒一暑。乾道成男，坤道成女。乾知大始⑥，坤作成物。乾以易知，坤以簡能⑦。易則易知，簡則易從。易知則有親，易從則有功。有親則可久，有功則可大。可久則賢人之德，可大則賢人之業。易簡而天下之理得矣。天下之理得，而成位乎其中矣⑧。

右第一章　此章以造化之實，明作經之理。又言乾坤之理，分見於天地，而人兼體之也。（此章首言：天地及萬物之矛盾對立與運動變化，用八卦可以象之；次言：天道平常，地道簡單，賢人之德在適應天道之規律，賢人之業在利用地道之功能。）⑨

【譯文】

天是尊貴的，地是低下的，（乾是天，坤是地），那乾尊坤卑也定了。天高地卑的位子已經排列，天貴地賤的位子也確定了。天動地靜有一定，天剛地柔也分了。事情按照類別或分或合，人物按照成羣，或分或合，吉凶生出來了。在天上成為（日月風雷雲雨）的現象，在地上成為（山川草木鳥獸）的形象，變化可見了。因此剛柔互相摩擦，八卦的（天地雷風水火山澤）互相沖激。用雷電來鼓動它，用雨水來滋潤它。日月在運動，構成一寒一暑。陽道成為男，陰道成為女。陽氣成為大的開始創造，陰氣配合着造成萬物。乾坤（創造萬物），用簡單平易來顯示它們的智慧和才能。平易就容易知道，簡單就容易遵從。容易知道就有所依附，容易遵從就有功效。有所依附就可以長久傳下去，有功效就可以擴大作用。可以長久傳下去就成為賢人的道德，可以擴大作用就成為賢人的事業。容易簡單而天下的道理得到了。天下的道理得到了，確定（陰陽剛柔上下貴賤）的位子就在它的中間了。

【注】

① 繫辭上傳：連繫卦爻辭的解釋，分上下兩篇。傳指解釋。朱熹《周易本義》把《繫辭上傳》和《繫辭下傳》各分為十二章，今根據他的分章來分段。他在有的章下有說明，今也引入。

② 動靜有常：古人認為天繞地轉，故稱天動地靜。常：指一定不變的規律。

③ 方：《周易本義》：「謂事情所向」，指事情。這兩句是互文，即方與物以類聚，以羣分，事情和人物，都是類聚羣分的。

④雷霆：指雷電。

⑤風雨：同義複詞，即雨。風是陪襯，無義，因風是吹乾的，不是滋潤的。

⑥知：王念孫說：「知猶為也，為亦作也。」見《經義述聞》。

⑦乾以易知，坤以簡能：知，同智。這兩句是互文，即乾坤以易智簡能，即乾坤的生長萬物都是以容易簡單來顯示它們的智慧和才能。

⑧成位：定位。

⑨右第一章：朱熹所分。下面為朱熹說明此章的用意。「以造化之實，明作經之理」，即以天地生長萬物的自然規律，可以用八卦的卦爻來說明。「又言乾坤之理，分見於天地」，即乾坤等卦的運動變化的道理，是從自然界來的。「人兼體之」，人用卦爻辭來體察這種變化。即說明卦爻辭用來說明天地萬物的矛盾對立與運動變化的規律，即卦爻辭不再限於占問人事的吉凶禍福，擴大卦爻辭的意義和作用。下面加引號的說明，本於高亨《周易大傳今注》，因朱熹對有些章沒有說明，《周易大傳今注》有，故把《周易大傳今注》引入，加括號來作分別，下同。

聖人設卦觀象⑩，繫辭焉而明吉凶，剛柔相推而生變化。是故吉凶者，失得之象也。悔吝者，憂虞之象也⑪。變化者，進退之象也。剛柔者，晝夜之象也⑫。

六爻之動，三極之道也⑬。是故君子所居而安者，《易》之象也⑭。所樂而玩者，爻之辭也。是故君子居則觀其象而玩其辭，動則觀其變而玩其占，是以自天祐之⑮，吉无不利。

右第二章　此章言聖人作《易》君子玩《易》之事。（此章論述《易經》之卦爻及其變化乃象宇宙事物之運動變化，卦爻辭乃指告人事之得失進退，故君子學《易》，以為行動之指針。）

【譯文】

聖人創立八卦及六十四卦，觀察卦象爻象，把卦爻辭連繫在卦爻後而說明吉凶。（分陽爻陰爻為剛柔），由剛柔的激蕩而產生變化。因此卦爻辭中的吉和凶，是人事得和失的象。卦爻辭中的悔和吝，是人心憂驚的象。卦爻辭的變化，是事物舊的退去、新的進來的象。卦爻辭中的剛柔，是晝夜陰陽的象。六爻的變動，是天道、地道、人道的變化。因此君子平居而觀察的，是《易》的象，喜樂而揣摩的，是爻的辭。所以君子平居就觀察它的象而揣摩它的辭，行動就觀察它的變化而揣摩它的占問，因此從天保祐他，行動是吉，沒有不利。

【注】

⑩設：創立。

⑪悔：小不幸。吝：困難。虞：《廣雅·釋詁》：「虞，驚也。」

⑫剛柔者，晝夜之象：朱熹《周易本義》：「（柔）既變而剛，則晝而陽矣。（剛）既化而柔，則夜而陰矣。」晝夜裏含有陰陽的意義在內。

⑬三極：天道、地道、人道。極，指最高的道。

⑭所居而安者，《易》之象也：《周易大傳今注》：「『安』讀為『按』或『案』，觀察也。『象』原作『序』，《釋文》引虞翻本作『象』，《集解》本同，今據改。」

⑮祐：保祐。

彖者，言乎象者也⑯。爻者，言乎變者也⑰。吉凶者，言乎其失得也。悔吝者，言乎其小疵也。无咎者，善補過者也。是故列貴賤者存乎位⑱，齊小大者存乎卦⑲，辯吉凶者存乎辭⑳，憂悔吝者存乎介㉑，震无咎者存乎悔㉒。是故卦有小大，辭有險易。辭也者，各指其所之㉓。

右第三章　此章釋卦爻辭之通例。（此章論述《易經》對人事的指導意義。）

【譯文】

卦辭是講卦象的。爻辭是講爻變的。吉凶，是講人事的得失的。悔吝，是講人事的小毛病。无咎，是善於補過的。因此排列貴賤的在於爻位，分清大小的在於卦，分別吉凶的在於辭，憂悔吝的在於識小疵，行動而无咎的在於追悔（而懲戒）。所以卦有大小，辭有險難平易。辭是各自指出他的去向（趨吉避凶）。

【注】

⑯ 象：指卦辭，不指《象傳》。

⑰ 爻：指爻辭。按《周易》筮法，筮時先找出上卦下卦，看上下卦中哪一爻不同，找那個不同的爻辭來看吉凶，這就是爻變。

⑱ 列貴賤者存乎位：倒數第二爻為臣位，倒數第五爻為君位，位分貴賤。

⑲ 齊小大者存乎卦：齊，整齊，猶排列。卦分陰陽，乾、震、坎、艮為陽卦，陽卦大；坤、巽、離、兑為陰卦，陰卦小。

⑳ 辭：指卦爻辭。

㉑ 介：《周易集解》：「虞翻曰：『介，纖也。故存乎介，謂議小疵也。』」

㉒ 震：動，指行動。

㉓ 各指其所之：卦爻辭各各指示人的所往，趨吉避凶。

《易》與天地準，故能彌綸天地之道㉔**。仰以觀於天文，俯以察於地理，是故知幽明之故。原始反終**㉕**，故知死生之說。精氣為物，遊魂為變**㉖**，是故知鬼神之情狀。與天地相似，故不違。知周乎萬物**㉗**，而道濟天下，故不過。旁行而不流**㉘**，樂天知命，故不憂。安土敦乎仁**㉙**，故能愛。範圍天地之化而不過，曲成萬物而不遺，通乎晝夜之道而知，故神无方而《易》无體**㉚**。**

右第四章　此章言易道之大，聖人用之如此。（此章首言《易經》包括天地萬物之理，次言善於學《易》之人能深通天地萬物之理，可以濟天下，成萬物。一片虛誇之詞。）

【譯文】

《易經》所講的道與天地的道相等，所以能夠普遍包括天地的道。抬頭來觀察天文，低頭來觀察地理，所以知道地下幽隱、天上光明的緣故。考察萬物的開始故知它的所以生，返求萬物的終結，故知它的所以死。靈氣成為靈物，是神，遊魂成為人的變化，是鬼，聖人所以知道鬼神的情狀。聖人與天地相似，所以不違反天地的道。智慧遍及萬物，而道能使天下得利，所以不會過頭。廣泛地推行而不流蕩，樂天知命，故不憂。安於所居的地，富於仁德，故能夠愛。包舉了天地的變化而不過頭，曲折地成就萬物而不遺漏，通達晝夜陰陽的道而有智慧，故《易經》玄妙的道無一定的方所，無一定的形體。

【注】

㉔ 準：狀相等。彌綸：普遍包括。

㉕ 原始反終：反，返。從始歸到終。

㉖ 精氣為物，遊魂為變：精氣，靈氣，認為神是靈氣造成的。遊魂，離開人身而遊蕩的靈魂，認為是鬼。

㉗ 知：同智。

㉘ 旁行：廣泛推行。旁，廣。流，流蕩。

㉙ 敦：厚，指富。

㉚ 晝夜：包括陰陽。知：同智。方：方所。體：形體。

一陰一陽之謂道，繼之者善也，成之者性也㉛**。仁者見之謂之仁，知者見之謂之知**㉜**，百姓日用而不知**㉝**，故君子之道鮮矣**㉞**。顯諸仁，藏諸用**㉟**，鼓萬物而不與聖人同憂**㊱**，盛德大業至矣哉！富有之謂大業，日新之謂盛德**㊲**。生生之謂易，成象之謂乾，效法之謂坤，極數知來之謂占，通變之謂事，陰陽不測之謂神**㊳**。**

右第五章　此章言道之體用不外乎陰陽，而其所以然者，則未嘗傳於陰陽也㊴。（此章要點是論述天地間陰陽之道。）

【譯文】

一陰一陽的對立轉化稱做道，繼承它的是善，成就它的是本性。仁人看見它叫做仁，智者看見它叫做智，百姓每天在用它而不認識，所以（認識）君子之道的少了。（陰陽之道）顯現在它的（生育萬物的）仁，隱藏在它的（生育萬物的）作用。它轉動萬物卻不和聖人共同憂慮。它的盛德大業到了極點啊！生長萬物的富有叫做大業，每天有新的變化叫做盛德。生生不停叫做變易，形成天象的叫做乾，仿效地法的叫做坤，儘量用卦爻數來預知未來的叫做占，通知事物的變化而行動的叫做事，陰陽變化而不可預測的叫做神。

【注】

㉛ 繼之者善：陰陽對立轉化化生萬物，化生萬物是善。成之者性：形成萬物，每一物各有一個本性。

㉜ 仁者見之謂之仁，知者見之謂之知：對道的化生萬物有各種看法，有的從善的角度稱它為仁，有的從智慧的角度稱它為智，即沒有看到全面。知，同智。

㉝ 百姓日用而不知：百姓每天在按照道來辦事卻不認識道。

㉞ 君子之道：即認識全面的道。鮮：少。

㉟ 諸：之於。

㊱ 不與聖人同憂：聖人為濟世利民而憂，道的濟世利民是無所用心的，所以沒有憂。

㊲ 道的化生萬物是極富有的，是日新的。

㊳ 易：變化，陰陽的化生萬物，是生生不停的。乾：指「在天成象」。坤：指「俯則觀法於地」。法指法則，地的構成，有它的法則。占：用筮草來占吉凶，筮草有一定數目，看爻辭定吉凶，爻也有數目。極數知來，占筮極盡筮草數與爻數來知未來的吉凶。事：事情，通過變化形成的事情。神：指神妙。

㊴ 所以然：陰陽變化的原因。未嘗依於陰陽：不專依靠陰陽，即指陰陽不測之謂神，神妙莫測。

夫《易》廣矣大矣，以言乎遠則不禦㊵，以言乎邇則靜而正㊶，以言乎天地之間則備矣。夫乾，其靜也專，其動也直，是以大生焉㊷。夫坤，其靜也翕，其動也闢，是以廣生焉㊸。廣大配天地，變通配四時，陰陽之義配日月，易簡之善配至德。

右第六章㊹

【譯文】

《易經》包括的範圍是廣大了，說到遠處，（就天說）是沒有止境的，說到近處，（就地說）是靜止而方正的，說到天地之間的事物是完備了。乾（是天），它靜止時是專門（靜止）的，它活動時（如春雷驚蟄）是剛直的，因此產生了大。坤（是地），它靜止時（如寒冬）是收斂的，它活動時（如春天的草木萌生）是開闢的，因此產生了廣。（乾坤所指範圍的）廣大跟天地相配，（乾坤所講的）變通跟四季相配，（乾坤所講的）陰陽的意義跟日月相配，（乾坤所講的）平易簡單的好處跟至德相配。

【注】

㊵ 遠則不禦：《周易集解》：「虞翻曰：『禦，止也。遠謂乾，天高不禦也。』」

㊶ 邇則靜而正：同上：「虞翻曰：『邇謂坤，坤至靜而德方，故正也。』」古人稱天圓地方。

㊷ 夫乾，其靜也專，其動也直，是以大生焉：同上：「宋衷曰：『乾靜不用事則清靜專一，含養萬物矣。動而用事，則直道而行，導出萬物矣。一專一直，動靜有時，而無夭瘁，是以大生也。』」

㊸ 夫坤，其靜也翕，其動也闢，是以廣生焉：同上：「宋衷曰：『翕猶閉也。坤靜不用事，閉藏微伏，應育萬物矣。動而用事，則開闢羣蟄，敬導沉滯矣。一翕一闢，動靜不失時，而物無災害，是以廣生也。』」

㊹ 此處朱熹《周易本義》分章，無說明。《周易大傳今注》不分章，與下章相接。

子曰：「《易》，其至矣乎！夫《易》，聖人所以崇德而廣業也。知崇禮卑，崇效天，卑法地。天地設位㊺，而《易》行乎其中矣。成性存存，道義之門。」

右第七章　（右第六章　此章亦虛誇《易經》之功用。）㊻

【譯文】

夫子說：「《易經》，它是極好了吧。《易經》，聖人用來推崇道德擴大事業的。它的智慧崇高，它的禮儀謙卑，崇高效法天，謙卑效法地。天地確立了上下的位子，易道就運行在它的中間了。它成就萬物各自的本性，保存萬物的存在，成為道義的門，（道義就從它這裏出來）。

【注】

㊺ 設：確立。

㊻ 這一章，朱熹分為第七章，高亨作第六章，與朱熹所分第六章合為一章，並加說明。

聖人有以見天下之賾，而擬諸其形容，象其物宜，是故謂之象㊼。聖人有以見天下之動，而觀其會通，以行其典禮，繫辭焉以斷其吉凶，是故謂之爻，言天下之至賾而不可惡也㊽。言天下之至動而不可亂也。擬之而後言，議之而後動，擬議以成其變化。㊾

（右第七章　此章言聖人作《易經》在於象天下最複雜常運動之事物。）㊿

【譯文】

聖人有了用（《易》卦爻）來看到天下事物的複雜，從而（用《易》卦爻）來比擬它的形態，象徵它的事物的所宜，所以叫做象。聖人有了用（《易》的卦爻）來看到天下事物的變動，從而觀察它的合會貫通，用來推行典章制度，（在卦爻）上繫上卦辭爻辭來斷定事物的吉凶，所以叫做爻。說到天下事物的極複雜卻不可討厭，說到天下事物極為變動卻不可亂。用（《易》卦爻）來比擬事物而後說，來議論它而後行動，經過比擬議論來確定事物的變化。

【注】

㊼ 賾（zé責）：複雜。諸：猶乎。物宜：萬物的本性各有它的相宜處，如火宜於炎上，水宜於潤下。象：指卦體，如用「乾」來指天，即是象。用卦體來象徵物宜叫象。

㊽ 惡：朱熹《周易本義》：「惡猶厭也。」

㊾ 成：猶定也。

㊿ 此章朱熹連下不分，此據《周易大傳今注》分。

「鳴鶴在陰，其子和之。我有好爵，吾與爾靡之。」[51]子曰：「君子居其室，出其言善，則千里之外應之，況其邇者乎？居其室，出其言不善，則千里之外違之，況其邇者乎？言出乎身，加乎民；行發乎邇，見乎遠。言行，君子之樞機[52]。樞機之發，榮辱之主也。言行，君子之所以動天地也，可不慎乎！」

右第一節[53]

【譯文】

「鳴叫的鶴在樹蔭裏，它的小鶴和着它。我有好的杯酒，我跟你共同享受它。」夫子說：「君子住在室內，說出的話是善的，千里外的人就應和他，何況跟他靠近的人呢？住在室內，說出的話是不善的，千里外的人就反對他，何況靠近他的人呢？話從他說出，影響到百姓；行動從近處發出，影響到遠處。言論行動，是作為君子的關鍵。關鍵一發動，成為榮或辱的主宰。言論行動，是君子的所以影響天地自然的，可以不謹慎嗎？」

【注】

⑸ 引《中孚》九二爻辭。

⑸ 樞機：弩箭上裝的機械，猶關鍵。

⑸ 朱熹不分節，這是據《周易大傳今注》分節，下同。

「同人先號咷而後笑。」[54]子曰：「君子之道，或出或處，或默或語。二人同心，其利斷金[55]。同心之言，其臭如蘭。」

右第二節

【譯文】

「聚眾先號哭而後笑。」夫子說：「君子的道，有的出來做官，有的在家隱退，有的靜默，有的說話。兩人同心，像刀那樣鋒利，可以切斷金屬。同心的話，像蘭花那樣幽香。

【注】

⑸ 引《同人》九五爻辭。

⑤⑤ 其利斷金：即二人同心合力，可以破除困難，像金屬也可切斷。

「初六：藉用白茅，无咎。」[56]子曰：「苟錯諸地而可矣[57]，藉之用茅，何咎之有？慎之至也。夫茅之為物薄，而用可重也。慎斯術也以往，其无所失矣。」

右第三節

【譯文】

「倒數初一陰爻：用白茅做襯墊，無害。」夫子說：「祭品姑且放在地上可以了，用茅草來襯墊，有什麼不好？是慎重之極。茅草這東西是微薄的，用起來可以慎重。用這種慎重的方法來辦事，就沒什麼過失了。」

【注】

⑤⑥ 引《大過》初六爻辭。

⑤⑦ 苟：且。錯：措，置。

「勞謙，君子有終，吉。」[58]子曰：「勞而不伐，有功而不德[59]，厚之至也。語以其功下人者也。德言盛，禮言恭。謙也者，致恭以存其位者也。」

右第四節

【譯文】

「有功勞而謙讓，君子有好結果，吉。」夫子說：「有勞苦而不自誇，有功勞而不自得，厚道之極。說到勞謙是謙讓他的功勞，甘居人下的。按照道德說是富有道德的，按照禮讓來講是恭敬的。謙讓是表達恭敬來保存他的地位的。」

【注】

㊽ 此引《謙》卦九三爻辭。

㊾ 伐：誇耀。德：自以為得到功勞。

「亢龍有悔。」[60]子曰：「貴而无位，高而无民，賢人在下位而无輔，是以動而有悔也。」

右第五節

【譯文】

「處在極高處的龍有悔恨。」夫子說：「尊貴而沒有地位，極高而沒有人民，賢人處在下位而他孤立在上沒有輔佐，因此每一舉動都有悔。」

【注】

⑥⓪ 此引《乾》卦上九爻辭。

右第六節

「不出戶庭，无咎。」[61]子曰：「亂之所生也，則言語以為階[62]。君不密則失臣，臣不密則失身，幾事不密則害成[63]。是以君子慎密而不出也。」

【譯文】

「沒有走出家門，無害。」夫子說：「亂的所以產生，是說話不慎作為階梯。君主不保密就失掉臣子，臣子不保密就失掉自身，重要的政事不保密就危害成功。因此君子謹慎保密而不洩漏。」

【注】

(61) 此引《節》卦初九爻辭。

(62) 階：階梯，如登樓要靠梯子，好比造成禍亂由於説話不慎。

(63) 幾事：君主處理政務稱「萬幾」，幾指政務。

子曰：「作《易》者，其知盜乎？《易》曰：『負且乘，致寇至。』(64)負也者，小人之事也。乘也者，君子之器也。小人而乘君子之器，盜思奪之矣。上慢下暴(65)，盜思伐之矣。慢藏誨盜，冶容誨淫。《易》曰：『負且乘，致寇至。』盜之招也。」

右第七節　右第八章　此章言卦爻之用。（此章記孔丘釋《易經》卦爻辭之言凡七條。）(66)

【譯文】

夫子說：「創作《易經》的，他懂得寇盜罷。《易經》說：『背着東西乘車，招引寇盜來搶。』背着東西，是小民的事，乘車，是君子乘坐的交通工具。小民乘坐君子的交通工具，寇盜就想來搶劫他了。上面怠惰，下面暴露，寇盜想攻打他了。怠慢收藏引誘寇盜，妖豔容貌引誘好色的人來淫亂。《易經》說：『背着東西並且乘車，招引寇盜來搶。』是招引寇盜。」

【注】

(64) 此引《解》卦六三爻辭。

(65) 慢：怠惰。

(66) 此章朱熹與高亨皆作第八章。

大衍之數五十，其用四十有九(67)。分而為二以象兩(68)。掛一以象三(69)，揲之以四以象四時(70)，歸奇於扐以象閏(71)。五歲再閏，故再扐而後掛(72)。天一，地二；天三，地四；天五，地六；天七，地八；天九，地十。天數五，地數五。五位相得而各有合，天數二十有五，地數三十，凡天地之數五十有五(73)，此所以成變化而行鬼神也。《乾》之策二百一十有六，《坤》之策百四十有四，凡三百六十，當期之日(74)。二篇之策萬有一千五百二十(75)，當萬物之數也。是故四營而成《易》(76)，十有八變而成卦⑰，八卦而小成⑱。引而伸之，觸類而長之，天下之能事畢矣。顯道神德行，是故可與酬酢⑲，可與祐神矣。子曰：「知變化之道者，其知神之所為乎。」

右第九章　此章言天地大衍之數，揲蓍求卦之法，然亦略矣。意其詳具于大卜筮人之官，而今不可考耳。其可推者，啟蒙備言之。（此章論述《易經》筮法。作者認為：筮法上每一動作及蓍筮之數字皆與天地萬物之道相應，以明《易經》包羅萬象，亦虛誇之詞也。）

【譯文】

（占問用蓍草來）演算的數目是五十五根，其中用的是四十九根，（餘下的六根指六爻）。把（四十九根）分為兩部分（放在上下）來象天地，（從上面的草裏）抽出一根來（放在上下之間）來象天地人。（把上面的草）四根一組來分來象四時。把餘下的草夾在左手指中間來象閏月。陰曆五年兩閏，故把下面的草（四根一組）來分，把餘下的草夾在右手指中間，然後把兩手指間夾的草掛起來。（《易經》以《乾》為天，《乾》用陽爻構成，陽爻⚊是奇數），天以奇數一三五七九為天數。（以《坤》為地，《坤》用陰爻構成，陰爻⚋是偶數），地以偶數二四六八十為地數。天數是五個奇數，地數是五個偶數。五個（奇數或偶數）相加而得到和數，天數（的和數）是二十五，地數（的和數）是三十。計天地的數是五十五，這是所以確定變化而貫通鬼神的。占到《乾》卦的草共計二百一十六根，占到坤卦的草共計一百四十四根，合計三百六十根，約合一年的日數。《易經》上經下經兩篇占草的數合計一萬一千五百二十根，與萬物之數相當。因此，（六十四卦都）經過四次佈策而成為《易經》，經過十八次變而成為一卦，八卦是小成。引申八卦（為六十四卦），碰上同類的事物加以擴大，天下的能事完全在內了。能夠顯示出道和神及德行，因此可以跟人應對，可以幫助神靈了。夫子說：「知道變化的道的，他能知道神靈的作為吧。」

【注】

(67) 大衍之數：占問吉凶用蓍草來演算的蓍草數是五十五根。衍，演算。五十，當作五十五，因下文説「凡天地之數五十有五」。大衍是演算天地之數。演算時只用四十九根，留出六根來表示六爻。

(68) 分而為二以象兩：把四十九根分成上下兩堆象兩儀，指天地。分兩堆的數目不要求一致，可多可少。

(69) 掛一以象三：從上面抽出一根草來放在上下兩堆的中間成為三才，即天地人。

(70) 揲（shé 舌）之以四：把四根草為一組來分。揲指分組。

⑦① 歸奇於扐（lè 勒）：奇，多餘。扐，夾在手指間。把放在上面的草四根一組來分，分到末了，把多餘的幾根草夾在手指裏。

⑦② 再扐而後掛：把放在下面的草，四根一組來分，把多餘的草再夾在手指裏。而後掛：把夾在手指裏的草掛起來。

⑦③ 《乾》☰是天，是陽爻。陽爻⚊是奇數。把奇數一三五七九加起來是二十五，稱天數。《坤》☷是地，是陰爻。陰爻⚋是偶數。把偶數二四六八十加起來是三十，是地數。天數加地數是五十五，是天地之數。

⑦④ 《乾》䷀六爻，每得一爻要揲九次，揲一次按四根草一組來分，九次共分草三十六根。六爻乘三十六，得草二百十六根，稱《乾》之策。《坤》䷁六爻，每得一爻，要揲六次，每揲一次，按四根草來分；六次共分草二十四根。六爻乘二十四，得草一百四十四根，為《坤》之策。《乾》《坤》的策數，是草的重複說的，不是有這許多草。《乾》《坤》的策數加起來是三百六十，約與一年三百六十五日相當。期：一年。乾坤為天地，故乾坤的策數與天地循環一年的日數相當。

⑦⑤ 《易經》分上經下經為二篇。《易經》六十四卦，每卦六爻，共三百八十四爻，陽爻與陰爻各為一百九十二爻。得一陽爻，要揲九次，每次按四根一組來分，九次為四九三十六策。一百九十二陽爻乘三十六策，得六千九百十二策。得一陰爻，要揲六次，每次按四根一組來分，四六得二十四策。一百九十二陰爻乘二十四，

得四千六百零八策。兩共一萬一千五百二十策。

(76) 四營：四次演算，即上文指的：一，分而為二以象兩；二，掛一以象三；三，揲之以四以象四時；四，歸奇於扐以象閏。經過這四次演算稱一變。

(77) 十有八變而成卦：上面指出四揲成一變，又三變成一爻，六爻十八變成一卦。先說一變，按照上文的四揲，即四次演算，把上面的蓍草多餘的夾在手指中；再把下面的草同樣處理，把多餘的草夾在手指中。不算夾在手指中的草，一變畢，結果：一，餘四十四策；二，餘四十策。二變，以一變所餘之策再同樣演算，二變畢，結果：一，餘四十策；二，餘三十六策；三，餘三十二策。三變，以二變所餘之策來演算。三變畢，結果：一，餘三十六策，九揲之，即按四策一組來分，得九組，是為九，是為老陽，為可變之陽爻。二，餘三十二策，八揲之，即按四策一組來分，得八組，是為八，是為少陰；是為不變的陰爻。三，餘二十八策，七揲之，得七組，是為七，是為少陽，是為不變之陽爻。四，餘二十四策，六揲之，得六組，是為六，是為老陰，是為可變之陰爻。經過三變，有得出四種之可能，實際上只能得出四種中的一種，如得三十六策，即得出陽爻，為九。如得出二十四策，而得出陰爻，為六。這樣，經過三變，得出一爻。經過十八變，得出六爻，即成為一卦。

(78) 八卦而小成：八卦指三爻所成的八個卦，占時要六爻才成一卦，所以三爻祇是小成。

(79) 酬酢：用酒來回敬，也指應對。

《易》有聖人之道四焉：以言者尚其辭，以動者尚其變，以制器者尚其象，以卜筮者尚其占(80)。是以君子將有為也，將有行也，問焉而以言。其受命也如響。无有遠近幽深，遂知來物(81)。非天下之至精，其孰能與於此。參伍以變，錯綜其數(82)。通其變，遂成天下之文；極其數，遂定天下之象(83)。非天下之至變，其孰能與於此。《易》无思也，无為也，寂然不動，感而遂通天下之故(84)。非天下之至神，其孰能與於此。夫《易》，聖人之所以極深而研幾也(85)。唯深也，故能通天下之志；唯幾也，故能成天下之務；唯神也，故不疾而速，不行而至(86)。子曰：「《易》有聖人之道四焉」者，此之謂也。

右第十章　此章承上章之意，言《易》之用有此四者。（此章亦虛誇《易經》之作用，認為：《易》之本身則有三至，即「至精」、「至變」、「至神」，故聖人於《易》有四尚，即「尚其辭」、「尚其變」、「尚其象」、「尚其占」。）

【譯文】

《易經》有聖人之道四個：用它來談論的看重它的卦爻辭，用它來行動的看重它的變化，用它來製造器物的看重它的卦象，用它來卜吉凶的看重它的占問。因此君子將有作為，將有行動，用言語來問它。它接受人家的問，它的回報像回響。不論遠的、近的、暗的、深的，遂即知道未來的事。不是天下的極精，誰能達到這樣。（六爻中）有三數或五數的變化，有交錯綜合的爻位次數。通曉它的變化，遂即成為反映天下事的文辭；極盡卦爻的位數，遂即確定天下事物的象。不是天下的最善變化的，誰能達到這樣。《易經》本來是沒有思慮的，沒有作為的，寂靜不動，但（用真誠）感動它，遂能通曉天下的事。不是天下頂神妙的，誰能達到這樣。《易經》，是聖人的所以極深入而研究它的微妙處。只因深奧，所以能夠貫通天下人的意志；只因微妙，所以能夠成就天下的事務；只因神妙，所以不急而快，不行動而到來。夫子說：「《易經》有聖人的道四個」的，就是這個說法。

【注】

(80) 言：指談論事物。辭：卦爻辭。談論事物的要從卦爻辭取得決定。變：卦爻辭的變化，用卦爻辭來決定行動。象：卦象，參考卦象來製造器物，見《繫辭》下。占：用蓍草的演算來問吉凶。

(81) 來物：未來的事。

(82) 參伍以變，錯綜其數：《周易本義》：「參者，三數之也。伍者，五數之也。錯者交而互之。綜者總而挈之。此亦皆謂揲蓍求卦之事，蓋通三揲兩手之策，以成陰陽老少之畫；究七八九六之數，以定卦爻動靜之象也。」

(83) 天下之文：指卦爻辭，是說明天下事物吉凶的文辭。天下之象：指卦象，用來說明天下事物的變化的。

(84) 卦爻辭本身是無思無為的。要人去占問它，人的誠信感動它，才能通天下事物的吉凶。

(85) 研幾：研究事物顯現以前的微露苗頭，「幾者動之微，吉凶之先見者也。」

(86) 神：神妙，指先見，事物還沒出現，已經看到，所以「不疾而速，不行而至」。實際是沒有出現，但已看到苗頭。

子曰：「夫《易》何為者也？夫《易》開物成務[87]，冒天下之道，如斯而已者也。」是故聖人以通天下之志，以定天下之業，以斷天下之疑。是故蓍之德圓而神，卦之德方以知，六爻之義易以貢[88]。聖人以此洗心，退藏於密，吉凶與民同患[89]。神以知來，知以藏往，其孰能與於此哉！古之聰明睿知，神武而不殺者夫[90]！是以明於天之道，而察於民之故，是興神物以前民用。聖人以此齋戒，以神明其德夫[91]。是故闔戶謂之坤，闢戶謂之乾，一闔一闢謂之變，往來不窮謂之通，見乃謂之象，形乃謂之器，制而用之謂之法，利用出入，民咸用之謂之神[92]。

右第十一章　（此章言聖人用《易經》以啟其智，以明其德，以決其疑，以成其業，以制其法，以利其民，皆虛誇之詞。然其論陰陽開闢之道尚可取也。）[93]

【譯文】

夫子說：「《易經》是做什麼的呢？《易經》是開創事物，成就業務，包括天下事物的道理，像這樣而止的。」因此聖人用來通曉天下人的意志，來確定天下的事業，來決斷天下人的懷疑。所以蓍草占問的好處是圓滿而神妙，卦辭的好處是方正而智慧，六爻的意義用變化來告人。聖人用它來啟發自己的心，退下來把它藏在秘密處，吉和凶與民同樂同憂。（用蓍的）神妙來知道未來，（用卦的）智慧來記住過去。誰能達到這樣啊？古代的聰明智慧神武而不殘暴的人吧！因此明白天道，細察人民的事，用蓍占神物來作為人民動作的先導。聖人用它時極為虔敬，來表示它具有神妙明智的好處。因此閉藏的叫做坤，開展的叫做乾，一閉一開叫做變化，（開閉出入）往來不停的叫做通，出現的物叫做象，具有形體的叫做器，制裁象和器來利用它叫做效法，在利用它時或出或入有所改動，人民都把它叫做神妙。

【注】

⑻ 開物成務：開創事物，如《繫辭》下說：「為舟楫，蓋取諸《渙》。」認為《渙》卦裏已經開創了舟楫。成就業務，如《易》講事的吉凶，照吉事去做，成功了就是成務。

⑻ 蓍之德圓而神：用蓍草來占吉凶，或吉或凶沒有一定，所以是圓滿而神妙。卦之德方以知：卦辭有一定，所以是方正而智慧，跟著占不定的不同。德是本身所具有的屬性，指蓍和卦所具有的好處。六爻講變化的，易指變易，貢指告。

⑻ 洗：《釋文》及《周易集解》本作「先」，猶先導，啟發。退藏於密：即從卦爻辭

得到啟發後，先保密，不加宣揚。吉凶與民同患：指導人民趨吉避凶。同患，同憂樂，凶同憂，吉同樂，這裏當省「樂」字。

⑨⓪ 睿（ruì 瑞）知：智慧而有遠見。知，同智。殺：殘暴。

⑨① 齋戒：指誠敬。神明其德：神指蓍之德圓而神，明指卦之德方以智。即用蓍和卦來知來藏往。

⑨② 闔户謂之坤：指地的靜而閉藏。闢户謂之乾：指天的春雷驚蟄等。一闔一闢謂之變：指卦爻辭反映自然和人事的變化。往來不窮謂之通：指這種開闢變化是無窮盡的，懂得它才通。見乃謂之象：事物出現了用卦來表示叫象，如用乾來表天。器：有具體形象的叫器。制而用之謂之法，如根據《渙》卦來製造舟楫即是。利用出入：指在製作時有改進。

⑨③ 朱熹《周易本義》裏不分章，與下章連為一章。高亨《周易大傳今注》裏分章，並作了上面的說明。

是故《易》有大極[94]，是生兩儀。兩儀生四象。四象生八卦。八卦定吉凶。吉凶生大業。是故法象莫大乎天地；變通莫大乎四時；縣象著明莫大乎日月；崇高莫大乎富貴。備物致用，立功成器[95]，以為天下利，莫大乎聖人。探賾索隱，鉤深致遠，以定天下之吉凶，成天下之亹亹[96]者，莫大乎蓍龜。是故天生神物，聖人則之。天地變化，聖人效之。天垂象，見吉凶，聖人象之。河出圖，洛出書[97]，聖人則之。《易》有四象[98]，所以示也。繫辭焉，所以告也。定之以吉凶，所以斷也。

右第十一章　此章專言卜筮。（右第十一章。此章言聖人受河圖之啟示，借蓍草之神靈，制定筮法，創作《易經》，以仿效宇宙形成之過程，象徵天地日月四時諸種現象之變化，探求複雜隱晦深奧遙遠之事物，定其吉凶，以指導人之行動，亦虛誇之詞也。）

【譯文】

所以，《易經》有太極，（是宇宙的本體），因此生出兩儀，（是天地）。兩儀生出四象，（是四時）。四象生出八卦，（擴展為六十四卦），來確定事物的吉凶。（使人趨吉避凶），產生大事業。所以用象來效法的沒有比天地更大的，變通沒有比四時更大的。把象懸掛在空中極為著明，沒有比日月更大的。地位崇高、沒有比富貴（而居君位）更大的。具備物品來供採用，建立功業，製成器具，用來供天下人利用，沒有比聖人更大的。探索複雜隱蔽的情況，向深處遠處鉤引得來，來確定天下事物的吉凶，使人奮勉來完成天下事業的，沒有比著占龜卜的作用大的。所以天生蓍龜神物，聖人仿效它。天地變化，聖人效法它。天垂示各種象，現出或吉或凶，聖人用卦象來仿效它。黄河裏出現圖，洛水裏出現書，聖人仿效它。《易經》有少陽、老陽、少陰、老陰四爻象。用來顯示事物的剛柔變化。在卦爻上繫上辭語，用來告人。在卦爻辭上決定吉或凶，用來決斷。

【注】

⑭ 大極：即太極，指原始混沌之氣。

⑮《周易大傳今注》：「『功』字今本脱，《漢書·貨殖傳》引《易》曰：『立功成器。』今據增。」

⑯ 亹亹（wěi 尾）：勤勉。

⑰ 河出圖，洛出書：説黄河裏出圖，伏羲仿照它作八卦。洛水裏出書，大禹仿照它作《洪範》。《周易大傳今注》認為河圖洛書，當是黄河圖、洛水圖，載入《尚書·顧命》篇。這裏講的已經轉變為神話。

⑱《易》有四象：見上⑰注。四象指少陽、老陽、少陰、老陰。老陽即「九」，老陰即「六」。

《易》曰：「自天祐之，吉无不利。」子曰：「祐者，助也。天之所助者，順也；人之所助者，信也。履信思乎順[99]，又以尚賢也。是以自天祐之，吉无不利也。」子曰：「書不盡言，言不盡意。」然則聖人之意，其不可見乎？子曰：「聖人立象以盡意，設卦以盡情偽，繫辭焉以盡其言。變而通之以盡利，鼓之舞之以盡神。」乾坤，其《易》之緼邪[100]？乾坤成列，而《易》立乎其中矣。乾坤毀，則无以見《易》。《易》不可見，則乾坤或幾乎息矣[101]。是故形而上者謂之道，形而下者謂之器。化而裁之謂之變，推而行之謂之通，舉而錯之天下之民謂之事業。是故夫象，聖人有以見天下之賾，而擬諸其形容，象其物宜，是故謂之象。聖人有以見天下之動，而觀其會通，以行其典禮，繫辭焉以斷其吉凶，是故謂之爻。極天下之賾者存乎卦，鼓天下之動者存乎辭，化而裁之存乎變，推而行之存乎通，神而明之存乎其人，默而成之，不言而信，存乎德行。

右第十二章　（右第十三章　此章言《易經》能充分反映人之思想、言論與活動，又能反映天地萬物之變化，而人類事業在於利用道與器而加以變通，《易經》之卦爻象及卦爻辭足以指導人去作此種事業。）[102]

【譯文】

《易經》說：「從天保祐他，吉，沒有不利。」夫子說：「祐是幫助。天所幫助的，是順；人所幫助的，是信。行動信，思想順，又加上尊重賢人。因此從天幫助他，吉，沒有不利。」夫子說：「書裏不能完全記下所說的話，說話不能完全表達要說的意思。」然則聖人的意思，它不可以完全看到嗎？夫子說：「聖人創立象來完全表達他的意思，設立卦來完全包括真情和假意，繫上辭來作為完全盡意的話。加以變通來得到全部好處，鼓舞它來收到全部神妙的作用。」乾坤是《易經》意義的蘊藏吧？乾坤定位，《易經》的道就確立在其中了。乾坤毀，就無從看見《易》道。《易》道看不見，乾坤或許近於熄滅了。所以形象以上的抽象道理叫做道，形象以下的具體東西叫做器。加以變化而改制叫做變，加以推行叫做通，取來把它用在天下人民身上，叫做事業。所以象，聖人有了用來看到天下事物的繁雜，比擬它的形容，用象來顯示它作為合宜的事物，所以叫做象。聖人有了用來看到天下事物的變動，而看到它的會通，來推行他的典章制度，繫上卦爻辭來斷定它的吉凶，因此稱做爻。極盡天下事物的繁雜的在於卦，鼓動天下事物的變動的在於辭，變化而加以制裁的在於變，推行它的在於通，神妙而明白運用它的在於人，靜默而作成它，不說而使民信從，在於德行。

【注】

⑲ 履信：實行誠信。

⑳ 組：蘊藏。

㉑ 息：熄滅。

㉒ 此章朱熹沒有說，此引自《周易大傳今注》。

【說明】

陳夢雷《周易淺述》就《繫辭上傳》作了分章，有所闡發。現在就他對各章所論，稍加摘引，來說明各章內容的要點。他開頭說：「（《繫辭傳》）以其統論全經之大體凡例，故不與《彖傳》《象傳》同附於經，而自分上下云。」

「第一章首節，以造化之實，明作《易》之原。『是故』以下至『坤以簡能』，言《易》理之見於造化者。『《易》則易知』以下，則言人之當體《易》也。」這裏指出《易經》是根據「造化之實」來創作的。人當體會《易經》的道理。怎樣體會？「卑高者，天地萬物上下之位」。「不言高卑，而言卑高者，高以下為基，人先見卑而後見高。」這就是一點。又稱：「方，事情所向，以類聚。善與善聚，惡與惡聚也。善有善之羣，惡有惡之羣，各有羣，則善惡不得不分，此天下事物之情，《易》之吉凶即從此生。善以致吉，惡以召凶也。」這裏把吉凶歸於善惡，在正常情況下，是比較合理的。又稱：「人之所為，如《乾》之易，則其事要約而人易從易知，則非深險而不可測，與之同心者多，故有親。易從則事無艱阻，與之協力者眾，故有功。有親自然可以長久，有功自然可以廣大。德以所存主，言得於己也。業以所發見，言成於事者。可久者日新而不已，賢人之德也；可大者，富有而無疆，賢人之業也。」這裏說《易經》講的道是易從易知，所以有親有功，這也是講對《易》的體會。

第二章中談到「學《易》之功」，引「君子所居而安者，《易》之序也。」稱：「序以卦言，如《剝》《復》《否》《泰》是也。以爻言，如『潛』『見』『飛』『躍』是也。能循其序，則居之安矣。」這裏指出《易》卦《剝》《復》從壞變好，《否》《泰》也是的。但反過來，從《晉》到《明夷》，就是從好變壞。這兩種可能都存在。學《易》就要體會這兩種變化，從壞變好，要抓住變好的苗頭使它向好的方向轉化。處在好的時候，要防止有壞的苗頭起來。再像《乾》卦講龍的「潛」「見」「飛」「躍」，那要看時機，有時要「潛」，即隱退；有時要「見」，即出來；有時要「躍」或「飛」，一切按照時機和自己的能力來定。這是講學《易》之功。

第三章「教人體卦爻辭之功」，引「憂悔吝者存乎介，震无咎者存乎悔。」稱：「介謂辨別之端，善惡已動而未形之時也。悔吝未至於吉凶，乃初萌動，可以向吉凶之微處，介又悔吝之微處，於此憂之，不至於悔吝矣。震，動也。不曰動而曰震，有所震動以求其无咎者，在乎深有所愧悔，以堅其補過之心，則不至於有咎矣。」這樣體察卦爻辭，就從個人的思想改造來體會《易》的悔吝、无咎，把《易》的悔吝无咎跟個人的思想改造結合了。

第四章講「窮理盡性以至於命」，引「與天地相似故不違。知周乎萬物而道濟天下，故不過。旁行而不流。樂天知命故不憂。」因稱：「唯相似，故先天後天而不違也，此句統言之。以下不過不憂能愛，皆不違之事。天地之道，知仁而已。知周萬物者，知同乎天也。道濟天下者，仁同乎地也。」「『旁行而不流』，《本義》謂『旁行者行權之知也。不流者守正之仁也』。」這裏提到「先天後天而不違也」，「先天」指一種自然現象或社會現象還沒有顯著，只露出一點苗頭，就要抓住它，好的苗頭加以發揚，壞的苗頭加以制止，不論發揚或制止，都符合客觀規律。這就是先天而天不違。一種自然現象或社會現象，已經顯著，好的加以發揚，壞的加以制止，都符合客觀規律，這是後天而天不違。「天不違」即不違反客觀規律，所以能夠成功。違反客觀規律，就要失敗。「故不違」即不違反客觀規律。怎樣能不違反客觀規律呢？「知周乎萬物而道濟天下」，智慧要考慮得全面，主要是能夠認識道，道即客觀規律。掌握了客觀規律，才能「道濟天下」，使天下人得利。這樣做，有時「旁行而不流」，即有時要行權，雖然行權，但還是守仁。這裏要講到智和仁，「智周萬物」，要作全面考慮而掌握客觀規律。仁是要「仁民而愛物」，要考慮對人民有利，對物有利，即對生態環境要保護。這樣做就能成功，故「樂天知命」，「故不憂」了。

第五章言道，引「顯諸仁，藏諸用，鼓萬物而不與聖人同憂。」稱：「顯自內而外也，運行之跡，生育之功，顯諸仁也，德之發也，藏，自外而內也，神妙無方，變化無跡，藏諸用也，業之本也。聖人之與天地可同者，顯仁藏用之德業也。不可同者，天地無心，聖人有心也。聖人仁萬物而獨任其憂，天地鼓萬物而不與聖人同其憂。」這是說，天地化育生長萬物，就所生長的萬物說，是顯的，就化育說是仁。就化育生長的作用說，是藏的。聖人改造自然和社會，不論是先天後天都是天不違的，都是符合客觀規律，所謂「與天地可同者」，即同於天地的化育生長萬物。聖人的改造成功了，即「顯諸仁」，見出他的仁心。聖人在改造中的作用，一般人或不容易體會，即「藏諸用」。天地的化育生長萬物是無心的，聖人的改造自然或社會，是抱着憂世的苦心，所以天地「鼓萬物而不與聖人同憂」。這樣講聖人的「顯諸仁，藏諸用」，還是要「與天地可同者」，即按照天地之道來改造，按照客觀規律來改造，可與上文相呼應。

「第六章贊《易》之廣大而原於《乾》《坤》之二卦也。」引「夫乾，其靜也專，其動也直，是以大生焉。夫坤，其靜也翕，其動也闢，是以廣生焉。」稱：「乾坤各有動靜，靜體而動用，靜別而動交也。直專、翕闢，其德性功用如此。乾性健，其畫奇，不變則其靜專一不他，變則其動直遂不撓，以其一而實，故以質言曰大，言無所不包也。坤性順，其畫偶，不變故其靜翕受無遺，變則其動開闢無壅，以其二而虛，故以量言曰廣，言無所不容也。」這裏講乾坤的靜和動，所謂「靜別而動變」，即天地的體是不同的，是分別的；天地化生萬物的作用是天地之氣相交而成的。天靜時「專一不他」，專於寧靜。天動時，「直遂不撓」，如天打春雷、下春雨，成為驚蟄，使蟄伏的萬物皆驚起，草木萌生，驚蟄和萌生所包括的範圍極大，所以稱大。

地在靜時「翕受無遺」，像在寒冬，地接受萬物的蟄伏。「其動開闢無壅」，到春雷驚蟄，加上天的雨水滋潤，蟄伏的萬物都起來了，草木萌生了，地就開闢無壅。天的春雷驚蟄，與地的開闢無壅，又是配合的。就地的無所不容講，是廣。從乾坤講，它的動靜跟時令變化陰陽有關。《易經》講六十四卦的陰陽變化吉凶，也跟乾坤的講陰陽、時令、變化、動靜有關，所以《易》的廣大原於《乾》《坤》之二卦。

「第七章贊《易》道之至，聖人所以崇德廣業而參天地也。」引「知崇禮卑，崇效天，卑法地」。稱：「知識貴其高明，聖人以《易》窮理，則知之崇如天而德崇矣。業由於禮，踐履貴其着實，聖人以《易》踐履，則禮之卑如地而業廣矣。所見高於上，所行實於下，則道義從此生生不窮，猶天地設位而《易》行乎其中矣。」這裏講的知崇效天，跟先天後天而天不違是有聯繫的。聖人的知效法天，那末聖人的所作所為要合於天道，即合於客觀規律，所以「知識貴其高明」，「知之崇如天」了。「卑法地」，即聖人的踐履要謙卑而篤實，從而產生道義了。

「第八章言卦爻之用」，「示人以學《易》之變化」。第九章講「求卦之法」。第十章「言《易》中之用有四者」，即「尚其辭」「尚其變」「尚其象」「尚其占」。「第十一章專言卜筮之事」。第十二章言聖人作易之意，其散在六十四卦之爻象，其聚在《乾》《坤》之二卦。聖人用《易》之道，其散在天下之事業，其聚在一身之德行也。」對這幾章所說，有的分見於注中，不再摘引。

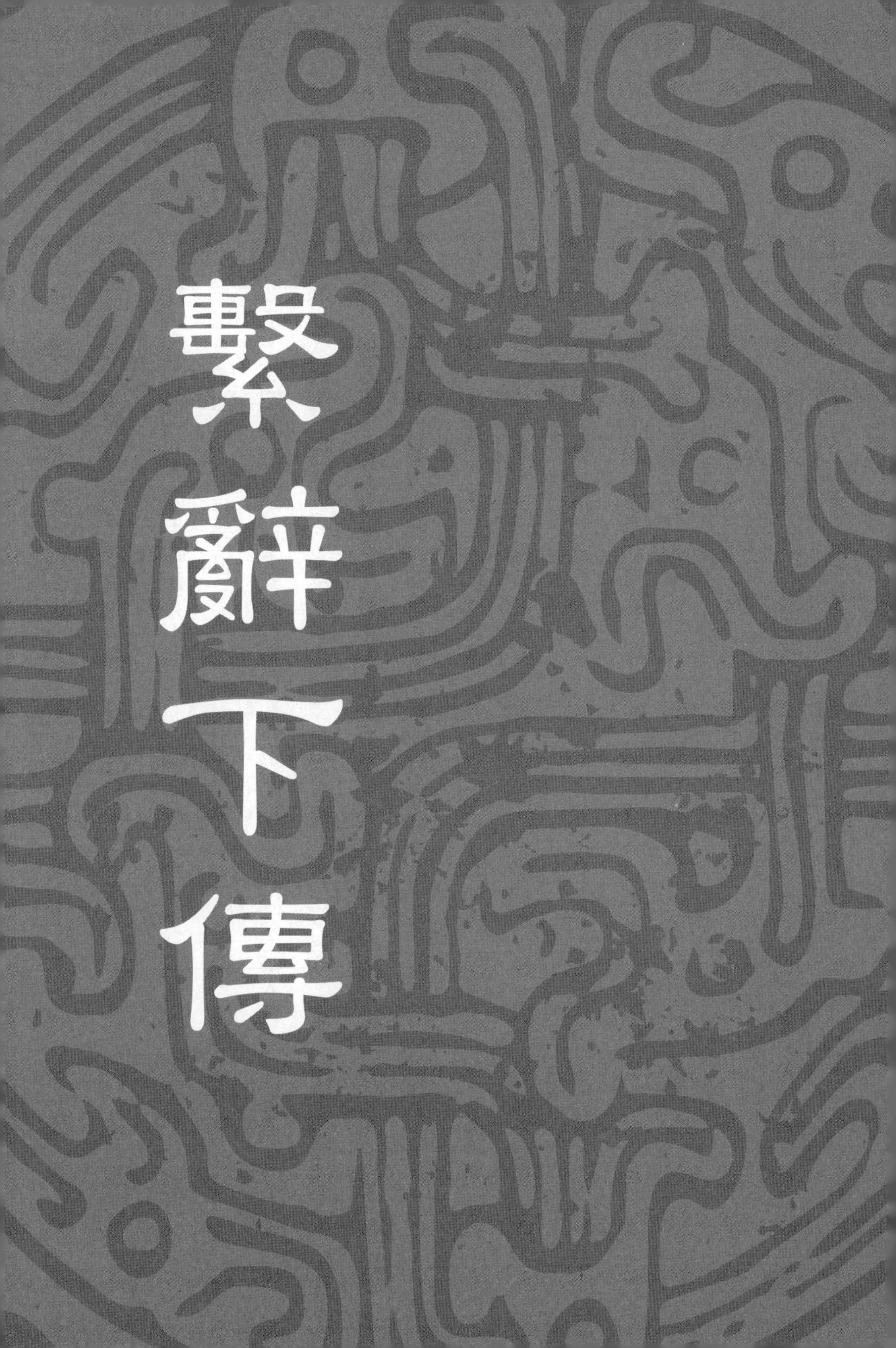

繫辭下傳

八卦成列，象在其中矣。因而重之，爻在其中矣①。剛柔相推，變在其中焉②。繫辭焉而命之，動在其中矣③。吉凶悔吝者，生乎動者也。剛柔者，立本者也。變通者，趣時者也。吉凶者，貞勝者也④。天地之道，貞觀者也⑤。日月之道，貞明者也。天下之動，貞夫一者也⑥。夫乾，確然示人易矣⑦。夫坤，隤然示人簡矣⑧。爻也者，效此者也。象也者，像此者也。爻象動乎內，吉凶見乎外，功業見乎變，聖人之情見乎辭。天地之大德曰生，聖人之大寶曰位。何以守位曰仁。何以聚人曰財。理財正辭、禁民為非曰義⑨。

右第一章　　此章言卦爻、吉凶、造化、功業。（此章首論《易經》之義蘊與功用，次論聖人守位治民之要點。）

【譯文】

八卦成為一列，（有天、地、雷、風、水、火、山、澤八物的象，）象在它的中間了。因此重疊為六十四卦，論爻的話包括在它中間了。（陽爻的剛、陰爻的柔），剛柔互相推移，變化在它的中間了。把辭語連繫在卦爻後面而告訴人，人的行動就在它的中間了。吉、凶、悔、吝，是從人的行動中產生出來的。剛和柔，是確立（陰爻陽爻的）根本，（是確立天地萬物分陰分陽的根本）。變通，是（天地萬物的變通）趨向四時，（人的行動的變通），趨向時機。吉凶，（正則吉，不正則凶），是以正取勝的。天地的道，是以正示人的。日月之道，以正的光明照耀的。天下人的行動，端正在一個道上。乾，剛健地對人顯示它的平易。坤，柔順地對人顯示它的簡約。爻是仿效這天地之道的，象是形象這天地之道的。爻象在卦內變動，吉凶在卦外顯現，（人們依照爻象的變動來趨吉避凶，建功立業）。功業在變動中顯現。聖人的思想感情從卦爻辭中顯現。天地的大德叫生長萬物，聖人的大寶叫王位。憑什麼來守住王位叫仁德，憑什麼來使人歸附叫財。整理財政、端正制度法令、禁止人民為非作歹叫義。

【注】

① 八卦也由爻構成，但用爻來分別事情的吉凶等，是在六十四卦中，所以說爻在六十四卦中。

② 在六十四卦中，爻有變動，陰爻變陽爻，陽爻變陰爻，成為另一卦，所以說剛柔相推。

③ 命：告。動：指人的趨吉避凶的行動。

④ 貞勝：以正為勝，正則吉，不正則凶。

⑤ 貞觀：以正示人。觀，示也。

⑥ 貞夫一：正於一，一指天地之道，以合於天地之道為正，即以合於自然規律為正確。

⑦ 確然：剛健地。易：平易。

⑧ 隤（tuí 頹）然：柔順地。

⑨ 正辭：端正制度法令的條文。

古者包犧氏之王天下也[⑩]，仰則觀象於天，俯則觀法於地，觀鳥獸之文與地之宜，近取諸身，遠取諸物，於是始作八卦，以通神明之德，以類萬物之情。作結繩而為網罟，以佃以漁，蓋取諸《離》[⑪]。包犧氏沒，神農氏作[⑫]，斲木為耜，揉木為耒[⑬]，耒耨之利，以教天下，蓋取諸《益》[⑭]。日中為市，致天下之民，聚天下之貨，交易而退，各得其所，蓋取諸《噬嗑》[⑮]。神農氏沒，黃帝、堯、舜氏作，通其變，使民不倦，神而化之，使民宜之。《易》，窮則變，變則通，通則久。是以自天祐之，吉无不利。黃帝、堯、舜垂衣裳而天下治，蓋取諸《乾》《坤》[⑯]。刳木為舟，剡木為楫，舟楫之利，以濟不通，致遠以利天下，蓋取諸《渙》[17]。服牛乘馬，引重致遠，以利天下，蓋取諸《隨》[18]。重門擊柝，以待暴客，蓋取諸《豫》[19]。斷木為杵，掘地為臼，臼杵之利，萬民以濟，蓋取諸《小過》[20]。弦木為弧，剡木為矢，弧矢之利，以威天下，蓋取諸《睽》[21]。上古穴居而野處，後世聖人易之以宮室，上棟下宇，以待風雨，蓋取諸《大壯》[22]。古之葬者，厚衣之以薪，葬之中野，不封不樹，喪期无數。後世聖人易之以棺椁，蓋取諸《大過》[23]。上古結繩而治，後世聖人易之以書契，百官以治，萬民以察，蓋取諸《夬》[24]。

右第二章　此章言聖人製器尚象之事。（此章論述包犧作八卦及古人觀象製器之事。作者將傳說中原始社會人物視為歷史上之帝王，將勞動人民之創造發明記在此輩帝王聖人名下，將勞動人民之智慧與實踐歸功於卦象之啟示，純是唯心主義之歷史觀。此乃由於作者之階級立場與歷史局限也。）

【譯文】

上古伏羲氏統治天下，抬頭就觀察天象，低頭就觀察地形，觀察獸蹄鳥跡與地上的植物，近的取自身體，遠的取自各物，因此開始創作八卦，（用天、地、雷、風、水、火、山、澤八種物象），來會通神妙明顯的（天地萬物的）德性，（用八卦來）分類區別天地萬物的情狀。結繩來做網，用網來捕鳥獸和捉魚，大概是取自《離》卦。伏羲氏死後，神農氏興起，砍木做木鋤，彎曲木做木犁，木犁木鋤的好處，用來教天下人，大概取自《益》卦。日中做市集，招引天下的民，聚集天下的貨物，交易而退，各自得到他們所需要的，大概取自《噬嗑》卦。神農氏死後，黃帝、堯、舜相繼興起，通曉事物和前人創制的變化，使民利用它而不厭倦，加上神妙的改作，使民合用。《易》道行不通時就變，變了就行得通，行得通就可以長久。因此從天幫助它，吉而无不利。黃帝、堯、舜作衣裳下垂而天下治，大概取自《乾》卦《坤》卦。挖空木為船，削木為楫，船和楫的好處，用來渡過不通的河道，到達遠處，使天下人得利，大概取自《渙》卦。駕牛拉車來運重物，駕馬拉車來行遠路，使天下人得益，大概取自《隨》卦。雙重門加打梆巡查來對付盜賊，大概取自《豫》卦。截斷木材做木杵，掘地做臼，臼杵的好處，萬民得益，大概取自《小過》卦。加弦於彎木上做弓，削尖木材做箭，弓箭的好處，用威力來懾服天下，大概取自《睽》卦。上古住在洞穴和野地，後世聖人改用房屋，上有屋樑，下有牆壁，來對付風雨，大概取自《大壯》卦。上古的下葬，用草柴包得很多，葬在野地裏，不堆土做墳，不種樹，服喪的期限沒有定數。後世聖人改用棺和外棺，大概取自《大過》卦。上古結繩記事來治理，後世聖人用文字來代替它，百官用它來治理政事，萬民用它來明察事理，大概取自《夬》卦。

【注】

⑩ 包犧氏：即伏羲氏。相傳原始社會中進入漁獵時代的氏族，已經能夠結網來捕捉鳥獸和捕魚。《繫辭傳》作者認為伏羲氏始作八卦。又認為伏羲氏作六十四卦，所以說他的作網，大概是從《離》卦來的。

⑪ 罔罟（gǔ古）：網。佃：捕鳥獸。漁：捕魚。《離》：《離》卦，離上離下。《周易集解》：「虞翻曰：『離為目，巽為繩。目之重者唯罟，故結繩為罟』。」《離》卦是離上離下，是重離。離為目，重目為網。

⑫ 神農氏：指原始社會中開始從事農業的氏族。

⑬ 斲（zhuó斫）：削。耜（sì四）：木鋤。耒（lěi累）：木犁。

⑭ 《益》：《益》卦震下巽上。《說卦》：「巽為木」，「震，動也。」木鋤、木犁在地上動土，為耕田之象。

⑮ 《噬嗑》：《噬嗑》卦震下離上。《說卦》：「離為日」，「震，動也。」眾人在日下往

來，為日中為市。

⑯垂衣裳而天下治：《周易集解》：「《九家易》曰：『至乎黃帝始制衣裳，垂示天下。』《乾》《坤》：同上：「《九家易》曰：『衣（上衣）取象《乾》，居上覆物，裳（下裳）取象《坤》，在下含物也。』」

⑰刳（kū 枯）：挖空。剡（yǎn 掩）：削尖。《渙》卦坎下巽上，《說卦》：「巽為木，坎為水。」木船在水上，為舟楫之象。

⑱服、乘：駕車。引重：拉重物。致遠：行遠路。《隨》：《隨》卦震下兌上。《國語．晉語》：「震，車也。」《說卦》「兌為羊」。為羊有畜牲意，引申為牛馬駕車。

⑲暴客：指盜賊。《豫》：《豫》卦坤下震上。地下雷上，擊柝巡行地上，動而有聲於地上。

⑳《小過》：《小過》卦艮下震上。《周易集解》：「虞翻曰：『艮為小木』，『故斷木為杵。坤為地，艮手持木以缺坤三，故缺地為臼。艮止於下，臼之象也。震動而上。杵之象也。』故取諸《小過》。」

㉑《睽》：《睽》卦兌下離上。《周易集解》：「虞翻曰：『兌為小木。』」小木為弓。離為繩：即「弦木為弧」。

㉒宮室：房屋。棟：屋樑。宇：屋邊牆壁。《大壯》：《大壯》卦乾下震上。乾為天，野外的天似穹廬，比房屋。震比雷雨，象房屋可避風雨。

㉓ 椁（guǒ 果）：套在棺外的外棺。《大過》：《大過》卦巽下兑上，巽內兑外。巽為木，指棺椁，兑為澤，指坑，象墓穴，指棺椁在墓穴中。

㉔ 書契：文字。《夬》：《夬》卦乾下兑上，兑為小木。《説卦》：「乾為金。」金屬指刀，刀刻木簡為書寫記事。

㉕ 引自《周易大傳今注》。

是故《易》者，象也；象也者，像也。彖者，材也㉖**；爻也者，效天下之動者也。是故吉凶生而悔吝著也。**

右第三章（此章言《易經》之卦爻象及卦爻辭可以體現人事之吉凶悔吝。）

【譯文】所以《易經》的內蘊是卦象，卦象是用卦來象事物。彖是裁斷。爻是仿效天下事物的變動。所以吉凶產生，人事的悔吝顯出。

【注】

㉖ 彖：判斷，判斷卦辭的話。材：通裁，即裁斷。

陽卦多陰，陰卦多陽，其故何也？陽卦奇，陰卦耦。其德行何也？陽一君而二民，君子之道也。陰二君而一民，小人之道也。

右第四章　（此章解釋陽卦陰卦。）

【譯文】

陽卦（指震☳、坎☵、艮☶，皆兩陰爻，一陽爻）多陰爻，陰卦（指巽☴、離☲、兌☱，皆兩陽爻，一陰爻）多陽爻，是什麼緣故？陽卦是奇數，（震、坎、艮都是五畫，是奇數）。陰卦都是偶數，（巽、離、兌都是四畫，是偶數）。它們代表什麼德行？陽卦一君二民，（震、坎、艮皆只有一陽爻代君，兩陰爻代民，一君統治眾民），這是君子之道。陰卦二君而一民，（巽、離、兌三陰卦皆兩陽爻代君，一陰爻代民，二君統治一民，即一民受多數君的剝削），是小人的道。

《易》曰：「憧憧往來，朋從爾思。[27]」子曰：「天下何思何慮？天下同歸而殊途，一致而百慮[28]。天下何思何慮？日往則月來，月往則日來，日月相推而明生焉。寒往則暑來，暑往則寒來，寒暑相推而歲成焉。往者屈也，來者信也[29]，屈信相感而利生焉。尺蠖之屈[30]，以求信也。龍蛇之蟄，以存身也。精義入神，以致用也。利用安身，以崇德也。過此以往，未之或知也[31]。窮神知化，德之盛也。」

右第一節[32]

【譯文】

《易經》說：「熱鬧地來往，朋友聽從你。」夫子說：「天下人想什麼，考慮什麼？天下人走不同的路，到達同一個地方；經過多種考慮，達到同一個目的。天下人想什麼，考慮什麼？太陽落去月亮就升起，月亮落去太陽就升起，太陽月亮互相推移產生光明。寒天過去了暑天到來，暑天過去了寒天到來，寒天和暑天相互推移而確定一年。過去的是屈退，到來的是伸進。屈退和伸進互相感應交替產生利益。尺蠖的屈退，是求得伸進。龍蛇的蟄伏，用來保存身體。精通事物的義理，進入神妙的境地，用來達到運用。利用所學，來使自身安好，用來提高才德。超出以上講的，未曾知道別的。徹底研究事物的神妙，知道事物的變化，這是盛德。

【注】

㉗ 此引《咸》卦九四爻辭。憧憧，狀往來的熱鬧。朋：朋貝，指錢幣。思，語助詞。原指商人往來經商，賺了錢。《繫辭》傳作者另作解釋，作朋友跟從你。

㉘ 一致：目的一致。百慮：多種打算。

㉙ 信：同伸。

㉚ 尺蠖：屈伸之蟲，行動時先一屈，再一伸前進。

㉛ 未之或知也：未有知之也。或：有。

㉜ 分節，據《周易大傳今注》。

《易》曰：「困于石，據于蒺藜，入于其宮，不見其妻，凶。」㉝子曰：「非所困而困焉，名必辱。非所據而據焉，身必危。既辱且危，死期將至，妻其可得見耶！」㉞

右第二節

【譯文】

《易經》說：「絆倒在石子上，手撐在刺木上，進到房裏，不見他的妻，凶。」夫子說：「不該絆倒而絆倒，名必受辱。不該撐而撐的，身必危險。既受辱並且危險，死期將到，妻豈可得見啊！

【注】

㉝ 引文見《困》六三爻辭。

㉞ 其：豈。

《易》曰：「公用射隼于高墉之上，獲之，无不利。」[35]子曰：「隼者，禽也。弓矢者，器也。射之者，人也。君子藏器於身，待時而動，何不利之有？動而不括[36]，是以出而有獲，語成器而動者也。」[37]

右第三節

【譯文】

《易經》說：「公在高城牆上用箭射鷹，得到它，沒有不利。」夫子說：「隼是鳥，弓矢是工具。射它的是人。君子把工具藏在身上，等待時機才發動，有什麼不利？發動而沒有阻礙，因此出動而有收穫，說到有現成的工具而後發動的。

【注】

㉟ 引文見《解》卦上六爻辭。

㊱ 括：阻塞。

㊲ 語成器而動：《周易正義》：「語論有見（現）成之器而後興動也。」

子曰：「小人不恥不仁，不畏不義，不見利不勸㊳，不威不懲。小懲而大誡，此小人之福也。《易》曰：『履校滅趾，无咎。』㊴此之謂也。」

右第四節

【譯文】

夫子說：「小人不以不仁為恥，不怕行為不義，不看見利不勸勉，不看見威嚴不懲戒。假如受到小的懲處而能大加警誡，這是小人的幸福。《易經》說：『拖着腳枷，遮住腳趾，無害。』即這個說法。」

【注】

㊳ 勸：勉力。
㊴ 引文見《噬嗑》卦初九爻辭。

「善不積不足以成名，惡不積不足以滅身。小人以小善為无益而弗為也，以小惡為无傷而弗去也，故惡積而不可掩，罪大而不可解。《易》曰：『何校滅耳，凶。』」㊵

右第五節

【譯文】

（夫子說）：「善行不積累夠不上成就好名聲，惡行不積累夠不上滅亡。小人認為行小善是無益而不行，認為行小惡為無害而不去，故惡行積累而不可掩蓋，罪行積大而不可赦。《易經》曰：『戴着頸枷遮住耳朵，凶。』」

【注】

㊵ 引文見《噬嗑》卦上九爻辭。

子曰：「危者，安其位者也。亡者，保其存者也。亂者，有其治者也。是故君子安而不忘危，存而不忘亡，治而不忘亂，是以身安而國家可保也。《易》曰：『其亡其亡，繫于苞桑。』」㊶

右第六節

【譯文】

夫子說：「危險的，由於過去平安地處在他的位子（忘記危險）。滅亡的，由於過去保持他的存在（忘記滅亡）。變亂的，由於過去有他的治理（忘掉變亂）。因此君子平安時不忘掉危險，存在時不忘掉滅亡，治理時不忘掉變亂，因此身體平安而國家可以保存。《易經》說：「將亡！將亡！寄託於茂盛的桑樹。」

【注】

㊶ 引文見《否》卦九五爻辭。按《否》卦指「將亡！將亡！寄託在苞草和桑枝上。」苞草、桑枝是柔弱的，不可靠。這裏把「苞桑」解作「茂盛的桑樹」，認為可靠，與《否》卦原意不同，再說桑樹不像松柏，還不一定可靠。

子曰：「德薄而位尊，知小而謀大，力少而任重，鮮不及矣。《易》曰：『鼎折足，覆公餗，其形渥，凶。』言不勝其任也。」㊷

右第七節

【譯文】

夫子說：「品德差而地位高，知識少而謀劃大，力量小而任務重，很少不及於禍患。《易經》說：『鼎折斷了腳，翻倒公的粥，它的形狀濕濕的，凶。』說是擔負不了他的任務。」

【注】

㊷ 引文見《鼎》卦九四爻辭，對這個爻辭，有不同解釋，見爻辭注說明。

子曰：「知幾其神乎！君子上交不諂，下交不瀆，其知幾乎？幾者，動之微，吉凶之先見者也㊸。君子見幾而作，不俟終日。《易》曰：『介于石，不終日，貞吉。』介如石焉，寧用終日？斷可識矣。君子知微知彰，知柔知剛，萬夫之望。」㊹

右第八節

【譯文】

夫子說：「知道一點預兆，它是神妙吧！君子結交上級不諂媚，結交下級不輕慢，他是知道預兆吧！幾是有點微細的發動，是吉凶的預兆。君子看到預兆就行動，不等到一整天。《易經》說：『堅如石，不到一整天（就變柔），占問吉。』堅如石，何用一整天，斷然可以知道了。君子知道微細的，知道明顯的，知道柔婉的，知道剛健的，是萬人的希望。」

【注】

㊸ 幾：預兆。今本無「凶」字。《漢書．楚元王傳》引有「凶」字，今補。

㊹ 引文見《豫》六二爻辭。介：堅。寧：猶何。

子曰：「顏氏之子，其殆庶幾乎㊺？有不善未嘗不知，知之未嘗復行也。《易》曰：『不遠復，无祇悔，元吉。』」㊻

右第九節

【譯文】

夫子說：「顏家的兒子顏回，他大概差不多吧？有不善沒有不知道，知道了沒有再犯。《易經》說：『走不遠就回來，沒有大問題，大吉。』」

【注】

㊺ 殆：大概。庶幾：近乎，差不多，指對品德修養已經達到很高程度。

㊻ 引文見《復》卦初九爻辭。祇：大。

天地絪縕，萬物化醇[47]。男女構精，萬物化生。《易》曰：「三人行則損一人，一人行則得其友。」言致一也。[48]

右第十節

【譯文】

天地的陰陽二氣交融，萬物普遍化生。男女和動物兩性的構精，萬類化生。《易經》說：「三人同行就虧損一人，一人獨行就得到他的朋友。」說是達到一致。

【注】

[47] 絪縕（yīn yūn 因雲）：指氣的盛而交融。醇（chún 純）：平均，普遍。

[48] 引文見《損》卦六三爻辭。致一：達到一致。

子曰：「君子安其身而後動，易其心而後語[49]，定其交而後求。君子修此三者，故全也。危以動，則民不與也[50]。懼以語，則民不應也。无交而求，則民不與也。莫之與，則傷之者至矣。《易》曰：『莫益之，或擊之，立心勿恆，凶。』」[51]

右第十一節　右第五章（此章記孔丘釋《易經》爻辭共十一條。）

【譯文】

夫子說：「君子在身子安定以後才行動，心平靜以後才說話，交情確定以後才求他幫助。君子講究這三點，所以安全。冒着危險去行動，人們不贊助他。懷着恐懼說話，人們不呼應他。沒有交誼去求人，人們不幫助他。沒有人幫助他，傷害他的人就來了。《易經》說：『沒有人幫助他，有人攻擊他，用心不定，凶。』」

【注】

⑲ 易：平易，指平靜。
⑳ 與：讚許。下「與」字作幫助。
㉑ 引文見《益》卦上九爻辭。恆：持久，指堅定。

子曰：「乾坤，其《易》之門耶？」[52] 乾，陽物也；坤，陰物也[53]。陰陽合德，而剛柔有體[54]。以體天地之撰，以通神明之德[55]。其稱名也，雜而不越[56]。於稽其類，其衰世之意邪[57]？夫《易》彰往而察來，而微顯闡幽，開而當名，辨物正言，斷辭則備矣[58]。其稱名也小，其取類也大。其旨遠，其辭文，其言曲而中，其事肆而隱[59]。因貳以濟民行[60]，以明失得之報。

右第六章　此章多缺文疑字，不可盡通，後皆放此。（此章首言《易經》卦爻之陰陽，可以象天地萬物之陰陽兩性，次言卦爻辭之特點及其功用。）

【譯文】

夫子說：「（八卦中的）乾卦坤卦，大概是《易經》的門吧。」乾是陽性物，坤是陰性物。陰性和陽性的本性互相配合，而陽剛陰柔各有本體。用來體察天地的創造萬物，用來會通神妙明顯的萬物的屬性。《易經》稱各卦的名稱，複雜而不逾越。在考察它的事類，豈有衰世的意味嗎？《易經》明顯過去，考察未來，使微細的顯露，幽暗的明白，開卷正名，辨別事物作出正確的言論，加上判斷，都已具備了。它的標舉名稱是小的，它用來指同類事物是大的。它的用意是深遠的，它的辭語是有文采的，它的話曲折而中的，它講的事直而含蓄，因人的疑惑（通過占詞）來完成人們的行動，用來說明或得或失的預報。

【注】

52 其：大概。《易》之門：即通過乾坤可以了解《易經》中有關陰陽、剛柔變化的道理等。

53 乾，陽物也；坤，陰物也：乾☰是三個陽爻構成，坤☷是三個陰爻構成。

54 德：指事物本身所具有的屬性，乾坤的德即陽和陰。合德即陰陽配合。剛柔有體：陽為剛，陰為柔，剛柔成為乾坤的本體。

55 體：體察。天地：即乾坤。撰：創作，指天地創作萬物。通：通曉。神明之德：天地神妙而明顯的屬性。天地化育萬物是神妙的，天地所化育的萬物，又是明顯的，這種化育萬物又成為天地的德性。

56 稱名：指六十四卦之名。雜而不越：複雜而不相逾越，各有界限。

57 稽：考。類：事類。考六十四卦所指的事類，大概有指衰世之意。

58 微顯闡幽：顯微闡幽，使微的顯，幽的明。開而當名：開卷而事物與卦名相當。辨物正言：辨別事物而正確發言。斷辭則備：判斷的辭備有吉凶。

59 肆而隱：直而隱蔽，言吉凶是直，但為什麼是吉凶又隱蔽。

60 貳：指人因疑惑去占問。濟民行：看了卦爻的或吉或凶，成就人的或行或止。

《易》之興也，其於中古乎[61]？作《易》者，其有憂患乎？是故《履》，德之基也[62]；《謙》，德之柄也[63]；《復》，德之本也[64]；《恆》，德之固也[65]；《損》，德之修也[66]；《益》，德之裕也[67]；《困》，德之辨也[68]；《井》，德之地也[69]；《巽》，德之制也[70]。《履》，和而至[71]；《謙》，尊而光[72]；《復》，小而辨於物[73]；《恆》，雜而不厭[74]；《損》，先難而後易[75]；《益》，長裕而不設[76]；《困》，窮而通[77]；《井》，居其所而遷[78]；《巽》，稱而隱[79]。《履》以和行[80]，《謙》以制禮[81]，《復》以自知[82]，《恆》以一德[83]，《損》以遠害[84]，《益》以興利[85]，《困》以寡怨[86]，《井》以辨義[87]，《巽》以行權[88]。

右第七章　此章三陳九卦，以明處憂患之道。（此章言《易經》作者似有憂患，以《履》《謙》《復》《恆》《損》《益》《困》《井》《巽》九卦之卦義說明其論點。按其所說卦義多不合經意。）

【譯文】

《易經》的興起，大概在中古吧？創作《易經》的，大概有憂患吧？因此，《履》卦是德行的基礎，《謙》卦是德行的柄，《復》卦是德行的根本，《恆》卦是德行的固定，《損》卦是德行的修養，《益》卦是德行的擴充，《困》卦是德行的辨別，《井》卦是德行的地位，《巽》卦是德行的制裁。《履》卦和而達到禮，《謙》卦謙遜而光明，《復》卦從小事遍及事物，《恆》卦周遍而不厭倦，《損》卦先難而後易，《益》卦長久寬裕而不是有意做作，《困》卦身窮困而道通順，《井》卦處於其所而能施德於人，《巽》卦有所稱道而隱諱。《履》卦用和來行動，《謙》卦用來照禮行動，《復》卦用來自覺，《恆》卦用來專一於德行，《損》卦用來避開害處，《益》卦用來興利，《困》卦用來減少怨恨，《井》卦用來辨別正義，《巽》卦用來實行權變。

【注】

61 中古：指商周時代。

62《履》，德之基：《履》指禮，禮是德行的基礎。

63《謙》，德之柄：謙虛能執行德行，故稱柄，柄可執。

64《復》，德之本：復是回來，回到善上，是德行的根本。

65《恆》，德之固：恆指堅持德行，久而不變，故稱德行的堅固。

66《損》，德之修：損是減少過失，所以是德行的修養。

67《益》，德之裕：益是增進善念美行，所以是德行的擴大。

⑱《困》，德之辨：困是處境窮困，那末有德或無德，就可以辨明。

⑲《井》，德之地：井水養人，象德行所處的地位。

⑳《巽》，德之制：巽是謙遜，德行以謙遜作制裁，合於謙遜的才有德。

㉑《履》，和而至：履講行動，要講禮，禮要和，和了才到達禮。

㉒《謙》，尊而光：尊讀為撙（zǔn），謙抑。謙是抑損自己而光榮。

㉓《復》，小而辨於物：復指回來，回到善上，從小事做到，遍及一切事物。辨通遍。

㉔《恒》，雜而不厭：恒指長久。雜讀為匝，周遍，長久做好事，始終不倦。

㉕《損》，先難而後易：損是減少過失，先減難減的，後減易改的。

㉖《益》，長裕而不設：益是使人受益，就長久寬裕，出於自然而不是有意設施。

㉗《困》，窮而通：困是貧困，身貧困而道通。

㉘《井》，居其所而遷：井水可養人，指處在可以養人的地位而施德於人。

㉙《巽》，稱而隱：巽是退讓，有所稱説，只説自己不是退讓，不説自己是退讓，這是隱。

㉚《履》以和行：履指行動，用和來行動。

㉛《謙》以制禮：用謙讓來制定禮節。

㉜《復》以自知：復指回到行善，是出於自覺。

㉝《恒》以一德：恒久指專一於德行。

⑧④《損》以遠害：損指減少自己的過失，可以避免禍害。

⑧⑤《益》以興利：益是增加做好事，即興利。

⑧⑥《困》以寡怨：貧困而守道，不做壞事，就少結怨。

⑧⑦《井》以辨義：井水養人，養人是義，不養人是不義，所以通過它來分辨義與不義。

⑧⑧《巽》以行權：巽是退讓，退讓不明説退讓，卻説不是退讓，這是一時權宜之計。

《易》之為書也不可遠，為道也屢遷，變動不居，周流六虛[89]，上下无常，剛柔相易，不可為典要，唯變所適[90]。其出入以度外內，使知懼。又明於憂患與故[91]。无有師保，如臨父母[92]。初率其辭而揆其方，既有典常[93]。苟非其人，道不虛行。

右第八章　（此章言《易經》卦爻之變化無常，卦爻辭之義理有常，可以指導人事，但在人之善於體會運用。）

【譯文】

《易經》作為書是不可離開，作為講的道是屢次變化，它變動不定，（這種變動）周遍流轉在六爻的位子上。（六爻的變化）在上位或下位，沒有一定。（六爻的陽爻為剛，陰爻為柔），或剛變為柔，或柔變為剛，互相轉換，不可作為定規，只要適應變就變。它的出於本卦，入於變卦，計量從外卦到內卦的聯繫，（定出吉凶），使人警惕，又使人明白憂患與事故。雖沒有師保的教訓，如見父母在上。開始按照它的卦爻辭來考較它的道理，既而有了規範。假如不是明曉的人，《易》道是不會憑空貫徹的。

【注】

⑻⑼ 變動不居，周流六虛：六虛指六爻之位。不居：指不停在哪一位。六爻的變動是不定，周遍於六爻之內，每一爻都可變。

⑼⑽ 上下：六爻或上爻變，或下爻變，不定。剛柔：六爻或剛變柔，或柔變剛，也不定。不可為典要：因此不可以哪種變作為定規。唯變所適：哪個爻適於變就變。

⑼⑴ 出入：在占蓍時先求得兩個卦，先得的卦稱本卦，後得的卦稱變卦（古人稱之卦）。兩卦比較，找出兩卦中不同的爻來看爻辭，定吉凶，即出於本卦，入於變卦。外內：本卦為內卦，變卦為外卦，兩卦比較而找出不同的爻來，即度外內。知懼：找出爻辭，看了爻辭上說的吉凶，知道警惕，要趨吉避凶。凶指憂患、事故。

⑨② 无有師保，如臨父母：《周易集解》：「干寶曰：『雖無師保切磋之訓，其心敬戒，常如父之臨己者也。』」

⑨③ 率：遵循。辭：卦爻辭。揆其方：考量《易經》所講的道理。典章：規範。

《易》之為書也，原始要終，以為質也[94]。六爻相雜，唯其時物也[95]。其初難知，其上易知，本末也[96]。初辭擬之，卒成之終[97]。若夫雜物撰德，辯是與非，則非其中爻不備[98]。噫亦要存亡吉凶，則居可知矣[99]。知者觀其彖辭，則思過半矣。二與四同功而異位，其善不同，二多譽，四多懼，近也[100]。柔之為道，不利遠者。其要无咎。其用柔中也。三與五同功而異位，三多凶，五多功，貴賤之等也。其柔危，其剛勝耶？

右第九章　（此章言六爻之特點，但均非通例，《易經》本少有通例。）

【譯文】

《易經》作為書，（對待一個事物），考察它的開頭，探求它的終結，用作研求一事物的整體。六爻的互相交錯，是象它一定時期內的事物。光看它的初爻，難以明白，看了它的上爻才容易明白，是看了本末。初爻的辭比擬事的開始，最後（上爻的辭）確定事的結局。至於錯雜它的事物，陳述它們的屬性，辨別是和非，那末不是中間的第二、三、四爻不完備。還是也求存亡吉凶，就安坐而可知了。聰明的人看了它的卦辭，就考慮到超過半數了。倒數第二爻與倒數第四爻起到同樣作用而位子不同，它的吉也不同，倒數第二爻多稱譽，比較靠近；倒數第四爻多怕懼，比較離遠。陰柔的道對離遠的不利。它的（倒數第二爻）主要是無害，它的作用是柔順而居中位，倒數第三爻與倒數第五爻同樣作用而位子不同。倒數第三爻多凶，因為位子居賤；倒數第五爻多功效，因為位子尊貴。這兩爻倘是陰柔的危險，倘是陽剛的好吧？

【注】

⑭ 原：察。要：求。質：整體。

⑮ 雜：錯雜。時物：一定時間內的事物。

⑯ 初：初爻。上：上爻。本末：初爻為本，上爻為末。

⑰ 初辭：初爻辭。卒：上爻辭。

⑱ 撰德：論述德性，論述物的屬性。中爻：倒數第二、第三、第四、第五爻。

⑲ 噫：抑。要：求。居：猶安坐。

⑩⓪ 近也：《周易大傳今論》：「近上疑當有遠字，近指多譽，遠指多懼。」

《易》之為書也，廣大悉備。有天道焉，有人道焉，有地道焉。兼三材而兩之，故六[101]。六者非它也，三材之道也。道有變動，故曰爻。爻有等[102]，故曰物。物相雜，故曰文[103]。文不當，故吉凶生焉。

右第十章（此章言《易經》包括天地人之道，能示人以吉凶，按多虛誇之詞。）

【譯文】

《易經》作為書，內容廣大，一切都具備。有天道，有人道，有地道。兼有天地人三才再加重複，故成為六爻。六爻不是別的，（倒數初、二兩爻象地，倒數三、四兩爻象人，倒數五、六兩爻象天），是天地人三才的道。道有變動，故稱爻。爻有類別，故稱物。物相夾雜，故稱文。夾雜得恰當的生吉，夾雜得不恰當的生凶。

【注】

⑩1 三材：即三才，指天地人。兩之：加一倍。六：指六爻。

⑩2 等：類別。

⑩3 雜：指陰陽剛柔交錯而成卦爻辭。

《易》之興也，其當殷之末世，周之盛德耶？當文王與紂之事耶？是故其辭危[104]。危者使平，易者使傾[105]。其道甚大，百物不廢。懼以終始，其要无咎，此之謂《易》之道也。

右第十一章　（此章言《易經》可能作於殷之末世，與文王之事有關。故多警惕自危之詞。）

【譯文】

《易經》的興起，大概在殷的末代，周的德教興盛時吧？正當文王與紂王的事件吧？所以它的卦爻辭傾危。知傾危能使它平易，知平易能使它傾危。它的道很廣大，一切事物都不能除外。警懼於事的始終，它的主要是無害，這是說《易》的道。

【注】

⑩④ 危：指文王被紂王囚禁，所以怕危亡。

⑩⑤ 危者使平，易者使傾：知危則戒懼，才能平安；知平易則偷安，才會傾危。

夫乾，天下之至健也，德行恆易以知險[106]。夫坤，天下之至順也，德行恆簡以知阻[107]。能說諸心，能研諸（侯之）慮，定天下之吉凶，成天下之亹亹者[108]。是故變化云為，吉事有祥。象事知器，占事知來[109]。天地設位，聖人成能。人謀鬼謀，百姓與能。八卦以象告，爻彖以情言，剛柔雜居，而吉凶可見矣[110]。變動以利言，吉凶以情遷。是故愛惡相攻而吉凶生，遠近相取而悔吝生，情偽相感而利害生。凡《易》之情，近而不相得則凶，或害之，悔且吝。將叛者其辭慚，中心疑者其辭枝，吉人之辭寡，躁人之辭多，誣善之人其辭游，失其守者其辭屈。

右第十二章　（此章言天道易中有險，地道簡中有阻，人須研究此種現象，方能占其吉凶。《易經》能告人以吉凶，但吉凶在於人之才德及人與人的關係。末言人之心術不同，則其辭不同，聽其言可以知其人。）

【譯文】

乾是天下最剛健的，它的德行經常是平易的，卻知道艱險。坤是天下最柔順的，它的德行經常是簡約的，卻知道險阻。能夠在心裏察閱（天地之道），能夠研究各種考慮，決定天下事的吉凶，成就天下人的奮勉。所以變化的稱說與作為，照吉事去做有祥瑞。通過《易》卦的象事物，知道創造器具，通過占問知道未來。天地設立上下的位子，聖人仿效它來成就他的才能。通過人的謀劃，和占問的鬼神的謀劃，百姓贊助能者。八卦用象來告訴人，卦爻辭照情況來說話，剛柔雜處，吉凶可見了。事情的變動從有利來說，事情的吉凶因情況而轉變。因此喜愛和憎惡的感情互相攻擊，吉凶從此產生，人和人因親近疏遠的關係互相去取，悔吝從此產生。真情和假意互相感觸，利害從此產生。一切《易經》表達的情況，人和人接近而不相得就凶，有人害他，產生悔且吝。將要背叛的他的話有內愧，心中懷疑的他的話枝蔓，善良的人話少，急躁的人話多，誣衊善人的人的話游移不定，失掉操守的人的話屈服。

【注】

⑯德行：指天地的化生萬物說。恒易：恒久，經常，平易。以知險：卻知道艱險，如天也有大旱、大雨等。

⑰以知阻：卻知道險阻，如地有高山、大川。

⑱說：借作閱，察閱。能研諸（侯之）慮：當作「能研諸慮」。亹亹：奮勉，已見前。

⑲云為：說和作為。象事知器：即上文說的觀卦象來製造工具。

⑳剛柔雜居：指陽爻與陰爻混雜，分出吉凶來。

【說明】

按李鼎祚《周易集解》稱這篇為《周易繫辭》，分兩卷，不分上下。孫星衍《周易集解》稱《繫辭》，分上下。朱熹《周易本義》，稱《繫辭上傳》《繫辭下傳》。原來卦爻辭稱經，解釋卦爻辭的《彖》和《象》稱「彖傳」「象傳」，《繫辭》是總論《易經》的，所以朱熹稱為「傳」了。《彖傳》《象傳》都附在卦爻辭之後，即繫在卦爻辭之後的辭，實際上也是一種繫辭，不過稱作《彖傳》《象傳》罷了。《繫辭》是總釋《易經》的，所以排在卦爻辭連同《彖傳》、《象傳》之後，自成一篇，可以稱為《繫辭傳》了。李鏡池《周易探源》稱：「司馬談《論六家要旨》：『《易大傳》：天下一致而百慮，同歸而殊途。』（《史記．太史公自序》）。今《繫辭》作『天下同歸而殊途，一致而百慮。』）」可見在司馬談引用時，稱《易大傳》，不稱《繫辭傳》，文句有顛倒。

那末《繫辭傳》的寫定，或在司馬談之後。

《繫辭傳》跟《彖傳》《象傳》不同，《彖傳》《象傳》是解釋卦辭和爻辭的，《繫辭傳》則對《易經》作了全面的解釋，講《易經》的意義和功用。卦爻辭本來是供占筮用的，用來占問事情的吉凶。但卦爻辭的編者，在編定卦爻辭時，反映了上古的一些事件和生活，通過占問的吉凶，也表達了一些對事件的看法與思想。到了《繫辭傳》就大大地進了一步，結合卦爻辭來說明天地萬物的客觀規律，來說明人事吉凶禍福形成的道理，由於時代局限，它不可能作出科學的說明，不過它的意圖是要盡力來這樣做的。它結合爻的分陰陽，陰陽的有柔和剛，結合陰陽剛柔的變化來說明天地萬物形成變化的道理。它用八卦來象天、地、風、雷、水、火、山、澤八類事物，用六十四卦來象天地間的各種事物，用爻與卦的變化來象天地事物的各種變化，用卦辭爻辭來說明天地事物各種變化的意義和人類行動所產生的吉、凶、悔、吝、厲、咎，推究它的原因。它就想用《易經》來說明天地萬物矛盾發展的規律，用《易經》來說明人事的是非、得失、利害、禍福，並推究它造成這一切的原因，可以預見未來，叫人趨吉避凶，興利除害，崇德廣業。由於時代的局限，對這一切，它還不可能作出科學的論斷。但《繫辭傳》的作者已經吸收了春秋戰國時代諸子學說，主要是儒道兩家的思想來作解釋，並能超越道家思想。它講天地萬物的矛盾發展，講人事的是非得失，具有樸素的辯證法因素，具有精義。

《繫辭傳》裏又有解釋《易經》爻辭的十九條，可以作為《彖傳》《象傳》的補充。又講伏羲畫卦和卦爻辭創作的時期與背景，可以供後人對卦爻和卦爻辭的創作背景做參考。

對《繫辭上傳》的內容，已經摘引《周易淺述》的話作了點說明，對《繫辭下傳》也這樣作點說明。

「第一章言卦爻吉凶造化功業。」引「天地之大德曰生，聖人之大寶曰位，何以守位曰仁，何以聚人曰財，理財、正辭、禁民為非曰義。」稱：「天地以生物為心，德之大莫過於此。聖人有德無位，亦不能相天地而遂人物之生，故以位為大寶。非聖人自寶之，蓋天下賴聖人之有位，得蒙其澤，故天下以為寶也。『曰仁』之『仁』仍作『人』，人君能得天下之心，位乃可守。財可養萬人之生，故人可聚。理財，使各得其分，養之也。正辭，則分別是非，教之也。禁民為非，明憲敕法以齊其不率，刑之也。」「其在《易》，則理財即《易》之備物致用也。正辭即《易》之辨物正言也。禁民為非，《易》之斷吉凶、明失得、內外使知懼也。此章論卦爻吉凶，推之造化功業，而以有德有位之聖人，能體《易》而參贊天地者終之。」這裏講的「參贊天地」就是人對天地是有所作為的。怎樣有所作為？就是「守位曰仁」，這裏認為當作「守位曰人」，得人心才能守位。按「仁者愛人」，「曰仁」指愛人也可通。何以得人擁護，就在「理財、正辭、禁民為非」。他講「理財」指「各得其分」，使各人得以發揮他的才力來自養。正辭是分別是非，要教。「禁民為非」要「齊之以刑」。他認為這些就符合《易經》講卦爻吉凶的作用，這樣把卦爻吉凶跟政法理財教育結合起來了。

「第二章言聖人制器尚象之事」，正文和注裏已詳。「第三章言卦象彖爻之用」，引「是故吉凶生而悔吝著也。」稱：「悔有改過之意，至於吉，則悔之著也。吝有文過之意，至於凶，則吝之著也。原其始而言，吉凶生於悔吝。要其終而言，則悔吝著而為吉凶也。此章言卦象彖爻之設，無非明得失以示人，使觀象玩辭觀變玩占者，知有悔心而不吝於改過，庶幾有吉而無凶耳。」這就把《易》的吉凶悔吝跟改過遷善結合起來了。

「第四章專以陰陽卦畫分君子小人之道。」引「陽一君而二民，君子之道也。陰二君而一民，小人之道也。」稱：「一君二民，尊無二上，道大而公，君子之道。」「二君一民，政出多門，道小而私，小人之道。」這裏指出《易》的講陰陽，是要「道大而公」，反對「道小而私」的「政出多門」，這是《易》與政治結合了。

「第五章錯舉九卦十一爻發明其義」，已見正文及注。「第六章言《乾》《坤》為六十四卦之所以出，其究無非斷吉凶以決民疑也。」引「其稱名也小，其取類也大。其旨遠，其辭文。其言曲而中，其事肆而隱，因貳以濟民行，以明失得之報。」稱：「負乘往來（見《解》卦六三：『負且乘，致寇至。』）事之小，……然取類皆本於陰陽（本六三爻辭，即陰爻），則大矣。其旨皆陰陽道德性命之秘，遠而難窺。其辭則經緯錯綜有文，燦然可見矣。委曲其辭者，未必皆中乎理，《易》則委曲而無不合理。數陳其事者，無有隱而不彰，《易》則事雖畢陳而理之所以然未嘗不隱也。貳，疑也。報，應也。承上言凡若此者，無非因民之疑貳而決之，以濟其所行，而明得失吉凶之隱也。」這裏講《易經》的「斷吉凶以決民疑」，在文辭的表現手法上有它的特點：即稱名小取類大，旨遠辭文，其言曲而中，其事肆而隱。後來司馬遷在《史記·屈原列傳》裏稱屈原的創作特點，「其文約，其辭微，其志潔，其行廉，其稱文小而其志極大，舉類邇而見義遠。」這裏説的「文約辭微」的「微」，即「其事肆而隱」的「隱」；「文小」「志大」、「類邇」「義遠」，即「稱名小」、「取類大」、「其旨遠」，説明《易經》在文詞表達上具有藝術上的特點。

「第七章三陳九卦以明處憂患之道」，已見正文及注。「第八章言《易》之不可離，而深有望於設辭揆方之人也。」引「其出入以度外內，使知懼。」稱：「就或出或入，在內在外，皆有一定之法度，無非使人知戒懼而已。」

「第九章專論爻畫以示人也。」已見正文及注，「第十章論六爻備天地人之道，而不外陰陽二物錯雜成文，以為得失吉凶之象，總以見《易》書之廣大悉備也。」引「道有變動，故曰爻。爻有等，故曰物。物相雜，故曰文。文不當，故吉凶生焉。」稱：「道有變動，指卦之全體，自初至上，各有不同。此《乾》之初潛、二見、三惕、四躍，始終先後不同。……爻有等，謂高下遠近貴賤之差。物即陰陽二物，有物，有剛柔小大之分，即物也。物相雜，指陰爻陽爻之相間，有陰無陽，有陽無陰，則無所雜而文不見。自《乾》《坤》二卦之外，皆陰陽錯雜以成文者也，文有當否，陽居陽位當，居陰則不當，陰居陰位當，居陽則不當，當者多吉，不當者多凶。」這裏講陰陽剛柔、始終先後、高下遠近、居位當否產生種種變化，造成吉凶，從中可以體會《易經》講吉凶怎樣產生的種種複雜情況。

「第十二章首論《乾》《坤》二卦之德，因及全卦之功用。自『八卦以象告』以下，又總作《易》繫辭之大略，而末以人情立言之不同，以明繫辭之不同也。」引「變動以利言，吉凶以情遷。是故愛、惡相攻而吉凶生，遠近相取而悔吝生，情偽相感而利害生。凡《易》之情，近而不相得則凶，或害之，悔且吝。」稱：「《易》道變動，開物成務，以利言也。而卦爻之辭，有吉有凶，則其情之有所遷耳。以下皆詳言『吉凶以情遷』之說，而以吉凶、悔吝、利害之三辭，由於相攻、相取、相感之三情。末復總以相近不相得之一情，使人推觀之也。命辭之法，必各象其爻之情。《易》之繫辭，不止言吉凶，蓋吉凶者，事之已成者也。吉凶之尚微而未成者，則曰悔吝。而其事之始，商度其可否，則可利不利，不利則害。是《易》之辭有吉凶、悔吝、利害三者也。而其故，由於爻之情有相取、相攻、相感三者。相感者情之始交，故以利害言之。相取則有事矣，故以悔吝言之。相攻則其事極矣，故以吉凶言之。愛惡、遠近、情偽，姑就淺深言之。若錯綜言之，則相攻、相取、相感之情，其居皆有遠近，其行皆有情偽，其情皆有愛惡也。故總以相近一條明之。近而不相得，則以惡相攻而凶生矣，以偽相感而害生矣，不以近相取而悔吝生矣，是一近之中備此三條。然不相得則惡相攻、偽相感、近不相取，則相得為愛相攻、情相感、近相取可知，不相得為凶害、悔吝，則相得為吉利、悔亡、無悔、无咎。」在這裏，根據《易經》的吉凶、悔吝、利害，結合人事上相攻、相取、相感的感情，聯繫愛惡、遠近、情偽的不同，推究出卦爻辭的種種變化，作了深入探討，對於體會卦爻辭的吉凶、悔吝、利害，是有幫助的。

說卦

昔者聖人之作《易》也，幽贊於神明而生蓍[①]，參天兩地而倚數[②]，觀變於陰陽而立卦，發揮於剛柔而生爻[③]，和順於道德而理於義，窮理盡性以至於命[④]。昔者聖人之作《易》也，將以順性命之理。是以立天之道曰陰與陽，立地之道曰柔與剛，立人之道曰仁與義[⑤]。兼三才而兩之，故《易》六畫而成卦。分陰分陽，迭用柔剛，故《易》六位而成章[⑥]。

右第一章　此章言聖人取象於天地人之道以作《易經》[⑦]。

【譯文】

從前聖人創作《易經》，暗中受神道的幫助生出蓍草來。以三的奇數為天數，兩的偶數為地數，來確立卦爻的數。觀察天地萬物的陰陽而確立陰卦和陽卦。發揮出天地萬物的剛柔兩性而產生出剛柔兩爻，應和順從天地萬物的規律、屬性與適宜，制定人類的道德與義，徹底研究天地萬物的原理、本性直到天命。從前聖人創作《易經》，將用來順從性命的道理，因此確立天的道叫陰與陽，確立地的道叫柔與剛，確立人的道叫仁與義。兼天地人三才再加重複，所以《易經》要六爻成為一卦，六爻分陰分陽，輪替地運用柔和剛，所以《易經》有六位而成為辭。

【注】

①幽：暗中。贊：幫助。神明：神道。蓍：占筮用的草。

②參：三，指奇數。兩：指偶數。乾☰指天，用三個陽爻，即三個奇數為天數。坤☷指地，用三個陰爻，即六畫的偶數為地數。

③觀變於陰陽而立卦：卦分陰陽，乾、震、坎、艮為陽卦，坤、巽、離、兑為陰卦。發揮於剛柔而生爻：爻分陰爻為柔，陽爻為剛。

④和順：指應和順從天地的道、德、義而制定人的道、德、義。道指規律，德指事物本身所具有的屬性，義指合宜。窮理盡性以至於命：理指道。性指事物本身的屬性，命指天命，即天生的性。窮盡：指徹底研究。

⑤陰與陽，陰指柔，陽指剛。仁指柔，義指剛。

⑥分陰分陽：爻分陰爻陽爻。迭用柔剛：陰爻陽爻交錯運用，即剛柔交錯。成章：成為卦辭和爻辭。

⑦這裏據《周易大傳今注》分章和說明，不用朱熹《周易本義》，因朱熹分得太碎，又對每章內容沒有說明。本篇以下同。

天地定位，山澤通氣，雷風相薄，水火不相射，八卦相錯⑧。數往者順，知來者逆，是故《易》逆數也⑨。雷以動之，風以散之，雨以潤之，日以烜之，艮以止之，兌以說之，乾以君之，坤以藏之⑩。帝出乎震，齊乎巽，相見乎離，致役乎坤，說言乎兌，戰乎乾，勞乎坎，成言乎艮⑪。萬物出乎震，震東方也。齊乎巽，巽東南也；齊也者，言萬物之絜齊也。離也者，明也，萬物皆相見，南方之卦也。聖人南面而聽天下，嚮明而治，蓋取諸此也。坤也者，地也，萬物皆致養焉，故曰：致役乎坤。兌，正秋也，萬物之所說也，故曰：說言乎兌。戰乎乾，乾，西北之卦也，言陰陽相薄也。坎者水也，正北方之卦也，勞卦也，萬物之所歸也，故曰：勞乎坎。艮，東北之卦也。萬物之所成終而成始也，故曰：成言乎艮⑫。神也者，妙萬物而為言者也。動萬物者莫疾乎雷，橈萬物者莫疾乎風，燥萬物者莫熯乎火，說萬物者莫說乎澤，潤萬物者莫潤乎水，終萬物始萬物者莫盛乎艮⑬。故水火相逮⑭，雷風不相悖，山澤通氣，然後能變化，既成萬物也。

右第二章　此章是八卦卦象之總論，闡述八卦象天、地、雷、風、水、火、山、澤及配八方四時之意義。

【譯文】

天上地下的位子確定，山和澤的氣是相通的，雷和風互相搏擊，水和火不相厭棄，這八卦互相交錯。計數過去的順着時間，知道未來的逆着時間，因此《易經》是逆着時間來數。雷（震）用以震動萬物，風（巽）用來吹散萬物，雨（坎）用來潤澤萬物，日（離）用來曬乾萬物，艮（山）用來棲止萬物，兑（澤）用來喜悦萬物，乾（天）用來統治萬物，坤（地）用來歸藏萬物。天帝用雷震使萬物出生，用巽風使萬物生長整齊，用離日的光明使萬物相見，用坤地使萬物得養，用兑秋使萬物成熟喜悦，用乾初冬使萬物在陰陽二氣的搏鬥中，用坎正冬使萬物感到疲勞而歸藏，用艮冬離初來使萬物成終成始。萬物從雷震出生，震是東方，（是春天為萬物出生時）。萬物在巽風中生長整齊，巽是東南方，（為春末夏初），整齊是說萬物生長整齊。離日是明亮，萬物都相見，是南方的卦。聖人南面而聽天下的事，向着天亮時來辦理政事，大概是有取於此。坤是地，萬物都從地得養，所以說：得到養於地。兑是正秋，萬物成熟而喜悦，所以說：喜悦說到兑。搏鬥於乾，乾是西北的卦，（是秋末冬初），說是陰氣與陽氣相搏鬥。坎是水，是正北方的卦，（是正冬，在陰陽搏鬥之後都已疲勞），是勞卦，是萬物的歸藏，所以說：勞於坎。艮是東北的卦，（是冬末春初），是萬物所以成終而成始的，所以說：成就說到艮。神，指萬物的生長變化極神妙而說的。震動萬物的沒有比雷更快的，吹拂萬物的沒有比風更快的，乾燥萬物的沒有比火更熱的，使萬物喜悅的沒有比澤更使萬物喜悅的，滋潤萬物的沒有比水更滋潤的，使萬物始終得到成全的沒有勝過艮的。所以水火相濟，雷風不相矛盾，山和澤通氣，然後能變化，已生成萬物。

【注】

⑧薄：通搏，擊。水火不相射，《周易集解》：「射，厭也，水火相通。」不相射，指不相厭棄，當指「水火既濟」。八卦相錯：八卦中有對立的，如天上地下，雷風相搏。有統一的，如山澤通氣，水火既濟，對立統一互相交錯。

⑨數往者順：數過去的，如夏、商、周，順着時間數。知來者逆：數未來的，倒數上去，如明年、後年，是逆。《易》講知來，所以逆數。

⑩烜（xuǎn 選）：曬乾。說：同悅。君：統治。

⑪見下文解釋。

⑫這裏用八卦來配八方和四時，結合方位和季節對八卦的作用來作說明，即萬物春生、夏長、秋收、冬藏的意思。絜（潔）齊：指整齊。致役：猶致養。

⑬熯（hàn 漢）：熱。艮：指冬末春初，即冬藏春生，為萬物之成終成始。

⑭ 水火相逮：上言「水火不相射」，即不矛盾，此言「水火相及」，即統一。就成就功用說，要水火既濟，故就統一說。

乾，健也。坤，順也。震，動也。巽，入也。坎，陷也。離，麗也。艮，止也。兌，說也。⑮

右第一節，記八卦所象之事。

乾為馬。坤為牛。震為龍。巽為雞。坎為豕。離為雉。艮為狗。兌為羊。⑯

右第二節，記八卦所象之動物。

乾為首。坤為腹。震為足。巽為股。坎為耳。離為目。艮為手。兌為口。⑰

右第三節，記八卦所象身之肢體器官。

乾，天也，故稱乎父。坤，地也，故稱乎母。震一索而得男，故謂之長男。巽一索而得女，故謂之長女。坎再索而得男，故謂之中男。離再索而得女，故謂之中女。艮三索而得男，故謂之少男。兌三索而得女，故謂之少女。⑱

右第四節，記八卦象父母子女。

乾為天，為圜，為君，為父，為玉，為金，為寒，為冰，為大赤，為良馬，為老馬，為瘠馬，為駁馬，為木果。⑲

右第五節，記乾卦所象之幾種事物。

坤為地，為母，為布，為釜，為吝嗇，為均，為子母牛，為大輿，為文，為眾，為柄，其於地也為黑。⑳

右第六節，記坤卦所象之幾種事物。

震為雷，為龍，為玄黃，為旉，為大塗，為長子，為決躁，為蒼筤竹，為萑葦。其於馬也，為善鳴，為馵足，為作足，為的顙。其於稼也，為反生。其究為健，為蕃鮮。㉑

右第七節，記震卦所象之幾種事物。

巽為木，為風，為長女，為繩直，為工，為白，為長，為高，為進退，為不果，為臭。其於人也，為寡髮，為廣顙，為多白眼，為近利市三倍，其究為躁卦。㉒

右第八節，記巽卦所象之幾種事物。

坎為水，為溝瀆，為隱伏，為矯輮，為弓輪。其於人也，為加憂，為心病，為耳痛，為血卦，為赤。其於馬也，為美脊，為亟心，為下首，為薄蹄，為曳。其於輿也，為多眚，為通，為月，為盜。其於木也，為堅多心。㉓

右第九節，記坎卦所象之幾種事物。

離為火，為日，為電，為中女，為甲冑，為戈兵。其於人也，為大腹。為乾卦，為鱉，為蟹，為蠃，為蚌，為龜。其於木也，為科上槁。㉔

右第十節，記離卦所象之幾種事物。

艮為山，為徑路，為小石，為門闕，為果蓏，為閽寺，為指，為狗，為鼠，為黔喙之屬。其於木也，為堅多節。㉕

右第十一節，記艮卦所象之幾種事物。

兌為澤，為少女，為巫，為口舌，為毀折，為附決。其於地也，為剛鹵。為妾，為羊。㉖

右第十二節，記兌卦所象之幾種事物。

右第三章　此章分記八卦之八類事物。

【譯文】

乾是剛健。坤是柔順。震是動。巽是入。坎是坑陷。離是附着。艮是靜止。兑是悦。

乾是馬。坤是牛。震是龍。巽是雞。坎是豕。離是野雞。艮是狗。兑是羊。

乾是頭。坤是腹。震是腳。巽是大腿。坎是耳。離是目。艮是手。兑是口。

乾是天，所以比作父。坤是地，所以比作母。震☳卦倒數第一（爻是陽爻，陽比男，故）得男，所以稱他為長男。巽☴卦倒數第一（爻是陰爻，陰比女，故）得女，故稱她為長女。坎☵卦倒數第二（爻是陽爻，故）得男，所以稱他為中男。離☲卦倒數第二（爻是陰爻，故）得女，所以稱她為中女。艮☶卦倒數第三（爻是陽爻）得男，所以稱他為少男。兑☱卦倒數第三（爻是陰爻）得女，所以稱她為少女。

乾是天，是圓，是君，是父，是玉，是金，是寒，是冰，是大赤，是良馬，是老馬，是瘦馬，是雜色馬，是樹果。

坤是地，是母，是布，是釜，是吝嗇，是平均，是母牛，是大車，是文彩，是眾，是柄，它在地是黑色。

震是雷，是龍，是玄黃色，是開花，是大路，是長子，是急躁，是青竹，是蘆葦。它在馬是善鳴，是膝以上白色，是動而行健，是白額。它在莊稼，是倒生，果實在地下。它的究竟是健，是蕃盛新鮮。

巽是木，是風，是長女，是繩拉直，是工，是白，是長，是高，是進退，是不果決，是氣味。它對於人是頭髮少，額闊，是多白眼，是得三倍利市，它終究是躁動的卦。

坎是水，是溝瀆，是隱伏，是矯揉，是弓和木輪。它於人是加憂，是心病，是耳病，是血，是赤。它於馬是脊梁美，是性急，是低頭，是蹄子薄，是牽引。它於車子是挫敗。是通，是月，是盜。它於木是堅而多心。

離是火，是日，是電，是中女，是甲和盔，是戈。它於人是大腹。為乾燥，是鱉，是蟹，是螺，是蚌，是龜。它於木是空心木。

艮是山，是小路，是小石，是門樓，是果瓜，是看門人守巷人，是指，是狗，是鼠，是豺狼之類。它於木是堅多節。

兌是澤，是少女，是巫，是口舌，是沖毀，是潰決。它於地是硬鹹土。是妾，是羊。

【注】

⑮乾為天，是剛健的。坤為地，是柔順的。震為雷，是震動的。巽為風，風吹萬物，無孔不入。坎為水，在窪陷處。離是火，火必附着在可燃物上，故稱麗，麗是附着。兑為澤，魚鳥生於澤，獸與人飲於澤，故澤為萬物所悦。

⑯乾為馬，馬行健。坤為牛，牛柔順。震為龍，龍似雷在雲中。巽為雞，雞鳴而人起，似風吹而物動。艮為狗，狗的守門似艮的止人。兑為羊，羊的柔順為人所喜悦，似兑的悦人。

⑰乾在上，似頭在上。坤為地，柔順載物，似腹柔藏食物。震為動，似腳主行動。巽為木，似股如木幹。坎為坑窪，似耳有孔穴。艮為山峯，似手有指掌。兑為澤，似地的口。

⑱乾陽性，比父。坤陰性，比母。震倒數第一是陽爻，故比長男。一索即一數，即倒數第一。巽倒數第一是陰爻，故比長女。坎倒數第二為陽爻，故稱中男。離倒數第二為陰爻，故稱中女。艮倒數第三為陽爻，故稱少男。兑倒數第三為陰爻，故稱少女。

⑲乾為天，古稱天圓。乾為陽，故比君，比父。乾為剛，故比玉比金。乾為秋末冬初，故比寒比冰。乾為君，周人尚赤，赤為五色之君。乾為馬，故以比良馬、老馬、瘦馬、花白色馬。乾為圓，故比樹上圓果。

⑳ 地平（對山澤而言）而有草木文，比布平面有織文。地能生物使熟，比釜能煮物使熟。地深藏金銀，似人深藏財寶，故比吝嗇。地生養萬物是均平的，故比均平。地生養萬物，故比生養小牛的母牛。地載萬物，故比載物的車。地有草木之文，故比文。地與天相對，天比君，故地比民眾。萬物附於地上，花果附於柄上，故地比柄。地為土，以黑土為多，故地比黑。

㉑ 玄黃混合近於青色，震為春，為青色，故比玄黃。旉：同敷，開花。震為正春，百花開放，故稱旉。震為動，象大路為人與車馬行動的路。決躁：指行動迅速，像打雷的急速。震為青色，比蒼筤（láng郎）竹，即青竹，比蘆葦的色青。震為打雷的急速，比四種馬，都是跑得快的。馵（zhù助）足：膝以上為白色的馬。作足：動而行健的馬。的顙：白額的馬。反生：倒生，如蔥蒜蘿蔔等。為健：如雷是健的。震指春，故比草木繁鮮。

㉒ 巽是風，又是木。是長女，見前。巽是木，木工製器用繩墨，把繩拉直在木上彈墨線，故比繩直，比木工。彈墨線時要在白木上，故比白。巽為風，風行百里，故比長。風上雲霄，故比高。風忽進忽退，故比進退。風多變化，不果決，故比不果。風吹來各種氣味，故比臭，即氣味。巽為木，指質樸，古代相面稱三種人質樸：少髮，廣額，多白眼。巽為木，古稱種樹的可得利市三倍。巽為風，風動而不止，故比躁動。

㉓坎是水，瀆即溝，溝裏有水，故是溝瀆。水有在地下的，故比隱伏。把木料彎曲，須先把木料浸濕，故比把木料彎曲的矯揉。把木料彎曲可製弓或輪，故比弓輪。矯揉也可指把人性歪曲，使人加憂，造成心病，因比加憂，比心病。坎為水，為耳，耳中有水為耳病。坎為水，比血，血色赤，比赤。坎是水，一般的水流不遠。流到低窪處就停。比四種馬跑不遠的：背脊美，好騎，跑不遠。一種馬性急，一開頭就盡力跑，跑遠路不行。一種馬開頭就低頭跑，跑遠路也不行。一種馬蹄子薄，跑遠路腳痛。水上可以運物，故比牽引。坎又是坑窪，會把車子弄壞，故比敗壞車子。坎為水，水通向遠處，故比通。水色白有光，故比月。水潛伏地下，故比盜。坎卦陽爻在內，故比木堅多心。

㉔離是火，所以又是日，是電，是中女，見上。離☲，兩陽爻在外，一陰爻在內，外剛內柔，外剛如甲盔為剛，戈為剛。內柔如腹中柔，故比大腹。離為火，火使物乾燥，故比乾燥。外剛內柔又如鱉、蟹、螺、蚌，皆外殼內肉。又比空心木，外堅內空。

㉕艮是山，山上有小路，多小石，故比小路小石。門外兩旁築台為闕，像兩山對峙。木果曰果，草實曰蓏（luǒ 裸：瓜類植物）。山谷中產果和瓜。閽，看門人。寺，守巷人，都禁止人妄入門巷，與艮為止相應。艮為山，山峯如手指。為狗，狗看門。山中有鼠，故比鼠。黔喙指豺狼，山中有豺狼。艮為山，山多石，故比

木的堅而多節。

㉖ 兑為澤，為少女，見前。兑為女，故為女巫。兑為口，故為口舌。兑為澤，澤水沖決堤岸，故為毀折，為附決。澤水停止處，為碱土，故剛鹵，澤位卑下，故為妾。為羊，見上。

【説明】

《説卦》是解釋卦爻的，卦爻本是占蓍用的，所以先提到蓍草。卦有三爻，重為六爻，所以説明它的來歷。卦分陰陽剛柔，從占吉凶發展到講理義，因此説到天道、地道、人道。這是講《易經》和卦爻及義理的關係。再講八卦的基本卦象，即用八卦來指基本卦象，即「乾☰為天，坤☷為地，震☳為雷，巽☴為風，坎☵為水，離☲為火，艮☶為山，兑☱為澤」，但《説卦》講到這八卦的八個基本卦象，不限於這些。它指出「天地定位」，天上地下的位子定了，這是對立。「山澤通氣」，這是統一。「雷風相薄」，這是矛盾，「水火不相射」，這是從水火的矛盾對立，轉到不相厭棄，即水火合起來可煮熟食品，即水火既濟，即統一。這樣它從講用八卦來代八種事物，再從八種事物的關係中看到對立統一的關係，看到相對的兩樣事物既有矛盾對立又可轉化為對立統一。這樣，就把卦爻辭的講吉凶轉為義理，把吉凶跟義理聯繫起來了。造就跟卦爻辭的吉凶，跟「數往者順，知來者逆」聯繫起來了。《易經》的卦爻辭，有的是記錄過去的事，這是自遠而近，順着時間的先後來的，是數往者順；《易經》占問未來的吉凶，這是自近而遠，是「知來者逆」，倒推上去的。這說明對於六爻，為什麼要倒推上去，說是倒數第一爻、第二爻，這就是「《易》逆數也」的理由。

《說卦》講八卦象八種事物，還說明用八卦來代表方所和季節，即用八卦來代表八方和八個季節。古人以一年為約三百六十日，分為八季節，每季節得四十五日，震為東方，為正春。巽為東南方，為春末夏初。離為南方，為正夏。坤為西南方，為夏末秋初。兌為西方，為正秋。乾為西北方，為秋末冬初。坎為北方，為正冬。艮為東北方，為冬末春初。這樣把八卦分配八方和八個季節。由於季節的變化，與萬物的春生夏長秋收冬藏，更可以用八卦來說明陰陽與萬物的變化。不僅這樣，八個季節的劃分，用來說明「帝出乎震」與「成言乎艮」，即八個季節的正春是上帝生長萬物的，八個季節的最後一個冬末春初，是萬物的成終而成始，把終始結合起來，說明終而復始的道理，更有意味。《說卦》不僅用八卦來指八種事物，它所指不限於這八種事物，它是通過這八種事物來說明萬物的變化。它說：「動萬物者莫疾乎雷，橈萬物者莫疾乎風，燥萬物者莫熯乎火，說萬物者莫說乎澤，潤萬物者莫潤乎水，終萬物始萬物者莫盛乎艮」，這裏講了八卦中的六卦，八種事物中的六種，都從萬物着眼，講六卦和六種事物跟萬物的關係，說明作者的着眼點不限於六卦和六種事物，還是在萬物上。這裏對乾坤兩卦為什麼不提呢？因為乾坤指天地，天地是化生萬物的，不能像其他六卦各就一個方面來談，所以說：「神也者，妙萬物而為言者也」。這裏雖不言乾坤，實際上推乾坤的化育萬物，具有更大的作用，只能推為神妙了。

《説卦》還講了引申卦象，如「乾為馬，坤為牛，震為龍，巽為雞，坎為豕，離為雉，艮為狗，兑為羊」等等。這些引申卦象，在解釋卦爻辭及彖象方面有的有用，可供參考。

序卦

有天地，然後萬物生焉[①]。盈天地之間者唯萬物，故受之以《屯》[②]。《屯》者，盈也[③]。屯者，物之始生也。物生必蒙[④]，故受之以《蒙》。《蒙》者，蒙也，物之穉也。物穉不可不養也，故受之以《需》。《需》者，飲食之道也。飲食必有訟[⑤]，故受之以《訟》。訟必有眾起，故受之以《師》。《師》者，眾也。眾必有所比[⑥]，故受之以《比》。《比》者，比也。比必有所畜[⑦]，故受之以《小畜》。物畜然後有禮，故受之以《履》。《履》者，禮也[⑧]。履而泰然後安，故受之以《泰》。《泰》者，通也。物不可以終通，故受之以《否》。物不可以終否，故受之以《同人》[⑨]。與人同者，物必歸焉，故受之以《大有》[⑩]。有大者不可以盈，故受之以《謙》。有大而能謙必豫，故受之以《豫》[⑪]。豫必有隨，故受之以《隨》。以喜隨人者必有事[⑫]，故受之以《蠱》。《蠱》者，事也。有事而後可大，故受之以《臨》。《臨》者，大也。物大然後可觀，故受之以《觀》。可觀而後有所合，故受之以《噬嗑》[⑬]。嗑者，合也。物不可以苟合而已，故受之以《賁》。《賁》者，飾也。致飾然後亨則盡矣，故受之以《剝》[⑭]。《剝》者，剝也。物不可以終盡剝，窮上反下，故受之以《復》[⑮]。復則不妄矣，故受之以《无妄》。有无妄，物然後可畜[⑯]，故受之以《大畜》。物畜然後可養，故受之以《頤》。《頤》者，養也。不養則不可動，故受之以《大過》[17]。物不可以終過，故受之以《坎》。《坎》者，陷也。陷必有所麗，故受之以《離》。《離》者，麗也。

右第一章　此章釋上經三十卦之順序[18]。

【譯文】

（《乾》為天，《坤》為地）。有了天地然後化生萬物。充滿天地間的只是萬物，所以繼續它的用《屯》。《屯》是充滿。《屯》又是物的開始生長。物生出來一定蒙昧，所以繼續它的用《蒙》。《蒙》是蒙昧，物的幼稚狀態。物的幼稚不可不養育，所以繼續它的用《需》。《需》是講飲食的方法。飲食一定有訴訟，所以繼續它的用《訟》。《訟》一定有眾人起來，所以繼續它的用《師》。《師》是眾。眾一定有親附，所以繼續它的用《比》。《比》是親附。親附一定有積蓄，所以繼續它的用《小畜》。物積蓄了然後有禮，所以繼續它的用《履》。《履》是禮。履行而安寧然後安，所以繼續它的用《泰》。《泰》是通順。事物不可能永遠通順，所以繼續它的用《否》。（《否》是閉塞不通。）事物不可能永遠閉塞，所以繼續它的用《同人》。跟人相同的，事物一定有所歸屬，所以繼續它的用《大有》。有大的不可以過滿，所以繼續它的用《謙》。有大而能夠謙遜一定安樂，所以繼續它的用《豫》。（《豫》是安樂，）安樂的一定有人追隨，所以繼續它的用《隨》。用喜悅追隨人的一定有事，所以繼續它的用《蠱》。《蠱》是事。有事而後可以光大，所以繼續它的用《臨》。《臨》是光大。事物光大然後可觀，所以繼續它用《觀》。可觀然後有所結合，所以繼續它的用《噬嗑》。嗑是合。事物不可以苟且結合罷了，所以繼續它的用《賁》。《賁》是文飾。文飾過頭然後事物的美就完了，所以繼續它的用《剝》。《剝》是剝落。事物不可能永遠剝落，上面剝落完了回到下面再上升，所以繼續它的用《復》。回復就不謬妄了，所以繼續它的用《无妄》。有了无妄，事物然後可以積蓄，所以繼續它的用《大畜》。事物積蓄了然後可以養育，所以繼續它的用《頤》。《頤》就是養育。不養育就不可有所作為，所以繼續它的用《大過》。事物不可能永遠過錯，所以繼續它的用《坎》。《坎》是陷落。陷落一定有所依附（來求救援），所以繼續它的用《離》。《離》是附麗。

【注】

① 有天地：這裏已包含《乾》《坤》兩卦，所以未提《乾》《坤》兩卦的名稱，譯文給

它補上。

②受：《廣雅．釋詁》：「受，繼也。」

③同上：「屯，滿也。」這個解釋是承上的「盈」來的，轉入下文的「物之始生」。與《屯》卦象傳釋屯為難不同，是各有取義。

④蒙：指蒙昧，知識未開通。「物之初生」，比孩童，故蒙昧。

⑤訟：爭訟。飲食不足，容易發生爭訟。

⑥比：親附。眾人中一定有互相親附的，就不爭訟了。

⑦畜：積蓄。

⑧物畜然後有禮：把積蓄的物分給大家，要不爭，就要規定各人所得的多少，這個規定就是禮。履是履行這種規定。《周易大傳今注》：「『履者禮也』一句，今本無，注文有。乃傳文誤入注文。《集解》本及王弼《易略例卦》篇並有此句。今據補。」

⑨同人：與人同心同行。

⑩大有：所有者大，所有者多。

⑪豫：安樂。

⑫有事：為人幹事。

⑬有所合：與人意相合。噬嗑：吃物而合其口，這裏光取合意。

⑭ 致飾：文飾到極點，即文飾過頭。致：極。亨盡：美盡。文飾過頭，轉而為醜。剝：剝落去掉過頭的文飾。

⑮ 窮上反下：把過頭的文飾剝落完了，這是窮上。再回到恰當的文飾上來，這是反下。反同返。復是回復。

⑯ 物然後可畜：《周易大傳今注》：「今本無物字，《集解》本有，是也。今據補。物謂財物也。畜亦借為蓄，積蓄也。」

⑰ 不養則不可動：同上：「不善其身則身病」，「奪民之養則民亂，是以不養則不可有所作為，是過之大者。」

⑱ 此據《周易大傳今注》，下同。朱熹《周易本義》於此篇不分章，只作「右上篇」「右下篇」，無説明。

有天地然後有萬物，有萬物然後有男女，有男女然後有夫婦[19]，有夫婦然後有父子，有父子然後有君臣，有君臣然後有上下，有上下然後禮義有所錯。夫婦之道不可以不久也，故受之以《恆》。《恆》者，久也。物不可以久居其所，故受之以《遯》。《遯》者，退也。物不可以終遯，故受之以《大壯》[20]。物不可以終壯，故受之以《晉》[21]。《晉》者，進也。進必有所傷，故受之以《明夷》[22]。《夷》者，傷也。傷於外者必反於家，故受之以《家人》。家道窮必乖，故受之以《睽》。《睽》者，乖也。乖必有難，故受之以《蹇》。《蹇》者，難也。物不可以終難，故受之以《解》。《解》者，緩也。緩必有所失，故受之以《損》[23]。損而不已必益[24]，故受之以《益》。益而不已必決，故受之以《夬》[25]。《夬》者，決也。決必有遇[26]，故受之以《姤》。《姤》者，遇也。物相遇而後聚，故受之以《萃》。《萃》者，聚也。聚而上者謂之升[27]，故受之以《升》。升而不已必困，故受之以《困》。困乎上者必反下，故受之以《井》[28]。井道不可不革[29]，故受之以《革》。革物者莫若鼎[30]，故受之以《鼎》。主器者莫若長子，故受之以《震》。《震》者，動也。物不可以終動，止之，故受之以《艮》。《艮》者，止也。物不可以終止，故受之以《漸》。《漸》者，進也。進必有所歸，故受之以《歸妹》。得其所歸者必大，故受之以《豐》。《豐》者，大也。窮大者必失其居，故受之以《旅》。旅而无所容，故受之以《巽》。《巽》者，入也。入而後說之，故受之以《兌》。《兌》者，說也。說而後散之，故受之以《渙》。《渙》者，離也。物不可以終離，故受之以《節》。節而信之，故受之以《中孚》。有其信者必行之，故受之以《小過》。有過物者必濟，故受之以《既濟》。物不可窮也，故受之以《未濟》，終焉[31]。

右第二章　此章釋下經三十四卦之順序。

【譯文】

有了天地然後有萬物，有了萬物然後有男女，有了男女然後有夫婦，（因此繼續它的用《咸》。《咸》指夫婦。）有了夫婦然後有父子，有了父子然後有君臣，有了君臣然後有上下，有了上下然後禮義有所施行。夫婦的道理不可以不長久，所以繼續它的用《恆》。《恆》是長久。事物不能長久地留在它的處所，所以繼續它的用《遯》。《遯》是退隱。事物不能永久退隱，所以繼續它的用《大壯》。事物不可能永久壯，所以繼續它的用《晉》。《晉》是前進。前進一定有所受傷，所以繼續它的用《明夷》。夷是傷。在外面受傷的一定回到家裏，所以繼續它的用《家人》。家道窮困的一定乖違，所以繼續它的用《睽》。《睽》是乖違。乖違一定有困難，所以繼續它的用《蹇》。《蹇》是困難。事物不能永遠困難，所以繼續它的用《解》。《解》是緩和。緩和一定有所損失，所以繼續它的用《損》。損失不停一定轉為得益，所以繼續它的用《益》。得益不停一定轉為潰決，所以繼續它的用《夬》。《夬》是潰決。潰決一定遇到補救，所以繼續它的用《姤》。《姤》是遇。事物互相遇到而後聚集，所以繼續它的用《萃》。《萃》是聚集。聚而後上叫做升，所以繼續它的用《升》。升而不停一定困難，所以繼續它的用《困》。困在上面的一定回到下面，所以繼續它的用《井》。用井的道理（久了要淘井）不可不改革，所以繼續它的用《革》。改革的事物沒有像鼎那樣，所以繼續它的用《鼎》。主管鼎的沒有像長子合適，所以繼續它的用《震》。（《震》是長子。）《震》是動。事物不能夠永遠動，要它靜止，所以繼續它的用《艮》。《艮》是靜止。事物不能永遠靜止，所以繼續它的用《漸》。《漸》是漸進。前進一定有個歸宿，所以繼續它的用《歸妹》。得到它的歸宿的一定光大，所以繼續它的用《豐》。《豐》是大。大極的一定失去他的居處，所以繼續它的用《旅》。旅客無地容身，所以繼續它的用《巽》。《巽》是進入一處。進入一處而後喜悅，所以繼續它的用《兌》。《兌》是喜悅，悅而後離散，所以繼續它的用《渙》。（《渙》是離散。事物不可以永遠離散，所以繼續它的用《節》）。（《節》是有節度）。有節度而後使人信服他，所以繼續它的用《中孚》。（《中孚》是中心誠信）。有他的誠信的一定要推行他的話，（會造成小錯誤，）所以繼續它的用《小過》。有小過的加以改進一定成功，所以繼續它的用《既濟》。事物不可以窮盡的，所以繼續它的用《未濟》，六十四卦終於《未濟》。

【注】

⑲下經的第一卦是《咸》䷞，艮下兑上，艮為少男，兑為少女。少男居少女之下，古代婚禮，男到女家迎娶，是男下女。指男女結為夫婦。這裏雖不指名《咸》卦，實暗指《咸》卦。

⑳遯：隱遁是在國勢衰落時，從衰落轉為興盛，故稱《大壯》。

㉑壯盛時要求前進。

㉒前進中不免有挫折，故傷。夷是傷。

㉓緩指緩和，放寬，所以有損失。

㉔損失不停，注意改進，轉為得益。

㉕得益而不停，則滿遭損，如河水漲過堤岸，造成決口。

㉖堵塞決口，必遇有同心協力之人。

㉗眾人相聚協力，必有為之首者，即上升。

㉘上升而不已，必脱離羣眾，故困。困後再回到下面去，故返下。反同返。井在地下，指下面。

㉙ 井需要淘治，故稱革。

㉚ 鼎，煮物使熟，故稱革物。

㉛ 六十四卦以《未濟》終結，含有事物的發展變化是無窮盡的意思。

【說明】

《序卦》是講《易經》六十四卦的順序。《周易淺述》說：

《序卦》之意，有以相因為序，《乾》《坤》《屯》《蒙》是也。有以相反為序，《泰》《否》《剝》《復》是也。天地間不出相因相反二者，始則相因，終必相反也。

《序卦》說：「有天地，然後萬物生焉，盈天地之間唯萬物，故受之以《屯》。」「《屯》者，物之始生也。物生必蒙，故受之以《蒙》」。有了《乾》《坤》，才有萬物，才有物之始生的《屯》，有了《屯》才有物之稚的《蒙》，這是相因。有了《泰》，又有與《泰》相反的《否》，有了《剝》，又有與《剝》相反的《復》，這是相反。《序卦》就是說明六十四卦有相因相反的意義，說明天下的事物就有相因相反這兩種。

《周易淺述》又說：

呂氏《要旨》曰：《易》，變易也。天下有可變之理，聖人有能變之道。反《需》為《訟》，《泰》為《否》，《隨》為《蠱》，《晉》為《明夷》，《家人》為《睽》，此不善變者也。反《剝》為《復》，《遯》為《壯》，《蹇》為《解》，《損》為《益》，《困》為《井》，此善變者也。文王示人以可變之幾，則危可安，亂可治，特一轉移間耳。後天之學，其以人事贊天地之妙歟？

又嘗合上下經始終而論之。《乾》《坤》，天地也。《坎》《離》，水火也。以體言也。《咸》《恆》，夫婦也。《既（濟）》《未濟》，水火之交不交也，以用言也。上經以天道為主，具人道於其中；下經以人道為主，具天道於其內。三才之間，坎離最為切用。日月不運，寒暑不成矣，民非水火不生活矣……故上下經皆以《坎》《離》終焉。

在這裏進一步說明《序卦》的意義。認為《序卦》裏講卦的順序有兩種，即事物的變化有兩種，一種是由好變壞的，一種是由壞變好的。由好變壞，如《需》變《訟》，《需》是用飲食養人，是好的。原始社會，把飲食分給人時，由於飲食不足，引起了爭訟，這是不好的。如《泰》變《否》，《泰》是通泰，是好的。通泰變成《否》，《否》是閉塞，是不好的。《隨》變為《蠱》，《隨》是追隨安樂，是好的。《蠱》是有不好的事，是不好的。由《晉》變《明夷》，《晉》是前進，是好的。《明夷》的夷是受傷，前進變受傷，是不好的。《家人》變《睽》，《家人》是一家人在一起是好的，變成乖違，是不好的。天下事就有這樣由好變壞的，《序卦》裏把這種情況反映了出來。也有由壞變好的，如《剝》變為《復》。《剝》是剝落，是不好的，變到《復》，《復》是回到上升，是好的。《遯》變為《壯》，《遯》是因時勢不好而隱遁，是不好的。《壯》是壯盛、興盛，時勢好轉，是變好。《蹇》變為《解》，《蹇》是困難，《解》是解除困難，是變好。《損》變為《益》，《損》是損失，《益》是得益，也是變好。《困》變為《井》，《困》是困難，《井》是井水可以養人，也是由困難轉為得益。這裏認為《序卦》裏把好事變為壞事，壞事變為好事，都通過卦的順序反映出來了。這就要人們看到事物的幾，幾就是事物轉變前露出的一點苗頭。人們就要抓住這個苗頭，使它向好的方面轉化，把壞事變成好事，防止好事變成壞事。《序卦》講卦的順序，把由好變壞、由壞變好排列出來，就有這種作用。

這裏又講到上下經六十四卦排列的用意，説上經三十卦，以《乾》《坤》開頭，以《坎》《離》終結，即以天地開頭，以水火終結，講體。下經用《咸》《恒》開頭，用《既濟》《未濟》終結。《咸》《恆》是講夫婦，《既濟》《未濟》含有水火既濟，水火未濟的意思，是講用。上經以天地開頭，是講天道。下經以講夫婦開頭是講人道。認為天地人三才，《坎》《離》最切用。《坎》《離》指日月，日月不運轉，沒有寒暑，就不行了。《坎》《離》指水火，沒有水火，人就無法生活了。下經以《既濟》《未濟》終結，是講水火的作用，水火配合把食物煮熟是既濟，水火不配合是未濟。這裏説明《序卦》排到上經下經各卦的順序，既分成以天道和人道為主，又分別體用，以《乾》《坤》《坎》《離》為體，以日月水火為切用，即都有意義的。

雜卦

《乾》剛《坤》柔。《比》樂《師》憂①。《臨》《觀》之義，或與或求②。《屯》見而不失其居。《蒙》雜而著。《震》，起也③。《艮》，止也。《損》《益》，盛衰之始也。《大畜》，時也④。《无妄》，災也⑤。《萃》聚而《升》不來也⑥。《謙》輕而《豫》怠也⑦。《噬嗑》，食也。《賁》，无色也。《兌》見而《巽》伏也。《隨》，无故也。《蠱》，則飭也。《剝》，爛也。《復》，反也。《晉》，晝也。《明夷》，誅也。《井》通而《困》相遇也。《咸》，速也。《恆》，久也。《渙》，離也。《節》，止也。《解》，緩也。《蹇》，難也。《睽》，外也。《家人》，內也。《否》《泰》，反其類也。《大壯》則止，《遯》則退也。《大有》，眾也。《同人》，親也。《革》，去故也。《鼎》，取新也。《小過》，過也。《中孚》，信也。《豐》，多故也。親寡《旅》也⑧。《離》上而《坎》下也。《小畜》，寡也。《履》，不處也。《需》，不進也。《訟》，不親也。《大過》，顛也。《姤》，遇也，柔遇剛也。《漸》，女歸待男行也。《頤》，養正也。《既濟》，定也⑨。《歸妹》，女之終也。《未濟》，男之窮也。《夬》，決也，剛決柔也。君子道長，小人道憂也⑩。

【譯文】

《乾》卦剛健，《坤》卦柔順。《比》卦（親近）快樂，《師》卦（出征）憂愁。《臨》卦（臨民施行政事），《觀》卦（觀民求民情），或者施行政事，或者求民情。《屯》卦萌芽出現各得其所，《蒙》卦萌芽錯雜而顯著。《震》卦是動，《艮》卦是止。《損》卦是衰落的開頭，《益》卦是興盛的開頭。《大畜》是儲蓄。《无妄》是無災。《萃》卦是聚集，《升》卦是不下降。《謙》卦謙虛故身價輕，《豫》卦享樂故怠惰。《噬嗑》卦吃東西。《賁》卦（上九：「白賁」，文飾要返到質樸，）所以無色。《兑》卦是喜悦顯現。《巽》卦是謙遜，不外露而隱伏。《隨》卦追隨人，是無事故。《蠱》卦事情壞，就整頓。《剝》卦是腐爛剝落。《復》卦是回到好的方面來，《晉》卦是太陽升起，是白晝。《明夷》卦（稱：「明入地中」，是賢人受罰，）是誅罰。《井》卦是（井水養人，）通順。《困》卦是（「困於酒食」，）遇困。《咸》卦是「盛感也」，感的效果速。《恆》卦是「恆，久也。」《渙》卦是「《渙》者，離也」。《節》卦是節止。《解》卦是「《解》者，緩也」。《蹇》卦是「《蹇》，難也」。《睽》卦是離家在外。《家人》卦是回到家裏。《否》卦，《泰》卦是從閉塞一反到通順。《大壯》卦是停止再壯大。《遯》卦是退隱。《大有》卦所有的眾多。《同人》卦是彼此親密。《革》卦是改去舊的。《鼎》卦是取得新的。《小過》卦是有過失。《中孚》卦是有信用。《豐》卦，多老友。《旅》卦少親人。《離》卦是火向上，《坎》卦是水向下。《小畜》卦，積蓄少。《履》卦是行動，不停在一處。《需》卦是停留不前進。《訟》卦爭訟不親近。《大過》卦是要顛覆。《姤》卦是遇見，柔遇見剛。《漸》卦是女子出嫁等男方來迎娶。《頤》卦是正確的供養。《既濟》卦是完成了。《歸妹》卦是女子的出嫁，得到歸宿。《未濟》卦是男子的事業沒有成功。《夬》卦是決定，剛決定柔。君子的道發展，小人的道消亡。

【注】

① 《比》樂：《周易通義》：「『初六：比之。』親近他們。」親近故樂。《師》憂：《師》指戰爭，有戰敗危險。故憂。

② 《臨》《觀》之義，或與或求：《周易大傳今注》：「與，施也。《臨》是臨民。臨民者施其政，故為與。《觀》是觀民，觀民者求其情，故為求。」

③ 同上：「起：動也。」

④ 同上：「時疑借為庤。《說文》：『庤，儲置屋下也，從廣，寺聲。』」

⑤ 同上：「余疑災上當有不字。」「無妄，不災也，謂人之行事無妄謬，則不災也。」

⑥ 升不來：《周易淺述》：「升，三陰升於上。不來，謂升而不降也。」

⑦《謙》輕而《豫》怠：同上：「《謙》心虛，故自輕。《豫》志滿，故自肆。」

⑧《周易大傳今注》：「『親寡《旅》』當作『《旅》寡親』。……人在外作客，則少有親人。」

⑨同上：「定猶成也。」

⑩同上：《集解》本憂作消，憂當讀為消，古音相近而通用也。」

【說明】

《雜卦》是講《易經》六十四卦的意義，不按六十四卦的順序，錯雜地講，所以稱《雜卦》。《周易淺述》說：「《雜卦》但要取反對之義。反復其卦，則吉凶禍福動靜剛柔皆相反也。」這是說，《雜卦》是講反對的卦比《序卦》多些。從《乾》剛《坤》柔，《比》樂《師》憂，《臨》與《觀》求，《震》起《艮》止，《損》衰《益》盛，《兌》現《巽》伏，《解》緩《蹇》難，《睽》外《家人》內，《否》塞《泰》通，《革》去故，《鼎》取新，《豐》多故，《旅》寡親，《離》上《坎》下，這些卦都是意義相反的，《序卦》裏也講相反的卦，沒有這樣多。因為《序卦》要按照六十四卦的次序講，相反的卦就不可能聚集在一起。《雜卦》不按次序，就相反的卦來排列，所以有這麼多。

又稱：「又卦以《乾》☰為首，而終之以《夬》☱。蓋《夬》以五陽決一陰，決去則又為純《乾》矣，故曰：君子道長，小人道消，是又聖人扶陽抑陰之意也。」認為首卦《乾》與尾卦

《夬》是有意義的，意義在扶陽抑陰。又稱：「又按《春秋傳》有《屯》固《比》入……之語，疑古筮書以一字斷卦義者多言之。」按《左傳》閔公元年：「畢萬筮仕於晉，遇《屯》䷂之比䷇。辛廖占之曰：「吉。《屯》固《比》入，吉孰大焉。其必蕃昌。」《正義》：「《屯》險難，所以為堅固，《比》親密，所以得入。」這裏就用一個「固」字釋《屯》卦，一個「入」字釋《比》卦，說明這樣簡單的解釋是有來歷的。